RESPONSABILIDAD PENAL DE LAS PERSONAS JURÍDICAS

PABLO R. BANCHIO

Profesor de Sociedades Civiles y Comerciales, de Derecho Bancario, Financiero y
Mercado de Capitales en la Facultad de Derecho y de Derecho Económico I en la
Facultad de Ciencias Económicas de la Universidad de Buenos Aires

RESPONSABILIDAD PENAL DE LAS PERSONAS JURÍDICAS

Editorial *Perspectivas Jurídicas* Buenos Aires
2005

Banchio, Pablo R.
Responsabilidad penal de las personas jurídicas - 1ª edición -
Buenos Aires; Perspectivas Jurídicas, 2005.
226 págs.; 22,86 x 15,24 cm.

ISBN 978-987-22345-0-8

1. Derecho Penal I. Título.
CDD 340.1

ISBN 978-987-22345-0-8

Impreso en Argentina - Printed in Argentina

Índice

INTRODUCCIÓN

I. Planteamiento del problema

La controversia acerca de la edificación de la responsabilidad penal de las personas jurídicas ha girado –y en gran medida gira aún– en torno a la idea que el delito sólo proviene de la conducta humana, que es el primer elemento de la infracción punible.

Si bien esta parece una verdad indiscutida para la conciencia jurídica moderna, sin embargo, en el Siglo de Pericles[1], en Atenas, el Tribunal del Pritaneo juzgaba gravemente a aquel animal u objeto de piedra, hierro o madera que hubiera causado la muerte de un hombre y se purificaba el territorio haciéndolo transportar más allá de las fronteras de la ciudad. En la Edad Media se juzgaba a las bestias, e incluso existían abogados especializados en su defensa.

Muy lejos de aquello, que hoy nos parece extravagante, en la actualidad resulta problemática la capacidad delictiva de las personas jurídicas. Es que el derecho penal ha debido ampliar necesariamente su campo de protección a medida que han surgido nuevos intereses de tutela. En la actualidad, la protección penal incluye no solo bienes jurídicos individuales (vida, salud, libertad, patrimonio), sino también

---

[1] Pericles nació en Atenas, hacia el 495 a.C. y murió en el 429 a.C. En el 443 a.C. se convirtió en la máxima autoridad ateniense, mandato que renovó cada año sin interrupción hasta su muerte (429 a.C.). Su gobierno coincidió con el momento de apogeo del pensamiento y del arte griegos y, bajo su mecenazgo, Atenas se convirtió en el principal centro de actividad cultural del mundo antiguo. Con la ayuda de su segunda esposa, Aspasia, una culta e inteligente jonia, Pericles no sólo impulsó la celebración de los cultos de Eleusis, símbolo del papel civilizador ateniense, y de los festivales de las Panateneas, sino que también se rodeó de los más ilustres hombres de las letras helenas, como los dramaturgos Eurípides y Sófocles, los historiadores Herodoto de Halicarnaso y Tucídides o el filósofo Sócrates. Financió la construcción de la mayor parte de templos que componen la Acrópolis, para cuya realización convocó a artistas tan destacados como Calícrates e Ictinos, arquitectos del Partenón, el gran escultor Fidias, autor de las esculturas y relieves que decoran este mismo templo, como el famoso Friso de las Panateneas, y Policleto, quien supo expresar el ideal de la belleza física en sus estatuas de jóvenes atletas, como el Doríforo. Por todos estos motivos, el siglo V a.C. ha sido llamado «el siglo de Pericles».

bienes jurídicos de la comunidad (salud pública, interés económico general, medio ambiente, etc.) [2].

El modelo jurídico penal basado en la idea del individuo como punto de partida de las explicaciones de esta rama del derecho ha ingresado en una fase de cambio y se encuentra en una profunda crisis por no permitir explicar ni dar una solución a las numerosas situaciones a las que el derecho penal se debe enfrentar, como lo es la imputación de injustos por personas jurídicas.

La posmodernidad tal cual se nos presenta hoy nos está ingresando muy probablemente a un horizonte en el que el punto de partida 1o constituye antes la idea de sociedad que la de individuo.

Piénsese por ejemplo en el delito fiscal, en el lavado de dinero, en los delitos ambientales y otros en los que la empresa, como sujeto de derecho, tiene intervención directa. Ahora bien, sigue pareciendo indiscutible que las personas jurídicas no tienen motivación ni capacidad de dolo, y no pueden, por lo tanto, perpetrar hechos punibles.

Según las diferentes teorías, la persona jurídica sólo actúa por medio de sus órganos y su voluntad está limitada por el fin de la misma entidad. Es por ello que, no obstante lo anterior, existe una tendencia marcada a responsabilizar a las personas colectivas por los delitos cometidos en el ejercicio de sus operaciones; pero dicha responsabilidad no significa en modo alguno que ésta sea capaz de acción delictiva, puesto que sólo el ser humano realiza acciones voluntarias.

Lo que sucede es que la persona jurídica puede ser empleada como instrumento para la comisión de hechos punibles, como defraudación, estafa, lavado de capitales, etcétera, pero, si bien se mira, la responsabilidad recae siempre sobre las personas naturales que integran la entidad jurídica, por ser los únicos con capacidad volitiva de conducta en sentido material y psicológico, que es el que interesa al Derecho Penal en tanto es el objeto de la valoración de culpabilidad, sin la cual no hay delito.

Las construcciones elaboradas en torno del elemento subjetivo del delito (dolo y culpa) y de la función y fin de la pena (prevención, corrección, etc.) parecían excluir de plano esta clase de responsabilidad del ente ideal y explican la casi general repulsa de que es objeto la posibilidad de incriminar a las personas jurídicas en el área de la doctrina penal mayoritaria.

Sin embargo, muchos autores, tanto de la doctrina nacional como extranjera han desarrollado sus teorías a favor de imputación penal de

---

[2] RODRIGUEZ ESTEVEZ, Juan María; *El derecho penal en la actividad económica*, Editorial Abaco de Rodolfo Depalma, Buenos Aires, 2000, página 31

las personas jurídicas sobre todo en el ámbito de los llamados delitos económicos y ambientales y modernamente y de manera creciente se han venido elaborando argumentos para rebatir los fundamentos de incompatibilidad que surgen de las categorías dogmáticas clásicas, tratando de revisar los conceptos tradicionales de acción como resultado material de la conducta humana, de la culpabilidad como elemento volitivo del agente humano y de la pena como castigo retributivo de la culpa.

II. Desarrollo histórico de la cuestión

Tanto las conceptualizaciones sobre la persona jurídica y como las que giran en torno al sujeto del derecho penal han ido variando en el transcurso del tiempo, obedeciendo al contexto cultural y filosófico en que se han desarrollado.

Así pueden observarse históricamente tres períodos claramente diferenciados respecto del problema origen de nuestra tesis. Antiguamente, como referimos, no solo las personas físicas eran sujeto del derecho penal. Tanto en la antigüedad occidental (Grecia, Roma y derecho germánico) como en los derechos egipcio, mesopotámico y fenicio, las entidades colectivas, familia, clan, ciudad, etc., eran susceptibles de pena y de sanción. En el Digesto, Ley 4, parágrafo 3, del título 15, Libro 1, ULPIANO sostuvo la posibilidad del ejercicio de una acción penal contra el municipio (en la práctica la corporación más importante) y como resultado, los habitantes de la ciudad debían devolver lo obtenido por medio de la acción de los recaudadores de impuestos a favor de la ciudad.

Lo mismo aconteció durante la Alta Edad Media, hasta que las necesidades prácticas que enfrentaron los canonistas para explicar el fenómeno real de la organización de la Iglesia (cuyos derechos no pertenecían a los fieles sino a Dios) los llevaron a desarrollar lo que conocemos como el comienzo de la teoría de la persona jurídica. Según este concepto la persona jurídica, solo tenía una existencia ficticia, una vida fingida. En este principio se basó toda la doctrina de entonces.

Con la finalidad de evitar que el castigo a las ciudades que se revelaban contra el Papa recayera sobre todos y cada uno de sus miembros, culpables o no, la universitas era tratada como un *individuum fictio* (persona ficticia), *"cum collegium in causa universitas fingatur una persona"*, por lo tanto no tenía capacidad de acción y por ende tampoco capacidad delictiva: *"impossibile est, quod universitas delinquat"*, por ello la universitas al igual que un ser sin alma tampoco podía ser excomulgada;

es el origen del axioma *"societas delinquere non potest"* o, expresado también de otro modo *universitas delinquere nequit*. El canonista medieval Sinibaldus FLISCUS o FIESCHI, consagrado Papa en 1234 con el nombre de INOCENCIO IV, desarrolló esta formulación doctrinal en *Apparatus (Commentaria) in libros quinque decretalium*, editada en Frankfurt en 1570 aunque terminada en 1245 poco después que el Concilio de Lyon consagrara la máxima referida en una Decretal de 1244 manifestando *"peccata suos teneat auctores"* (que cada pecado tenga su autor)[3].

A partir de ese entonces la persona jurídica comienza a ser considerada como una persona ficticia, punto de partida de la teoría posteriormente desenvuelta y sistematizada en el siglo XVIII, rechazándose para sus seguidores la responsabilidad criminal de las personas jurídicas ya que consideraban que en los casos de comisión de un delito en el seno de una persona jurídica la responsabilidad penal alcanzaba únicamente a las personas físicas que actuaban por la jurídica.

Empero, debido a la diversidad de fuentes predominantes en el Derecho europeo occidental; en los siglos posteriores, sin derrocar el criterio de la ficción, continuó aceptándose el hecho de responsabilizar a las personas jurídicas. No es de extrañar que los glosadores, para quienes la *"universitas"* estaba formada por la suma de sus miembros, encontraran más facilidades para edificar la doctrina afirmativa de una cierta responsabilidad en determinados delitos, con una posición intermedia que no abjuraba totalmente de la ficción, pero que al mismo tiempo aceptó la posibilidad de sancionar a las personas jurídicas.

Para ello distinguieron entre los delitos cometidos por los miembros de la corporación aun actuando como representantes de la *"universitas"*, de los cometidos por ésta última en forma propia, siendo por éstos los únicos por los que se puede sancionar a la persona colectiva.

Esta teoría y su larga práctica que se extendieron hasta los siglos XVII y XVIII fue desarrollada por los postglosadores, en particular BARTOLO DE SASSOFERRATO, quien al referirse a la ley 16, parágrafo 10, del título 19, Libro 48 del Digesto fundamentaba del modo que reseñamos la capacidad delictiva de la "universitas".

El auge de las ideas individualistas durante el Siglo de las Luces y su consagración política mediante el triunfo de la Revolución Francesa fueron determinantes para que, tanto en la doctrina como en la legislación, se restableciera en plenitud el criterio de la ficción y se impusiera la idea de la responsabilidad individual, ahora con un nivel de elaboración filosófica muy elevado con relación a la doctrina clásica

---

[3] Los textos completos del I Concilio de Lyon pueden leerse en inglés en http://www.intratext.com/IXT/ENG0066/_INDEX.HTM.

de INOCENCIO IV y que se debe a la obra de SAVIGNY, PUCHTA y WINDSCHEID, entendida hoy, en agudo contraste a como era concebida en el *Pandekrecht* de los romanistas alemanes.

En derecho penal, esto significó el reconocimiento de la persona natural como la sola capaz de dirigir y controlar su comportamiento y, por tanto, de ser declarada culpable. Siendo la culpabilidad la base indispensable de la pena, único medio de reacción penal admitido entonces, ésta sólo podía ser impuesta a la persona natural. De esta manera, se excluyó a las agrupaciones de individuos constituidas formalmente del ámbito del derecho penal, de tal modo que se puede decir que el reconocimiento verdadero, tal y como se concibe en la época actual, del principio *societas delinquere non potest* supone una herencia de la Revolución Francesa, que terminó plasmándose en el Derecho Penal moderno con la codificación del mismo en Francia en 1810 y que alcanzó su punto mas alto con el Código Penal Alemán, que, aunque tardío fue calificado como un código hecho por profesores para profesores debido a su abstracción y calidad técnica lograda mediante las categorizaciones dogmáticas.

Esta posición dominante a finales del siglo XVIII, en la que la responsabilidad era considerada como más respetuosa de la naturaleza de la persona humana, fue principalmente respaldada e impulsada en el derecho penal por FEUERBACH que, respondiendo a la filosofía del derecho natural nacida en aquella época, postulaba que sólo al individuo que delinque es factible sancionarlo con una pena.

Efectivamente, la idea rectora configuraba al delincuente como un sujeto éticamente responsable. De ahí, que el delito se definiera como la manifestación de la voluntad mala y reprochable (culpable). Esta afirmación tiene como presupuesto la existencia de una voluntad libre, y la culpabilidad era concebida como culpabilidad de voluntad. Consecuentemente, la teoría del delito se desarrolló como una teoría de la imputación de acciones. Este punto dé partida implica que sólo el hombre puede cometer un delito por gozar de libre voluntad. Por lo tanto, sólo es imputable un delito si se puede imputar a un sujeto y el Derecho penal se configura como la distinción entre sujetos libres y no libres.

Trasladada esta regla al ámbito de la persona social, en lo que atañe a su responsabilidad penal por los delitos que cometieren los individuos que la integran, es que se edificó la tesis que puede resumirse en el brocádico axioma latino y se apoyó en la influencia savigneana en armonía con el espíritu de los códigos.

Como reacción a esta concepción aparece en derecho penal la Teoría del bien jurídico elaborada por BIRNBAUM, que permite una mayor amplitud ya que según esta teoría el objeto propio del delito es un bien y no un derecho subjetivo. Ello da lugar al nacimiento del positivismo que presenta además una nueva concepción de la sociedad que ya no es la sociedad de los hombres individuales ni la del contrato social.

A partir de IHERING la Teoría del bien jurídico adquiere una importancia trascendente[4]. Para el profesor de Göttingen, la sociedad se concibe como una persona lo que permite configurar tres tipos diferentes de seres animados: los animales, las personas y la sociedad. Precisamente, esta idea es la que hoy se encuentra en crisis.

De ahí, que esto conduzca a replantear el problema del sujeto. También serán de ahora en más sujetos del derecho los conjuntos de personas, toda vez que el mismo derecho permite que éstas se agrupen como personas jurídicas.

En las postrimerías del siglo XIX, esta misma idea, permitió sostener que las personas jurídicas tenían voluntad y que la expresaban de igual forma que las personas individuales. Partiendo de la crítica de BESELER a SAVIGNY, Otto GIERKE, mostrando cierta inclinación por el medioevo alemán y desconfianza a la antigua Roma, prefiere elaborar una doctrina contraria, basada en la realidad, que define como históricamente oportuna y genuinamente alemana y expone en su voluminoso libro *Genossenschaftsteorie* de 1887, al cual adhieren varios pandectistas como REGELSBERG y DERNBURG y jurisconsultos franceses (MESTRE) y británicos (FREUND). Sienta las bases que darían sustento doctrinario a la justificación sobreviniente en la etapa posterior.

Se produce así una primera flexibilización en torno a la idea del sujeto del Derecho penal, cuyo resultado no será la aceptación de la responsabilidad penal de las personas jurídicas, pero se empieza a pensar en dos tipos de sujetos diferentes: los culpables y los no culpables, a los que se les debería aplicar una medida de seguridad. Dé ahí que una de las soluciones que se ofrece para él problema de la responsabilidad penal de las personas jurídicas sea la aplicación de una medida de seguridad (al menos para aquellos autores que reconocen como mínimo la existencia de capacidad de acción de las mismas como el mencionado MESTRE, HAFTER, SALDAÑA, VON LISZT y BUSCH.

En este sentido, el primer esquema dogmático de la teoría del delito que surge a partir de 1881 por la obra de VON LISZT plantea un nuevo

---

[4] Según IHERING el individuo es egoísta y actúa para autoafirmarse. Se introducen así elementos organizativos en la idea de sociedad y ellos son los que permiten manejar el egoismo del individuo (palanca menor: premio-coacción; palanca mayor: sentido del deber-amor) en *El espíritu del derecho romano*, Vol. III, Casa editorial Bailly-Bailliere, Madrid, 1931.

horizonte del Derecho penal, según el cual el Estado y el Derecho existen a causa del hombre. Por ello, se sostiene junto con IHERING que el Derecho penal tiene que proteger intereses y para cuya protección el Derecho ha creado la sociedad. El delito se define como un fenómeno natural y la acción es la humana y voluntaria. No se renuncia al elemento de la voluntad, pero se la concibe desde puntos de vista deterministas. Los elementos de la teoría del delito son: la modificación del mundo exterior, ello es antijurídico y la necesidad de un elemento subjetivo constituido por la culpabilidad en la forma dolo o culpa.

El tercer período histórico en la cuestión que nos atañe comienza con el auge del capitalismo y el desarrollo creciente de su instrumento predilecto de expansión: la sociedad anónima. El derecho comercial dejó de ser el derecho del acto de comercio para retomar su carácter subjetivo inicial, no ya con el comerciante, sino con la empresa. Como principio básico del capitalismo económico el Estado se limitó a desempeñar un papel de protección, y con tales premisas se sancionan las legislaciones liberales de comienzos del siglo XIX que perduraron hasta mediados del XX.

En esos momentos, ya totalmente consolidado el desarrollo del capitalismo en su aspecto comercial, éste fue dando paso a la fase del capitalismo financiero, con la transnacionalización del comercio, de las grandes corporaciones multinacionales, de la desmaterialización de los títulos de créditos y de la propiedad en general, etc. lo que comenzó a producir un cambio en los criterios de responsabilidad penal de las personas jurídicas debido, particularmente, al notable crecimiento de las mismas, a su intervención en todos los aspectos de la vida de la comunidad, no solo económica sino también social y cultural y justo es reconocerlo, debido al creciente auge de criminalidad de los llamados delitos económicos, o "de cuello blanco" según el nombre que se debe a SUTHERLAND[5].

Entonces comenzó a desarrollarse un incipiente movimiento doctrinario que retomando las teorías de la realidad y multiplicándolas en diferentes vertientes, propugnó la sanción material de las personas sociales. Esto encontró rápido eco en todos los sistemas privados, tanto civil, comercial y laboral, no así en el ámbito penal, en el que chocó con los problemas de limitación dogmática antes vistos.

No en vano, quienes primeros advirtieron este problema fueron los jusfilósofos. Entre nosotros, Enrique R. AFTALIÓN señaló en 1949 que para interpretar el problema de la responsabilidad penal de las personas

---

[5] SUTHERLAND, Edwin M.; *White collar criminality*, American Sociological Review, 1940, páginas 7 y siguientes.

jurídicas y la delincuencia financiera "es menester dejar de lado las gafas ahumadas de penalistas, del especialista en `subsunciones' y `figuras delictivas' y elevarse a un plano más alto, a una atalaya desde la que pueda otearse la totalidad del paisaje jurídico[6].

Lo mismo Werner GOLDSCHMIDT, en 1968, afirmó que tanto personas jurídicas de derecho público y de derecho privado, como asociaciones lícitas sin personalidad jurídica como, en fin, sociedades al margen de la ley o expresamente prohibidas llevan a cabo delitos de todo tipo. La realidad sociológica de la organización y la realidad sicosociológica de la voluntad colectiva resisten todo intento de atomización en actos individuales[7].

Del mismo modo, Julio CUETO RÚA[8] y Carlos COSSIO, constituyen dos prestigiosos y decididos partidarios de la responsabilidad de las personas jurídicas en materia penal, de acuerdo con los enunciados de la teoría egológica del derecho elaborada por el segundo de los nombrados.

Carlos NINO a su vez postula que una vez que se comprende que el concepto de persona colectiva forma parte de una técnica especial para hablar abreviadamente de un complejo de relaciones entre individuos, se revela claramente que la responsabilidad penal de las personas colectivas implica, tras el velo de la personificación, penar a ciertos individuos por los actos de otros, o sea estatuir un modo de responsabilidad vicaria[9].

En tanto la doctrina especifica del derecho penal en nuestro país se ha mantenido al margen del problema negando, basada en categorías dogmáticas tal responsabilidad con excepciones como CHICHIZOLA y otros autores. Modernamente BAIGÚN han construído un sistema de doble imputación como respuesta al problema desde su concepción finalista del derecho penal y con los cánones de la dogmática imperante dentro del sistema penal actualmente en boga[10].

En el resto del mundo jurídico occidental el problema tiene un panorama similar al de nuestro país. El derecho occidental anglosajón,

---

[6] AFTALIÓN, Enrique R.; "Acerca de la responsabilidad penal de las personas jurídicas", *Revista Jurídica La Ley*, 1949, tomo 37, páginas 287 y siguientes. Puede verse además del mismo autor "La responsabilidad penal de las personas jurídicas y la de sus directores". *Revista Jurídica Jurisprudencia Argentina*, 1958, tomo. W, páginas 542 y siguientes.

[7] GOLDSCHMIDT, Werner; "Responsabilidad penal de las personas jurídicas", prólogo al artículo de Nemesio GONZALEZ "Responsabilidad penal de las personas jurídicas", en *Revista del Derecho Comercial y de las Obligaciones*, año I, 1968, página 681.

[8] CUETO RÚA, Julio; "El racionalismo, la egología y la responsabilidad penal de las personas jurídicas", *Revista Jurídica La Ley*, Tomo 50, página 1109.

[9] NINO, Carlos Santiago; *Los límites de la responsabilidad penal. Una teoría liberal del delito*, Astrea, Buenos Aires, 1980, páginas 408 a 418.

[10] BAIGUN, David; *La responsabilidad penal de las personas jurídicas (Ensayo de un nuevo modelo teórico)*, Editorial Depalma, Buenos Aires, 2000.

mas aferrado a la experiencia que a la razón "razonada" de los alemanes y a la razón "mandada" de los franceses[11] no ha tenido ningún problema en responsabilizar penalmente a las personas jurídicas basada en finalidades prácticas y de orden social.

En el derecho continental, en general se han elaborado tres modelos diferentes para dar respuesta al problema. Como continúan vigentes los postulados dogmáticos de influencia germánica, la mayoría de los sistemas jurídicos niegan la posibilidad de responsabilizar penalmente a las personas morales. Bélgica, Grecia, Luxemburgo, Portugal[12] y Suiza[13] casi absolutamente; Alemania[14], Austria, Dinamarca, Italia, Polonia y Suecia que tienen el principio de culpabilidad plasmado en sus constituciones postulan su punibilidad solo a título contravencional trasladando el problema del ámbito del derecho criminal al del derecho penal administrativo. España, siempre a mitad de camino entre los personajes cervantinos de Don Quijote y Sancho Panza, ha consagrado una especie de "tertius genus" ya que ha establecido la utilización de medidas de seguridad. Finalmente, quienes consagran la responsabilidad penal de las personas jurídicas mediante la aplicación de la teoría del delito tradicional en los entes colectivos son Francia[15], Holanda (la

---

[11] Sobre este concepto puede verse CIRUO CALDANI, Miguel Ángel; "El bicentenario del Código Civil francés (Una comparación entre la historia jurídica francesa y la historia jurídica argentina)" en *Revista Jurídica Jurisprudencia Argentina*, Tomo 2004-I, página 948.

[12] En ese sentido se expresan CAVALEIRO DE FERREIRA, Manuel: *Lições de direito penal: Parte geral*, vol. I (*A lei penal e a teoria do crime no Código Penal de 1982* - Año lectivo 1987-1988 en la Facultad de Ciencias Humanas de la UCP). 3.ª ed. Lisboa; São Paulo: Verbo, 1988, páginas 191 y 192; DE OLIVEIRA ASCENSÃO, José; "Branqueamento de capitais: reacção criminal". En: *Estudos de direito bancário*. Coimbra; Coimbra Editora, 1999, (págs. 337-358) página 357.

[13] Sobre la discusión en Suiza ver (a favor): GRAVEN / JUNOD, *Societas delinquere non potest?* (1988), página 351; SCHULTZ, Hans; *Bericht und Vorentwurf zur Revision des Allgemeinen Teils und des Dritten Buches* "Einführung und Anwendung des Gesetzes" des Schweizerischen Strafgesetzbuches (1987), páginas 112 y ss.; STRATENWERTH, p. 295 y siguientes, citados por HEINE, Günter; "La responsabilidad penal de las empresas: evolucion internacional y consecuencias nacionales", en *Anuario de Derecho Penal*, Número 1996, Universitas Friburgensis, Friburgo, Suiza, 1996, páginas 6 a 19

[14] En esa dirección: ENGISCH, K. en: *Verhandlzrngen des 40. Deutschen Juristentages*, Tomo II (Sitzungs berichte), Tübingen, 1953, E-7, páginas 23 y siguientes, 41; HEINITZ, en: *Verhandlungen des 40. Deutschen Juristentages*, Tomo I (Gutachten), Tübingen, 1953, páginas 67, 85 y siguientes, 90; idem, ZStW, tomo 65 (1953), páginas 26, 51; JESCHECK, H.; *SchwZStr.*, tomo 70 (1955), páginas 243,258 y siguientes; LANGE, R; JZ, 1952. páginas 261 y siguientes; SCHMITT, R., *Strafrechtliche Mafinahmen gegen Verbande*, 1958, páginas 196 y siguientes, 231.

Así también actualmente CRAMER, en: SCRÓNKE/SCHRÓDER, *StGB*, 24° ed., 1991, previo al § 25, N° 113; JESCHECK, *Stafrecht, Allgemeine Teil*, 4° edición, 1988, página 204; MAURACH/ZIPF, *Strafrecht, Allg. Teil*, vol. 1, 8' ed., 1992, páginas 187 y siguientes; ROXIN, Claus; *Strafrecht, Allg Teil*, tomo 1, 1992, § 8, N° 55 y siguientes; SCHMIDHÁUSER, *Strafrecht, Allg. Teil*, Studienbuch, 2' ed., 1984, página 83; SEILER, W., *Strafrechtliche Massnahmen als Unrechtsfolgen gegen Personenverbande*, 1967, página 96; WESSELS. *Strafrecht, Allgemeine Teil*, 22' ed., 1992, página 25.

Igualmente la jurisprudencia penal, *RGSt*. t. 16, páginas 121, 123; t. 28, páginas 103, 105; t. 33, páginas 261, 264; t. 44, páginas 143, 147, y *BGHSt.*, t. 3, páginas 130, 132 (el precedente de *BGHSt.*, t. 5, páginas 28, 32, se refirió sólo al derecho de ocupación).

[15] Ya desde antiguo puede verse esta postura en DONNEDIEU DE VABRES; "Les limites de la responsabilité penale des personnes morales" en *Rev. Int. de Droit pénal*, 1930, página 339. BONNEFOY; *La responsabilité*

razón "mandada") y Dinamarca y Noruega bajo la influencia de las escuelas del realismo escandinavo.

Este es el marco conceptual, en apretada síntesis del problema sobre el cual desarrollaremos la tesis expuesta. En las postrimerías del siglo recientemente pasado, tanto autores españoles (Silvina BACIGALUPO, ZUGALDÍA ESPINAR y GRACIA MARTIN, entre otros), portugueses[16], como alemanes (TIEDEMMAN, HIRSCH, STRATENWERTH[17]) han replanteado la vieja polémica a la luz de las directivas europeas que aconsejan este tratamiento ya que a partir de principios de 1996, la Comisión de Bruselas ha fomentado la introducción en las legislaciones nacionales de la Unión Europea la responsabilidad criminal de las personas jurídicas,

<hr>

pénale des personnes morales et spécialement des sociétés et de leurs représentants 2° edición, Editions Jurisclaseur, París, 1932. HOUTTE; "La responsabilité pénale des Sociétés de commerce" en *Ann. Droit com.*, 1933, pág. 276. BOUZAT: "Responsabilité pénale", en *Enciclopedia Dalloz*, 1954, París Droit criminel, pág. 796 y siguientes y *Traité théorique el pratique de Droit pénal*, París, Dalloz, 1951. COULOMBEL: "Personne morale", en *Enciclopedia Dalloz*, París, Droit criminel, páginas 508 y siguientes. GEBARA; *La responsabilité, pénale des personnes morales en Droit positif français*, Thése, 1945, París. HERZOG; «De la création d'une juridiction pénale internationale perrmanente" en *Rev. Int. de Droit pénal*, 1950, pág. 395. RICHIER; *De la responsabilité pénale des personnes morales*, These, Lyon, 1943 entre otros.

[16] DE SOUSA MENDES, Paulo; *A responsabilidade criminal das pessoas colectivas e equiparadas na âmbito da criminalidade informática em Portugal*, Paulo de Sousa Mendes, Fundación de Ciencia y Tecnología, Lisboa, 2002, páginas 5 y 6; BELEZA DOS SANTOS, José: "Dúvidas de processo e de direito criminal a que dá lugar o decreto núm. 29034". *Revista de Legislação e de Jurisprudência*. Año 73. Núm. 2682 (28 de diciembre de 1940), páginas 273 a 275, y número 2683 del 11 de enero de 1941, página 292; CORREIA, Eduardo; *Direito Criminal (Lições ao Curso do IV Año Jurídico coordinadas por Francisco Pereira Coelho e Manuel Rosado Coutinho)*. Volumen I, Atlântida, Coimbra, 1949, página 223; DE FIGUEIREDO DIAS, Jorge: "Para uma dogmática do direito penal secundário". En *Direito penal económico e europeu*. Vol. I *(Problemas gerais)*; Coimbra, Coimbra Editora, 1998, (págs. 35-74) página 68 [inicialmente publicado en *Revista de Legislação e de Jurisprudência*. Año 116 (1983-1984), página 263 y siguientes, y año 117 (1984-1985), página 7 y siguientes; MARQUES DA SILVA, Germano; *Direito penal português: Parte geral*. Vol. I *(Introdução e teoria da lei penal)*, São Paulo: Verbo, Lisboa, 1997, págs. 84-86 y págs. 303-304; *Direito penal português: Parte geral*. Vol. II (Teoria do crime). Lisboa; São Paulo: Verbo, Libsoa, 1998, páginas 265-267; *Direito penal português - Parte geral*. Vol. III (Teoria das penas e das medidas de segurança); São Paulo: Verbo, Lisboa, 1999, páginas 83 a 84 y páginas 91 a 93 y DE FIGUEIREDO DIAS, Jorge; *Textos de direito penal: Doutrina geral do crime* (Lições ao 3° ano da Faculdade de Direito da Universidade de Coimbra, elaboradas con la colaboración de Nuno Brandão). Coimbra: s. ed., 2001, páginas 25 y 26.

[17] HIRSCH, Hans Joachim; "Die Frage der Straffähigkeit von Personenverbände", Conferencia pronunciada en la Rhein-Westfälische Akademie der Wisserschaften, Düsseldort, 1993 (Vortráge O 324) traducida por Patricia S. Ziffer (Universidad de Buenos Aires). "Das Schuldprinzip und seine Funktion im Strafrecht", *ZstW* 106, 1994, páginas 746 a 765. TIEDEMANN, *Wirtschaftsstrafrecht*, t. 1, 1976, páginas 204 y siguientes BAUMANN/WEBER, *Strafrecht, Allgemeine Teil*, 9, ed., 1985, página 196; MÚLLER, E., Die Stellung der juristischen Person im Ordnuingswidrigkeitenrecht, 1986, páginas 19 y siguientes. ACKERMANN, B., Die Strafbarkeit juristischen Personen im deutschen Recht und in ausländischen Rechtsordnungen, 1984, páginas 186 y siguientes. EHRHARDT, A., "Unternehmensdelinquienz und Unternehmensstrafe", disertación en Kóln, 1992 (aparecerá en Kölner Krirninalwiss. Schriften, t. 12, otoño de 1993), Cap. 6. Para determinados casos, véase también: SCHUNEMANN, B.; *Unternehmenskrirninalilät und Strafrecht*, 1979, páginas 249 y siguientes; idem, *Wistra*, 1982, páginas 41, 49 y siguientes. así como en general, JAKOBS, G; *Strafrecht, Allg. Teil*, 2' ed., 1991, páginas 6 a 44 y siguientes. Antes ya ROTBERG, H.E.; *DJT-Festschrift*, t. II, 1960, páginas 193, 197; WEBER, *GA*, 1954, páginas 237 y siguientes. Para las sanciones que castigan ("para reelaborar el ilícito pasado") como medidas contra la empresa, STRATENWERTH, R. *Schmitt-Festschr:*, 1992, páginas 295, 304.

por ejemplo, en materia de fraude contra los ingresos y egresos de las Comunidades.

Ello le brinda a esta tesis un grado de actualidad insospechado cuarenta años atrás, debido también al surgimiento en ciernes de un "estado mundial" altamente internacionalizado que respondiendo a la dinámica del proceso de globalización/marginación, está desarrollando fenómenos de integración, de mundialización de normas, e incluso de tribunales, tanto en materia penal como comercial. Dentro de este marco, el tratamiento penal de la responsabilidad de la "herramienta predilecta" del capitalismo como es la empresa no puede quedar al margen del debate jurídico de la actualidad, máxime cuando el mismo se viene produciendo desde hace ya casi ocho años en círculos europeos de alta influencia sobre el pensamiento jurídico argentino como son España, Italia y Alemania que presentan el mismo inconveniente dogmático que nosotros.

III. Las soluciones propuestas

Las comparativamente pocas opiniones que intentan un reconocimiento de la responsabilidad penal de las personas jurídicas se vuelven a apoyar en las ideas de la teoría orgánica de GIERKE. Por lo tanto, todo el profundo cambio en la idea del sujeto deja inalterada, en sustancia, la discusión en torno a la responsabilidad penal de las personas jurídicas.

La solución se intenta buscar a partir del derecho administrativo, el cual evitaría todos los obstáculos que presentan las categorías dogmáticas de la acción y la culpabilidad penal o contrariamente rebajando las exigencias de dicho principio de culpabilidad en relación a las personas jurídicas o fudamentándolo en una responsabilidad orientada en categoría societarias lo cual está lejos de resolver el problema por las consecuencias imprácticas que presenta.

Sin embargo, desde otros puntos de vista, más cercanos al mantenimiento de la configuración dominante y tradicional de las categorías del delito y de la pena, pero presentando las mismas trabas que los anteriores, TIEDEMANN ha propuesto la elaboración de nuevos conceptos de acción y de culpabilidad exclusivamente válidos para las personas jurídicas. En esta línea se han aplicado los principios inspiradores y las reglas generales de la coautoría y de la autoría mediata para afirmar la existencia de capacidad de acción de las personas jurídicas y, por otro lado, aplicando los principios inspiradores y las reglas generales de los delitos impropios de omisión, se ha afirmado la capacidad de culpabilidad propia de las personas jurídicas orientada en categorías sociales y jurídicas[18].

Por otro lado, SCHÜNEMANN ha propuesto establecer un nuevo criterio de legitimación para, sin alterar los principios sobre los que se base el sistema de imputación del Derecho penal individual, fundamentar la aplicación de una sanción a las personas jurídicas sin la existencia de culpabilidad[19]. Por último, HEINE ha presentado una propuesta de un sistema de responsabilidad penal específico para las personas jurídicas fundamentado sobre principios de imputación elaborados a partir de las características específicas de las personas jurídicas[20].

4. Nuestra propuesta

Según desarrollaremos a lo largo de este libro propugnamos la sanción penal a las personas jurídicas apoyándonos en los criterios de la finalidad de la pena.

Así, la finalidad que persigue la institución de una norma que contemple la responsabilidad penal de las personas jurídicas es, en primer lugar, impedir los beneficios o ventajas que pueda obtener una persona jurídica por la comisión de un delito llevado a cabo en su interés y en segundo lugar, fomentar que los órganos directivos de las mismas impidan dentro del ámbito de la empresa la comisión de infracciones, la vulneración de deberes del empresario o que las empresas se enriquezcan por medio de la comisión de ilícitos, por eso hay que establecer como en Francia, por ejemplo, una norma que sancione los ilícitos que pueda cometer una persona jurídica.

Sin embargo, la finalidad de la imposición de una pena no se puede guiar por criterios basados en la comparación o en la pretensión de igualación de las personas jurídicas con las personas físicas.

En este sentido, el modelo propuesto, basado fundamentalmente, sobre la finalidad preventivo-general de la pena; en el sentido de prevención general positiva esbozada por la teoría del delito, facilita considerablemente la introducción de las personas jurídicas como sujetos del Derecho penal. No cabe duda, que el fin primordial que la imposición de la pena a una persona jurídica -al igual que a una persona

---

[18] TIEDEMANN, Klaus; *Lecciones de Derecho penal económico* (comunitario, español y alemán). PPU, Barcelona, 1993.

[19] SCHÜNEMANN, Bernd; *Cuestiones básicas de dogmática jurídico-penal y de política-criminal acerca de criminalidad de empresa*. Traducido por Bruckner y Lascuraín, en Doctrina Penal, Tomo 41, 1988.

[20] HEINE, Günter; "La responsabilidad penal de las empresas: evolucion internacional y consecuencias nacionales", en *Anuario de Derecho Penal*, Número 1996, Universitas Friburgensis, Friburgo, Suiza, 1996.

física- debe de cumplir, es el restablecimiento de la vigencia que la norma vulnera de acuerdo a los puntos de partida metodológicos que esta tesis desarrollará.

Sea cual sea el sistema que se prefiera, ora el continental (francés o español) ora el anglosajón, la imposición de una sanción a las personas jurídicas debe permitir establecer un equilibrio a fin de que las mismas, que sólo pueden actuar por medio de sus órganos o personas competentes, se vean beneficiadas por las ventajas producidas por la comisión de un delito y, a su vez, evitar -ante la falta de posibilidad de imputación del hecho- que no sufran ninguna consecuencia perjudicial que debería tener lugar por no respetar el ordenamiento jurídico, quedando el hecho delictivo impune por falta de determinación de un autor individual concreto.

En este sentido, actualmente las personas jurídicas se encuentran en una situación más favorable que el delincuente individual al no ser consideradas como sujeto posible del derecho penal, lo que conlleva a resultados político-criminales no deseables. Sin embargo, no se duda en establecer severas sanciones administrativas contra las personas jurídicas sin la garantía que exige la aplicación de una sanción ya sea penal o contravencional, en un estado de derecho. Por lo tanto, es importante que la aplicación de sanciones a las personas jurídicas tenga lugar revistiendo las debidas garantías constitucionales.

Se trata en esta cuestión de permitir que sean justiciables los nuevos problemas de las modernas sociedades de riesgo. Los delitos cometidos en el seno de la empresa son el resultado de una evolución que no se puede reconducir de forma puntual a una única decisión, por lo tanto, el resultado no se puede determinar en función de los principios de imputación del derecho penal al infractor individual. En esos casos el derecho penal individual, según HEINE ha agotado todas sus posibilidades[21]. Los elementos de responsabilidad del Derecho penal clásico resultan ante esta situación disfuncionales[22].

Ante la pérdida de dicha racionalidad del sistema existen dos posibilidades: o bien estatuír un Derecho penal específico de las personas jurídicas o bien la reformulación de las categorías dogmáticas tradicionales. Cualquiera de las dos situaciones permitirá que el Derecho penal pueda responder a los conflictos sociales que se le presentan de cara a la posmodernidad y que se pueda adaptar, en la medida de lo racionalmente posible, a las nuevas situaciones que presenta el mundo jurídico.

---

[21] HEINE, Günter; *Die strafrechtliche Vernnutunwidrlichkeit von Unternemen*, página 307.
[22] BACIGALUPO, Silvina; *"La responsabilidad penal de las personas jurídicas"*, Bosch, Barcelona, 1998

IV. Visión tridimensional del mundo jurídico

Para avanzar en la problemática jurídica objeto de este estudio creemos que la complejidad de perspectivas que nos presenta la visión tridimensional propia de la teoría trialista del mundo jurídico nos brinda alternativas enriquecedoras por la propia concepción del derecho que posee, según la cual éste consta de hechos, normas y valores.

La teoría tridimensional debe su nombre a Miguel REALE y encuentra en la teoría trialista, desarrollada principalmente por Werner GOLDSCHMIDT (su fundador) y Miguel Angel CIURO CALDANI su elaboración más destacada. Enriquece la idea del derecho, considerando al objeto jurídico desde tres despliegues y supera infradimensionalismos sociológicos (realismo escandinavo y norteamericano), normológicos (KELSEN) y dikelógicos (derecho natural), múltiples bidimensionalismos e inclusive a otras perspectivas tridimensionales, por lo cual la consideramos adecuada para reflejar la triple consideración del mundo jurídico que, como despliegue cultural que es, abarca realidades fácticas, lógicas y axiológicas[23].

Con el propósito de realizar un brevísimo panorama que familiarice con el pensamiento y la terminología de dicha teoría, diremos que GOLDSCHMIDT utiliza la expresión *mundo jurídico* para designar al fenómeno jurídico en la totalidad de sus tres elementos: conductas, normas y valor, que componen la tridimensionalidad.

Las conductas son comportamientos humanos, las normas, descripciones y captaciones lógicas de las conductas y la justicia como valor que es, se realiza a través de los hombres en el mundo jurídico y nos permite valorar las conductas y las normas. Las conductas que cumplen los hombres realizan un reparto que consiste en adjudicar potencia o impotencia, es decir beneficios o perjuicios o cargas a quienes los reciben. El reparto es la realidad fundamental del fenómeno jurídico desde que las normas son descripciones de ellos y la justicia los toma como material u objeto de valoración[24].

Las conductas de reparto forman un orden. Verticalmente los repartidores supremos (los que mandan) articulan los criterios rectores del reparto que componen el plan de gobierno en marcha que indica precisamente los supremos repartidores y los criterios supremos de

---

[23] La teoría trialista está desarrollada entre otros, en GOLDSCHMIDT, Werner; *Introducción filosófica al derecho*, Depalma, Buenos Aires, 1987, CIURO CALDANI, Miguel Angel; *Derecho y Política*, Depalma, Buenos Aires, 1976; *Estudios de Filosofía Jurídica y Filosofía Política*, Fundación para las Investigaciones Jurídicas, Rosario, 1982/4 y BIDART CAMPOS, Germán; *Filosofía del Derecho Constitucional*, Ediar, Buenos Aires, 1968; de cuyas obras hemos tomado el material para esta apretada síntesis de sus contenidos.
[24] BIDART CAMPOS, Germán; *op. cit.*, páginas 12 y 14.

reparto (realiza el valor previsibilidad). Por otro lado, funciona la ejemplaridad de los repartos: los que se reputan ejemplares son imitados a través del esquema modelo y seguimiento (satisfactorio del valor solidaridad). Los que no son tenidos como ejemplares están fuera del orden de repartos y constituyen lo ilícito dentro de ese régimen.

El reparto tiene sus repartidores (siempre los hombres) y sus recipiendarios (mayormente los hombres, pero también los animales o cosas). El objeto del reparto, lo que se reparte, es siempre potencia e impotencia. El reparto presenta dos categorías: es autoritario cuando su autor lo lleva adelante sin preocuparse por el consentimiento de los recipiendarios y lo desenvuelve al hilo de la imposición (realizador del valor poder) y es autónomo cuando se realiza mediante el acuerdo de sus protagonistas, aunque no exija un encuentro positivo de declaración de voluntades, sino únicamente una coexistencia de conductas coincidentes (realizador del valor cooperación)[25].

El orden de repartos (realizador a su vez del valor orden), pertenece a la realidad social y tiene naturaleza temporal. Esa temporalidad se suele llamar positividad y por eso decimos que un derecho fue positivo o es positivo pudiendo predecirse a la vez que será positivo. Este orden de repartos se refleja en el orden de las normas y se compenetra con él. La norma es la captación lógica neutral de un reparto proyectado. La norma capta y describe el reparto a través de un tercero neutral que realiza funciones descriptivas e integradoras, estas últimas a través de conceptos y materializaciones de modo tal que puede resultar fiel o infiel (según capte con acierto la voluntad de sus autores) exacta o inexacta (según el cumplimiento de esa voluntad) y anticipada (si lo hace a modo de pronóstico). Según tenga o no formulación lingüística, la norma puede ser escrita o no escrita.

La teoría trialista reconoce valores naturales, que existen con independencia del hombre y valores fabricados, producidos por éste. Los naturales pueden ser absolutos o relativos (según sean valiosos en toda instancia o se subordinen a otro valor). Los valores fabricados son siempre relativos, los que no se oponen a los naturales son auténticos y los que los contrarían son falsos. La justicia es el único valor absoluto del Derecho al hilo de cuyas valoraciones se constituye la dimensión axiológica del derecho[26].

La justicia tiene una función pantónoma ya que abarca todos los repartos posibles, pero como humanamente es imposible el cumplimiento de tal función, realizamos la justicia de modo fraccionado.

---

[25] Idem, página 15 y CIURO CALDANI, Miguel Angel; *passim*
[26] CIURO CALDANI, Miguel Angel; *op. cit*, páginas 104 a 105.

Las causas del fraccionamiento provienen de obstáculos que derivan del pasado, del presente y del porvenir. En los tres despliegues del valor justicia, a la propia valencia de justicia se añaden la valoración y la orientación. El valor vale, el valor valora (lo valorado se llama material estimativo) y el valor orienta (por eso los hombres inducimos los criterios de valor). La axilogía dikelógica contempla la estructura formal de la justicia y la axiosofía dikelógica enfoca su contenido[27].

V. Plan de trabajo

Esbozado el modesto e insuficiente panomara precedente, sin abundar demasiado en la explicación que se presenta *infra*, conociendo algunas de las grietas de este trabajo, nos introduciremos someramente en el desarrollo histórico de la evolución del concepto de persona jurídica y las doctrinas sobre la personalidad de las mismas, a la vez que paralelamente nos adentraremos en el desenvolvimiento, también histórico de la máxima penal *"societas delinquere non potest"*.

Luego de ello y a fin de comprender cabalmente el sentido de las tesis expuestas, recurriremos en el marco teórico al análisis que el derecho civil nos brinda del concepto de persona jurídica y su caracterización legal en el ordenamiento argentino y el aporte que el derecho penal hace de los conceptos dogmáticos de acción, tipicidad, antijuridicidad y culpabilidad y como juegan los mismos en función de la persona jurídica.

Dentro de ese marco estaremos luego en condiciones de exponer las modernas teorías afirmatorias de la responsabilidad penal de las personas jurídicas en el seno de cuya sistematización se postula la normativización de los conceptos dogmáticos de acción y culpabilidad de la persona moral.

Finalmente, pero no por último, abordaremos las opiniones de la doctrina nacional y nos dedicaremos al análisis de algunas normas del derecho positivo argentino y su interpretación jurisprudencial, cerrando el trabajo con un Capítulo dedicado a la descripción del tratamiento legal que le otorga el derecho comparado al tema objeto de este estudio para lo cual desarrollaremos la gran mayoría de las legislaciones continentales europeas que nos brindan un panorama de los modelos normativos vigentes en ese contexto.

---

[27] BIDART CAMPOS, Germán; *op. cit.*, página 19.

CAPÍTULO I

I. Evolución histórica

Desde épocas muy remotas, el problema de la responsabilidad criminal de las agrupaciones de personas, aun incluso antes de su reconocimiento como categoría jurídica de entes colectivos, halló un lugar de relativa trascendencia en su sistema de sanciones. Así, un buen ejemplo de ello lo podríamos situar en la época histórica donde la venganza de sangre constituía la reacción penal típica, la cual recaía con frecuencia sobre cualquiera de los que integraban la *Sippe* (familia) a la que pertenecía el autor que había cometido la ofensa, que reapareció como sancion penal típica en Francia a principios del siglo XVIII, durante el *Ancien Régime* (Antiguo Régimen), época histórica en la cual las penas por los delitos más graves cometidos por un sujeto determinado trascendían la persona del autor del mismo para trasladarse a los miembros de la familia que integraba, mediante la imposición de sanciones como el destierro, la privación de sus bienes o también de ciertos derechos ya que se esperaba que el amor a los hijos o a los padres sirviera de contrapeso a las tentaciones criminales cuando fallase el instinto de la propia conversación.

Algo parecido era recogido por el Fuero de León, donde se disponía que, en el supuesto en que se le impusiese a un sujeto una pena pecuniaria, iba a responder por ella solidariamente también la ciudad a la que perteneciese, con la finalidad de que no se pudiera alegar insolvencia o desconocimiento del paradero del autor. Este precepto tambien se encontraba, aunque limitado en el Fuero de Castilla y fue suprimida en el Fuero de Navarra.

Sin embargo, al igual que la gran mayoría que los institutos del derecho, es en Roma donde encontramos los primeros fundamentos de tipo jurídico de la responsabilidad penal de los entes colectivos. Si bien el derecho romano no conocía, en principio la figura de la persona jurídica se alcanzaba a distinguir entre los derechos y obligaciones de la corporación (*universitas*) y los de cada uno de sus miembros (*singuli*)[28].

En la Roma primitiva solo los individuos humanos eran personas del derecho, en tanto la idea de la personalidad moral aparece por primera vez delineada cuando las ciudades vencidas por Roma ya sean *republicae* o *municipia*, resultan en virtud de la derrota, privadas de su soberanía y reducidas al *"ius singulorum"* o derecho de los particulares, para la gestión de los bienes que les quedaban. De ese modo se admitió la existencia de un ente colectivo que actuaba en el derecho a la par de los ciudadanos, utilizando las formas propias del comercio jurídico y compareciendo ante los jueces penales de acuerdo a las reglas de procedimiento civil o penal[29].

En el Digesto, Ley 4, parágrafo 3, del título 15, Libro 1, ULPIANO[30] sostuvo la posibilidad del ejercicio de una acción penal contra el municipio (en la práctica la corporación más importante) y como resultado, los habitantes de la ciudad debían devolver lo obtenido por medio de la acción de los recaudadores de impuestos a favor de la ciudad.

Claro está que no es posible afirmar que se reconociera ya en esa época la concepción de un concepto técnico de persona jurídica, pero si que encontramos las raíces que llevarían a los canonistas a aceptar la concepción romana de la capacidad jurídica de la universitas separada conceptualmente de la *singuli*.

Efectivamente, las necesidades prácticas que enfrentaron los canonistas para explicar el fenómeno real de la organización de la Iglesia (cuyos derechos no pertenecían a los fieles sino a Dios) los llevaron a desarrollar lo que conocemos como el comienzo de la teoría de la persona jurídica[31]. Según este concepto la persona jurídica, solo tenía una existencia ficticia, una vida fingida. En este principio, y que Inocencio IV hizo suyo, se basó toda la doctrina de entonces, e incluso partieron de él, aunque fuese para contradecirle sus sucesores.

---

[28] BACIGALUPO, Silvina; *La responsabilidad penal de las personas jurídicas*, Bosch, Barcelona, 1998, página 43.

[29] LLAMBIAS, Jorge Joaquín; *Tratado de Derecho Civil*, Parte General, Tomo II, Editorial Perrot, Buenos Aires, 1980, página 9.

[30] ULPIANO nació presuntamente en Tiro (actualmente El Líbano) en 170 y murió en Roma en el año 228. Este jurisconsulto romano fue asesor de Papiniano (142-212) ("principe de los jurisconsultos romanos") y prefecto del pretorio bajo Severo Alejandro. Formaba parte junto con Papiniano, Paulo (murió hacia 235), Gayo (siglo II) y Modestino (murió a mediados del siglo III) del grupo de jurisconsultos cuyas opiniones con las de todos los citados por ellos se contenían en la «ley de Citas de Valentiniano III» y se imponían a los jueces romanos. Entre sus escritos destacan *Comentario del edicto*, *De fideicommissis* y *De apellationibus*, de los que sólo se conservan fragmentos.

[31] Sinibaldus FLISCUS o FIESCHI (murió en 1254) desarrolló esta formulación doctrinal en *Apparatus (Commentaria) in libros quinque decretalium*, editada en Francfort en 1570 aunque terminada en 1245 poco después del Concilio de Lyon. Este canonista medieval fue consagrado Papa en 1243 con el nombre de Inocencio IV.

Con la finalidad de evitar que el castigo a las ciudades que se revelaban contra el Papa recayera sobre todos y cada uno de sus miembros, culpables o no, la universitas era tratada como un *individuum fictio* (persona ficticia), *"cum collegium in causa universitas fingatur una persona"*, por lo tanto no tenía capacidad de acción y por ende tampoco capacidad delictiva: *"impossibile est, quod universitas delinquat"*, por ello la universitas al igual que un ser sin alma tampoco podía ser excomulgada; es el origen del axioma*"societas delinquere non potest"*[32] o, expresado también de otro modo *universitas delinquere nequit*. A partir de ese entonces la persona jurídica comienza a ser considerada como una persona ficticia, punto de partida de la teoría posteriormente desenvuelta y sistematizada por SAVIGNY[33] y que veremos *infra*, rechazándose por ello la responsabilidad criminal de las personas jurídicas y considerando que en los casos de comisión de un delito en el seno de una persona jurídica la responsabilidad penal alcanza únicamente a las personas físicas que actúan por la jurídica.

En los siglos posteriores, sin derrocar el criterio de la ficción, se aceptó el hecho de responsabilizar a las personas jurídicas. No es de extrañar que los glosadores, para quienes la *"universitas"* estaba formada por la suma de sus miembros, encontraran más facilidades para edificar la doctrina afirmativa de una cierta responsabilidad en determinados delitos, con una posición intermedia que no abjuraba totalmente de la ficción, pero que al mismo tiempo aceptó la posibilidad de sancionar a las personas jurídicas[34].

Para ello distinguieron entre los delitos cometidos por los miembros de la corporación aun actuando como representantes de la "universitas", de los cometidos por ésta última en forma propia, siendo por éstos los únicos por los que se puede sancionar a la persona colectiva[35].

Esta teoría y su larga práctica que se extendieron hasta los siglos XVII y XVIII fue desarrollada por los postglosadores, en particular

---

[32] BACIGALUPO, Silvina; op. cit, página 48.

[33] Friedrich Karl VON SAVIGNY nació en Frankfurt del Main el 21 de febrero de 1779 y murió en Berlín en 1861. Jefe de la escuela histórica alemana fundada por Gustav Hugo (1764-1844), fue profesor en las universidades de Magburgo (1800) donde realizó su tesis doctoral y de Landshut (1808) donde sucedió a Gotlieb Hufeland. En 1810 pasó la Universidad de Berlín donde integró el grupo de fundadores y maestros y fue el primer catedrático de derecho romano. Fue miembro del Tribunal Supremo que en determinadas circunstancias formaban las Universidades alemanas. Desde 1807 integró el Tribunal de Casación de Berlín, fue miembro del Consejo de Estado Prusiano (1829) y Ministro de Justicia (1843). A partir de 1848 volvió a la vida privada y se dedicó exclusivamente a realizar trabajos científicos. Entre sus obras destacan *Historia del derecho romano en la Edad Media* (1815-1831) y *Tratado de derecho romano* (1840-1849).

[34] JIMÉNEZ DE ASÚA, Luis; *"La cuestión de la responsabilidad penal de las personas jurídicas"*, La Ley, Tomo 48, página 1041.

[35] BACIGALUPO, Silvina; *op. cit*, página 52.

BARTOLO DE SASSOFERRATO[36], quien al referirse a la ley 16, parágrafo 10, del título 19, Libro 48 del Digesto fundamentaba del modo que reseñamos la capacidad delictiva de la "universitas".

El desarrollo de las ideas individualistas durante el Siglo de las Luces y su consagración política mediante el triunfo de la Revolución Francesa fueron determinantes para que, tanto en la doctrina como en la legislación, se restableciera en plenitud el criterio de la ficción y se impusiera la idea de la responsabilidad individual. En derecho penal, significó el reconocimiento de la persona natural como la sola capaz de dirigir y controlar su comportamiento y, por tanto, de ser declarada culpable. Siendo la culpabilidad la base indispensable de la pena, único medio de reacción penal admitido entonces, ésta sólo podía ser impuesta a la persona natural. De esta manera, se excluyó a las agrupaciones de individuos, constituidas formalmente, del ámbito del derecho penal de tal modo que se puede decir que el reconocimiento verdadero, tal y como se concibe en la época actual, del principio *societas delinquere non potest* supone una herencia de la Revolución Francesa, que terminó plasmándose en el Derecho Penal moderno.

Este hecho fue percibido como un avance frente a los criterios que habían sido con frecuencia admitidos anteriormente. La responsabilidad fue considerada como más respetuosa de la naturaleza de la persona humana.

Esta posición dominante a finales del siglo XVIII fue principalmente respaldada e impulsada en el derecho penal por FEUERBACH[37] que, respondiendo a la filosofía nacida en aquella época, postulaba que sólo al individuo que delinque es factible sancionarlo con una pena. Trasladada esta regla al ámbito de las persona moral o social, en lo que atañe a su responsabilidad penal por los delitos que cometieren los individuos que la integran, es que se edificó la tesis que puede resumirse en el axioma latino[38] y se apoyó en la influencia romanista de SAVIGNY,

---

[36] BARTOLUS de Sassoferrato nació en 1314 y murió en 1357. En la obra de este legista o comentador se destaca *Commentarii-Consilia-Quaestiones-Tractatus*, todas publicadas en la edición de sus obras en Basilea en 1562.

[37] Paul Johann Anselm VON FEUERBACH, nació el 14 de enero de 1775 en Hainichen, localidad próxima a Jena y murió en Frankfurt del Main en 1833. Obtuvo su doctorado en Filosofía por la Universidad de Jena. En 1805 el ministro de Justicia de Baviera le encargó la elaboración de un nuevo Código Penal. Tres años después fue consejero privado. Entre 1814 y 1817 fue vicepresidente del Tribunal de Apelación de Bamberg. Este último año comenzó a ejercer como presidente del Tribunal de Apelación de Ansbach, cargo en el que permanecería hasta su muerte. Sus teorías tomaron cuerpo en el Código Penal de Baviera de 1813, del que fue autor y coautor del Código maximiliano. Fue muy importante su aportación para la abolición de la tortura en Baviera (1806), y dejó sentadas las bases para la adopción del sistema de procedimiento público.

[38] MONCAYO, N.J.; *Delitos cambiarios y responsabilidad penal de las personas jurídicas*. Depalma, Buenos Aires, 1985, página 29.

autor que, como veremos *infra*[39] construyó la *teoría de la ficción*, en la que establecía como característica esencial de este tipo de entidades su esencia ficticia.

II. Naturaleza de las personas jurídicas y su responsabilidad penal.

Si bien una de las primeras teorías que se han desarrollado y sostenido para explicar la naturaleza jurídica de la persona de existencia ideal fue la de SAVIGNY, a ella le sucedieron varias que la doctrina ha consentido más o menos unánimemente en agrupar en tres categorías fundamentales.

Las que mayor preponderancia han adquirido a la luz de la interpretación que de ellas han hecho los autores penalistas fueron la "Teoría de la ficción" del pandectista alemán y la "Teoría del órgano" de Otto GIERKE[40]. Para una comprensión global de los distintos enfoques desarrollaremos en primer término la teoría de la ficción y luego las llamadas "Teorías de la voluntad", dentro de cuya categoría tres son las más importantes: la del órgano, la del interés y de la institución. Finalmente, y a modo ilustrativo expondremos en apretada síntesis las denominadas "teorías negatorias" de la personalidad jurídica de las entidades colectivas.

A. Teoría de la ficción

Frederich Karl von SAVIGNY sostiene que el derecho subjetivo es un poder atribuido a una voluntad; de allí que solamente los seres que la posean puedan ser considerados personas, siendo entonces el hombre el único sujeto natural de derechos y obligaciones jurídicas ya que sólo él tiene voluntad.

Pero el derecho positivo a veces atribuye capacidad a ciertos entes que carecen de voluntad, esto es a través de una ficción. La persona jurídica es entonces una ficción creada por la ley y toda actividad ilícita debe serle imputada a sus miembros ya que las personas colectivas son irresponsables civil y criminalmente.

Como vemos SAVIGNY, era contrario a la admisión de esa responsabilidad que se suponía sólo existente en el ser humano por

---

[39] Ver en el punto siguiente los desarrollos doctrinarios de ambos autores alemanes.

[40] Otto VON GIERKE nació en 1841 y murió en 1921. Entre 1868 y 1881 publicó su famosa y debatida teoría organicista que encuentra en los cuatro tomos de *Das deutsche Genossenschaftrecht* su mejor ejemplificación. Escribió además otras obras que tratan esta materia: Die *Genossenschaftstheorie und die deutsche Rechtsprechung* (1887), *Deutsches Privatrecht* (1895) y una monografía sobre Johannes Althusius en 1880 entre otros escritos.

corresponder a la aptitud moral de controlar las propias acciones para que ellas no se erijan en promotoras del mal ajeno. Por lo demás, se decía, la responsabilidad penal gira en torno al principio de identidad al que no es posible atenerse si se trata de las personas jurídicas, que no pueden ser castigadas por faltas moralmente imputables a otros sujetos de derecho, los que han obrado sólo como representantes o dependientes de la entidad, de lo contrario se estaría violentando la citada gran máxima del derecho penal que exige identidad entre el delincuente y el condenado[41].

Según la concepción de SAVIGNY, a partir del postulado del derecho natural que cada derecho subjetivo se origina en la libertad personal que toda persona posee, el concepto de persona, como portador *(Träger)* o sujeto de derechos *(Rechtssubjekt)*, debe coincidir absolutamente con el concepto de persona física debido a que sólo el individuo tiene derechos. Esta capacidad, sostenía la llamada «teoría de la ficción», podía ser atribuida «por el derecho positivo» a la persona jurídica «comprendida como sujeto artificial creado por una simple ficción».

De acuerdo al criterio del pandectista alemán, la ficción es en consecuencia un instrumento técnico que sólo el legislador puede emplear. Dicho de otro modo, fuera de la persona física (el ser humano) no existe otra entidad titular de derechos y de obligaciones, "si no por voluntad del legislador ... quien mediante la ficción considera a una asociación de personas o a un conjunto de bienes como una unidad, tratándola como una persona y, por tanto, como sujeto de derecho".

Pero esta personificación del ente jurídico en el sujeto físico no debe hacer olvidar la imposibilidad de tratar la agrupación de la misma manera que a una persona física. En efecto, las agrupaciones, de hecho, tienen capacidad legal pero no capacidad de actuar: como a los incapaces, debe dotárseles de representantes legales. En consecuencia, las agrupaciones tienen verdaderamente una subjetividad, pero ésta es una subjetividad extremadamente disminuida. La teoría de la ficción excluye, por tanto, la responsabilidad penal de las agrupaciones por razones muy similares a las que permiten excluir la responsabilidad de las personas físicas incapaces.

Dentro del ámbito del derecho penal propiamente dicho, esta doctrina fue difundida, entre otros, por Anselm VON FEUERBACH, quien afirmaba que la sociedad sólo existe en tanto y en cuanto persigue el fin para el que fue creada. Si se extravía y pierde ese fin que la propia ley le

---

[41] SAVIGNY, Federico Carlos de; *"Sistema de derecho romano actual"*, citado por LLAMBIAS, Jorge Joaquín, en op. cit, página 12.

ha impuesto, ya no es sociedad: habría desaparecido como tal[42]. Además, el autor del Código Penal de Baviera postulaba que el conocimiento del sujeto es necesario para la determinación de la voluntad de una acción contraria a la ley, por lo que le resultaba difícil imaginar un sujeto con conocimiento diferente de la persona física, por aquello de que "solo el individuo puede ser un sujeto del delito y nunca una persona física"[43].

En cuanto a la cuestión de la responsabilidad, para los teóricos de la ficción, las personas jurídicas carecen de toda responsabilidad penal, conclusión a la que llegan partiendo de la consideración de que siendo la responsabilidad la aptitud de alguien de ser pasible de una sanción, en el caso por los hechos ilícitos que cometa, no es posible imputar esa responsabilidad a las personas jurídicas, por tratarse de entes ficticios carentes de voluntad psíquica.

Por lo demás, se agrega, la persona jurídica es un ente de derecho sólo en el orden de su finalidad –principio de la especialidad-, de manera que, estando la actividad ilícita fuera de esa órbita, todo lo que se haga en ese sentido le resulta extraño, comprometiendo sólo al agente humano que haya efectuado el entuerto. Finalmente, sin duda tal hecho ilícito excede el mandato conferido al mandatario, por lo que no cabe nunca imputarlo a la persona jurídica.

B. Teorías de la realidad

En contraposición a la *teoría de la ficción*, Otto GIERKE lanzó al mundo jurídico otra distinta y contrapuesta, la *teoría de realidad*, que ofrecía una base teórica para la aceptabilidad de la responsabilidad criminal de los entes jurídicos. Para esta teoría, las personas jurídicas tienen elementos reales que permiten afirmar su existencia, la cual responde, en general, a la realidad de los fenómenos sociales que indican una vida de la entidad distinta de las de sus miembros. Posteriormente a su enunciación principal por GIERKE, se desarrollaron distintas variantes de la misma sobre los mismos postulados y la doctrina las clasificó en categorías diversas, destacándose entre las de mayor significación tres.

1. Teorías voluntaristas

Partiendo de la premisa expuesta por GIERKE, se sostiene que las personas de existencia ideal tienen una voluntad distinta de la de sus miembros individuales. En las asambleas sociales el resultado de la

---

[42] JIMÉNEZ DE ASÚA, Luis; op. cit, página 1042.
[43] BACIGALUPO, Silvina; op. cit, página 91.

votación es la voluntad de la persona ideal, diversa a la voluntad de cada uno de los integrantes de la asamblea, coincidente o no con el resultado final de la misma, y a veces en abierta oposición, pero a cuya mayoría debe someterse. Dentro de los principales expositores de las teorías voluntaristas se destaca precisamente Otto GIERKE quien desarrolló lo que se conoce como "Teoría Organicista" junto con otros autores posteriores (WORMS, SACHAEFFLE y NOVACOW) y George JELLINEK[44].

2. Teoría Organicista

GIERKE, manifiesta su declarada contradicción con la doctrina de la ficción por cuanto afirma que las personas jurídicas son realidades vivas, tan sujetos de derecho como el hombre. Para este autor, una persona jurídica debe ser concebida como una persona real, en la cual se juntan seres humanos con "una única y común fuerza de voluntad y de acción para el cumplimiento de los fines que superan la esfera de los intereses individuales", de modo que entidades de este tipo llegan a alcanzar un elevado grado de concentración y organización y "manifiestan en el plano social una sustancial unidad capaz de intervenir en nombre propio en la vida jurídica activa". Los individuos que la integran están ligados a la persona jurídica quien tiene una voluntad propia que es la voluntad común de todos expresada a través de sus organos tanto de gobierno (asamblea) como de administración (directorio, gerencia, comisión directiva).

El resultado de este proceso es la constitución de una auténtica persona jurídica, como una realidad distinta y separada de los miembros que la conforman, lo que le lleva a GIERKE a concluir que esta entidad alcanza no sólo ya personalidad real, sino que también hay que dejar abierta la posibilidad de que ésta pueda observar o perseguir una voluntad propia y distinta a las voluntades individuales de los miembros que las integran.

Si el sujeto no delinque como individuo, sino inmerso en una sociedad, es a ella y no a la persona física a quien debe castigarse, ya que ésta no ha obrado como hombre –dice GIERKE- sino que ha actuado como miembro de la sociedad.   Aún cuando se ha reprochado a la teoría del órgano ser "una concepción romántica desenvuelta mediante imágenes y comparaciones poéticas" la verdad es que responde acertadamente a la naturaleza institucional de las personas jurídicas.

---

[44] Goerg JELLINEK nació en Leipzig en 1851 y murió en Heidelberg en 1911. Este jurisconsulto alemán fue Profesor en las universidades de Basilea y de Heidelberg. Publicó varias obras sobre filosofía del derecho y ciencia jurídica, entre las que destaca *Teoría general del Estado*.

GIERKE sustenta la responsabilidad de la persona jurídica porque ésta es un sustrato real cuya condición es igual en el orden jurídico a la de las personas naturales, requiriéndose para que tal responsabilidad esté comprometida que concurra: 1) la imputabilidad personal del hecho a quien obra como órgano de la persona jurídica, en razón de su culpa o dolo, salvo supuestos de excepción en que la ley crea la responsabilidad sin falta subjetiva del agente y por la sola gravitación de otro motivo y 2) que el órgano obre en calidad de tal y en la esfera de su cometido.

En el campo del derecho penal, Franz VON LISZT, afirma la responsabilidad penal de la persona jurídica y, partiendo de la base de los postulados expuestos por GIERKE y de exigencias político-criminales basadas en la peligrosidad, concibiendo a la persona jurídica como un medio especialmente peligroso para servir de instrumento a aquellos que pretendieran enmascararse tras ella, propusieron que estas entidades debían ser, por tanto, castigadas enfáticamente.

VON LISZT afirmaba que de la misma manera que la persona jurídica contrata y dentro de los contratos puede realizar acciones leoninas, fraudulentas o dolosas, también pude realizar acciones criminales[45]. A su entender la responsabilidad penal de las personas jurídicas no sólo es posible sino "conveniente", porque jurídicamente las condiciones de la capacidad de obrar de las sociedades en materia penal no son fundamentalmente distintas de las exigidas por el derecho civil[46] ya que como se ha observado, la falta o imprudencia imputable al órgano de la persona jurídica que es el dispositivo personal por el cual se expresa la voluntad de la entidad, es desde el punto de vista jurídico un acto de la entidad mismo que por ello ha de traer aparejada su propia responsabilidad.

También HAFTER se cuenta entre los epígonos de la responsabilidad penal de las personas jurídicas, tanto así que afirma que postula de construcción de un derecho penal asociacionista. El suizo intentó edificar la capacidad delictiva de la persona jurídica basándose en la responsabilidad por culpabilidad reconociendo la realidad física de la persona jurídica por medio de una construcción técnica. Para HAFTER la persona jurídica es una configuración natural que responde al instinto de asociación del individuo y como tal es un ser viviente que tiene una voluntad especial constituida por todas las voluntades individuales de los sujetos que la integran.

---

[45] VON LISZT expresa este pensamiento en en su famosa frase *"quien puede concluir contratos puede concluir contratos fraudulentos y usurarios"* citado en HIRSCH, Hans Joachim, "Strafrechtliche Verantwortlichkeit von Unternehmen", *ZStW*, 1995, FET 2, página 296.

[46] JIMÉNEZ DE ASÚA, Luis; *op. cit*, página 1042.

Cuando tiene lugar la asociación de personas nace inmediatamente la organización, que es la única forma de articular el funcionamiento de la asociación y que esta se mantenga en el tiempo. Cabe entonces diferenciar entre el órgano por un lado y la organización por el otro.

Los órganos expresan la voluntad de la organización (a cuya formación concurren los individuos particulares) la que llama "voluntad especial" que es la voluntad de la organización distinta de la de sus miembros individuales (aunque estos concurran a formarla pueden diferir sus intereses particulares de los de la asociación)

Esta voluntad especial les otorga capacidad de acción ya que la expresan por medio de intervención en la vida social y cualquier persona (física o jurídica) que tenga capacidad de voluntad y de acción tendrá la capacidad delictiva que le otorgan las mismas.

Ahora bien, para que este ejercicio de la voluntad especial tenga aptitud delictiva debe reunir, los elementos clásicos del injusto, a los que HAFTER llega elaborando los conceptos de inteligencia, energía y conciencia especial del mismo modo que construye la voluntad esencial. Como colofón a ello postula al igual que GIERKE la punibilidad de la persona jurídica y la del individuo que llevó a cabo la acción típica dado que la voluntad del órgano no solo es una voluntad conjunta sino en parte también la voluntad del individuo. Asimismo, limita la pena a la disminución de los bienes de las personas jurídicas, propugnando indemnizar a los miembros no culpables del delito debido al daño que la pena impuesta a la persona jurídica pudiera suponerles[47].

BUSCH, dentro de la dogmática alemana, criticando algunos postulados de HAFTER –en particular el último- pero partiendo de las mismas premisas del reconocimiento de la realidad de las personas jurídicas apoyando sus conclusiones respecto de la capacidad delictiva de las mismas apoyándose en el concepto de la pena legitimada por la función preventiva.

La asociación es una unidad vital desarrollada por sus órganos a cuya actividad conjunta se deben imputar los actos de la corporación. Esta actividad de sus miembros orientada con una finalidad social es el elemento real que permite imputar la acción de los miembros como acción propia de la organización, por lo tanto, la responsabilidad de sus miembros es la responsabilidad de la asociación. Que significa una obligación de los miembros de la misma, en su existencia social como asociación, por un comportamiento antijurídico con una finalidad social realizada por todos, por la mayoría, por los representantes o por personas individuales.

---

[47] BACIGALUPO, *op. cit*; página 81.

Es allí donde a partir de la función de prevención general de la pena fundamenta la conveniencia de sostener la responsabilidad penal de las personas jurídicas. Dado que el delito es una acción socialmente dañosa y la pena es la respuesta del estado a la comisión de un delito cabe la aplicación de éstas a las personas jurídicas[48].

Sostiene Aquiles MESTRE, el doctrinario francés, que las personas jurídicas poseen una voluntad natural y propia, susceptible de orientarse en diversos sentidos, en cuya virtud nada les impide querer y ejecutar actos ilícitos, y aun delitos previstos y castigados por la ley pena[49]. MESTRE, partiendo de la responsabilidad de las personas jurídicas y que invoca las opiniones antes citadas de GIERKE y VON LISZT pensó contra el primero diciendo que e preciso responsabilizar también a los autores materiales del hecho, a aquellos que han cometido la acción o que la han realizado como directores o gestores de la sociedad. Hay, a su juicio dos responsabilidades: la del individuo natural que perpetra un hecho delictivo como miembro y representante de la corporación y la responsabilidad de la persona jurídica (igual que BUSCH) Esta no excluye a aquella y así no quedarán en igual trance los inocentes y los culpables[50].

a. Teoría de Jellinek

Para George JELLINEK no hay en rigor una persona jurídica sino hombres que se suceden, pero desde el punto de vista jurídico hay verdaderas unidades aglutinadas y cimentadas por la unidad del fin. Esa unidad da lugar a la personalidad jurídica a la que es dable imputar los actos individuales encaminados al fin común. Admite la responsabilidad penal de las personas jurídicas, pero sólo limitada a la esfera de las contravenciones ya que en el orden psíquico los actos serán actos de voluntad de los individuos, pero en el orden jurídico son actos de voluntad de la agrupación.

Igual opinión comparte James GOLDSCHMIDT, pre-elaborador científico del derecho contravencional, que distingue aquellos bienes jurídicos que el estado debe proteger con penas (vida, libertad, propiedad, etcétera) de aquellas "desobediencias éticamente incoloras" a las que corresponde una sanción administrativa o multa. A este segundo campo obedecen los injustos perpetrados por las personas jurídicas[51].

---

[48] Ibídem, página 87.

[49] CHICHIZOLA, Mario; *"La responsabilidad penal de las personas de existencia ideal"*; La Ley, Tomo 109, página 690.

[50] JIMÉNEZ DE ASÚA, Luis, op. cit, página 1043.

[51] GOLSCHMIDT, James; *Das Verwaltungsstrafrecht*, 1902, citado por ROXIN, Klaus; *Derecho penal*, Parte General, Tomo I, Editorial Civitas, Madrid, 1997, página 53.

3. Teorías del interés

FERRARA y MICHOUD, entre otros sostienen que la persona ideal tiene un interés distinto al de sus miembros en particular, pudiendo coincidir o no con el de ellos. León MICHOUD, el autor francés antes nombrado, hacia fines del siglo XIX se manifestó inicialmente en contra de la responsabilidad penal de las personas jurídicas, para aceptarla luego a principios del siglo XX partiendo de la voluntad legal y considerándola en ciertos casos posible y equitativa[52]. Sostiene que el ser humano es un ser social que se agrupa con otros semejantes con intereses afines a los suyos generando una organización capaz de desplegar una voluntad colectiva que lo representará en las relaciones jurídicas[53] con todas las consecuencias civiles y penales que ello acarrea. Posteriormente es seguido en estos postulados por su compatriota ROUX y por el belga PRINS[54].

4. Teorías de la institución

La institución consiste en una idea de obra o de empresa que se realiza, y al ponerla en practica sus participantes organizan un poder mediante órganos para que pueda cumplir los fines propuestos o ideados. La idea existe en el medio social y se vuelve eficiente por que inspiran actos concretos. La institución es un organismo que tiene fines de vida y medios superiores en poder y en duración a los individuos que la componen.

Esta es una teoría con fundamento iusnaturalista. Como base utiliza el derecho de asociación, que es un derecho natural del hombre. Entonces las personas jurídicas son una realidad que el legislador no puede desconocer y deben ser respetadas mientras estén encaminadas en el sentido del bien común.

C. Teorías negatorias

Este grupo de doctrinas atacan inicialmente a la teoría de la ficción rechazando toda idea que no se sustente en datos reales, afirmando paralelamente que la única persona con existencia en el campo del derecho es el ser humano. Mencionaremos sucintamente las diferentes

---

[52] Ibídem, página 1044.
[53] LLAMBIAS, Jorge Joaquín; *op. cit*, página 21.
[54] JIMÉNEZ DE ASÚA, Luis, op. cit, página 1044.

doctrinas negatorias. Los teóricos negadores de la personalidad de las personas jurídicas no sostuvieron a ese respecto un criterio uniforme.

BEKKER no admitía la responsabilidad de las personas jurídicas, porque no puede responder quien no es autor material. Quienes como IHERING[55] o VAREILLES-SOMMIERES, en cambio, le imponían la responsabilidad, por motivos de equidad, entendían gravar con ella a los individuos que se habían vinculado bajo la forma de la llamada persona jurídica. En fin, DUGUIT[56] venía a hacer funcionar esa responsabilidad haciendo jugar la idea del riesgo creado, por la cual independientemente de toda idea de personalidad, aquello que había suscitado el riesgo del perjuicio debía repararlo.

1. Teoría de los patrimonios de afectación

Distingue dos clases de patrimonios; los que pertenecen a las personas y los afectados a la consecución de un fin; ésta última es la naturaleza de las personas jurídicas.

2. Teoría de los bienes sin sujeto

Las personas jurídicas no constituyen sujetos de derecho, por que el sujeto de derecho no existe. Tal ente, por el contrario, apunta a un fin acorde con la solidaridad social y sus actos; por ello reciben la protección del orden jurídico.

3. Teoría de los derechos individuales peculiares

La persona jurídica es un sujeto aparente que encubre a los seres humanos que aprovechan de su utilidad, "es un instrumento técnico destinado a corregir la indeterminación de los sujetos" (IHERING).

---

[55] Rudolph VON IHERING, nació en Aurich en 1818 y murió en Göttingen en 1892. Este jurista alemán fue Profesor de las universidades de Berlín (1842), Basilea (1845), Rostock (1846), Kiel (1848), Giessen (1849) y Viena (1868), ejerció una gran influencia en el desarrollo de las doctrinas jurídicas modernas, al considerar el derecho más como un producto social que como una elaboración doctrinal. En su libro *El espíritu del derecho romano* (1852) introduce la definición del derecho subjetivo como un interés jurídicamente protegido, y posteriormente, en *La lucha por el derecho* (1872) y *El fin en el derecho* (1877 a 1884), remarca que «la finalidad es el elemento configurador de los institutos jurídicos» y que «el derecho se impone a través de la lucha».

[56] León DUGUIT, nació en Libourne en 1859 y murió en Burdeos en 1928. Catedrático de las universidades de Caen y Burdeos, fue un original intérprete del derecho constitucional francés. Su doctrina fundamental se refiere a la exigencia de que tanto el fenómeno del derecho como el del propio Estado, deben estar siempre subordinados a la realidad objetiva. Niega el derecho subjetivo, que supondría la posibilidad de la existencia del derecho de un individuo por encima del derecho de los demás. Su obra principal, *Traité du droit constitutionnel* en cinco volúmenes publicados en París en 1911, se ha convertido en un clásico del derecho constitucional francés, con sus referencias comparadas a otras legislaciones extranjeras.

4. Teoría de la propiedad colectiva

La persona jurídica es "una concepción simple pero superficial, que esconde a los ojos la persistencia, hasta nuestros días, de la propiedad colectiva al lado de la propiedad individual" (PLANIOL).

5. Teoría normológica

Basada en la construcción efectuada por KELSEN[57], este autor afirma que la persona, tanto física como jurídica es un complejo haz de normas que denomina "centro de imputación normativa". Tanto KELSEN como DUGUIT, de quien toma la base filosófica, fundan su doctrina en la negación de los derechos subjetivos y del concepto de persona como sujeto de derecho.

III. Opiniones negativas de la responsabilidad penal de las personas jurídicas en la doctrina extranjera

A. Los autores italianos

Francesco CARRARA[58] sostenía que el sujeto activo primario del delito no podía ser mas que el hombre. Las personas jurídicas quedan excluidas de la posibilidad de delinquir por cuanto delito es "la infracción de la ley del Estado, promulgada para proteger la seguridad de los ciudadanos, resultando de un acto externo del hombre, positivo o negativo, moralmente imputable y políticamente dañoso"[59].

---

[57] Hans KELSEN nació en Praga en 1881 y murió en Berkeley, California en 1973. Este pensador jurídico y político austriaco y profesor de Filosofía del Derecho de la Universidad de Viena (desde 1917) fue uno de los principales autores de la Constitución republicana y democrática que se dio Austria en 1920, tras su derrota en la Primera Guerra Mundial (1914-18) y la consiguiente disgregación del Imperio Austro-Húngaro. En 1929 pasó a la Universidad de Colonia, pero la ascensión de Hitler al poder le llevó a dejar Alemania (1933). Tras unos años enseñando en la Universidad de Ginebra, pasó a la de Praga (1936). Finalmente, el estallido de la Segunda Guerra Mundial (1939-45) le decidió a abandonar Europa, refugiándose en los Estados Unidos (1940). Allí ejerció la docencia en la Universidad de Harvard, de donde pasó a enseñar Ciencia Política en la de Berkeley (1942). Kelsen defendió una visión positivista que él llamó «teoría pura del Derecho»: un análisis formalista del Derecho como un fenómeno autónomo de consideraciones ideológicas o morales, del cual excluyó cualquier idea de «derecho natural». Analizando la estructura de los sistemas jurídicos llegó a la conclusión de que toda norma emana de una legalidad anterior, remitiendo su origen último a una «norma hipotética fundamental». Su concepción del Derecho como técnica para resolver los conflictos sociales le convierte en uno de los principales teóricos del derecho del siglo xx. Entre sus obras destacan: *De la esencia y valor de la democracia* (1920), *Teoría general del Estado* (1925) y *Teoría pura del Derecho* (1935).

[58] Francesco CARRARA nació en Lucca en 1805 y murió en su ciudad natal en 1888. Este jurisconsulto italiano fue el principal exponente de la escuela clásica del derecho penal. Fue también profesor de esta materia y miembro de la comisión redactora del proyecto de Código Penal italiano.

[59] CARRARA, Francisco; *"Programa del Curso de Derecho Criminal"*, Florencia, 1925, citado por CHICHIZOLA, Mario; op. cit, página 684 y *Programma del corso di Diritto criminale*, Firenze, 1925, §§ 31, 35 y 211.

Enrique PESSINA[60] estima que la responsabilidad penal de las personas jurídicas no es sino un producto del estado de debilidad en que se encontraba la Edad Media por la barbarie de los tiempos precedentes. El Estado puede, a lo sumo, desconocer la existencia jurídica de una persona moral que se separe de los límites señalados a su actividad, puede disolver una asociación que se encuentre en flagrante contradicción con sus deberes jurídicos; pero fuera de ese desconocimiento, es imposible que se ejerza otra influencia sobre las personas morales.

La responsabilidad de las personas jurídicas puede ser, a lo sumo, de naturaleza civil, pero nunca de carácter penal, lo cual es demostrado por la propia naturaleza de las penas, hechas todas para ser aplicadas a los individuos ya que la pena si no obra sobre los individuos no puede sentirse por toda la comunidad de los mismos y si obrara sobre ellos confundiría injustamente a los inocentes con los culpables[61].

Por eso concluye la individualidad humana es precisa para que exista el sujeto de un delito y las personas jurídicas nunca pueden ser consideradas como seres criminales[62].

Bernardino ALIMENA, consecuentemente con su teoría de la imputabilidad basada en la capacidad del sujeto para sentir la coacción psicológica de la amenaza penal que hace inadmisible la responsabilidad del ente jurídico, ALIMENA rechaza el principio de la responsabilidad penal de las personas jurídicas al cual considera inútil debido a que, al menos a fines del siglo XIX interpretaba que nadie consideraba insuficiente el sistema de penas ya instituido. Opina asimismo que las medidas administrativas contra una asociación no tienen carácter de penas[63].

Vicenzo MANZINI también niega la responsabilidad penal de las personas jurídicas señalando que la imputabilidad y la responsabilidad penal son siempre personalísimas y que no pueden ser atribuidas sino a aquellas personas que efectivamente han querido y actuado en forma delictuosa. El derecho penal. Dice, exige la potencialidad volitiva y la

---

[60] Autor italiano, nació en 1828 y murió en 1917. Perteneció a la corriente filosófico jurídica de la Escuela Clásica de la que fue considerado uno de sus autores mas esclarecidos. Fue, además, político, literato y poeta. Destacado por su labor bibliográfica, sus obras más importantes son "Los elementos de Derecho penal" en 3 tomos, "Manual de Derecho penal italiano", "Trabajos osbre la pena de muerte" y "Elementos de Derecho penal", donde expone sus ideas fundamentales.

[61] PESSINA, Enrique; *Elementos de Derecho penal*, Madrid, 1936, páginas 314 y 315.

[62] CHICHIZOLA, Mario; op. cit. página 682. A modo de aclaración, conviene destacar que JIMÉNEZ DE ASÚA, atribuye a ALIMENA esta preocupación por la injusticia de sancionar a los miembros inocentes de las personas jurídicas en dos pasajes de su obra citada en la nota 5, en las páginas 1042 y 1044 y ALIMENA, Bernardino; *Principios de Derecho penal*, Madrid, 1912, páginas 377 y siguientes.

[63] JIMÉNEZ DE ASÚA, Luis; op,. cit, página 1044.

persona jurídica no la tiene ya que sus actos voluntarios son el resultado de las voluntades individuales[64].

Eugenio FLORIÁN expresa que es un principio del moderno patrimonio jurídico que únicamente el hombre puede ser sujeto activo primario del delito y que, siendo solamente el hombre penalmente imputable, no es posible admitir el concepto de una imputación propia de las personas jurídicas[65] asimismo, desde sus convicciones positivas repudia la incriminación de las personas morales por los actos que se les atribuyan como sujetos colectivos[66].

Enrique FERRI[67] afirma que la persona jurídica siendo no una ficción sino una abstracción, no puede ser delincuente en el sentido natural sino legal. Y, por consiguiente, si su actividad social se concreta en cualquier delito no personal sino colectivo, debe ser sometida al derecho penal administrativo, dejando que al derecho penal común sean sometidos únicamente los individuos[68].

B. Los autores alemanes

Karl BINDING sostiene que puede haber en las personas jurídicas capacidad para realizar una acción antijurídica, pero cuando enfoca el problema analizando la capacidad de delinquir de las sociedades, niega la posibilidad por cuanto entiende que no se puede considerar penalmente responsable al miembro de una persona jurídica que no ha participado de los hechos punibles, o que ni siquiera los ha conocido[69].

Hans WELZEL les niega a las personas jurídicas capacidad de culpabilidad. Explica que el objeto primario de reproche de culpabilidad es la voluntad y solo a través de ella también toda la acción. Culpabilidad es reprochabilidad de la configuración de la voluntad y toda culpabilidad es culpabilidad de voluntad, solo aquello respecto de lo cual el hombre puede algo voluntariamente le puede ser reprochado como culpabilidad, afirma, así que solo puede hacerse culpable el

---

[64] MANZINI, Vicenzo; *Tratado de Derecho penal* , Buenos Aires, 1948, Volúmen I, números 205 y siguientes.

[65] CHICHIZOLA, Mario; op. cit., pagina 684

[66] JIMÉNEZ DE ASÚA, Luis; op. cit., página 1044 y FLORIÁN, Eugenio; *Parte general del Derecho penal*, La Habana, 1929, Tomo I, página 345.

[67] Enrico FERRI nació en San Benedetto del Po en 1856 y murió en Roma en 1929. Criminalista y político italiano. Profesor en la Universidad de Roma, fue el autor de un proyecto de Código Penal (1921). Militó en el partido socialista y dirigió el diario *Avanti!* de 1900 a 1905, pero más tarde se afilió al fascismo. Es el máximo representante italiano de la escuela positivista de derecho penal y está considerado como el creador de la criminología moderna. Destacan sus obras *Sociología criminal* (1892) y *Estudio de la criminalidad* (1901).

[68] CHICHIZOLA, Mario; op. cit., página 685 y FERRI, Enrico; *Principii di Diritto criminale*, Torino, 1928, página 210.

[69] Ibidem y BINDING, Karl; *Grundriß des deutschen Strafrechts*, Leipzig, 1913.

individuo dotado con una voluntad, no una asociación o cualquier otra persona colectiva, otro problema es si y en que medida responde una asociación por los delitos cometidos por sus órganos[70].

Edmund MEZGER niega en principio la responsabilidad criminal de las personas jurídicas, pero sin vulnerar este precepto, reconoce que el mismo sufre ciertas excepciones, especialmente en lo que atañe a la observancia de las leyes fiscales en virtud de reales exigencias prácticas[71].

Frederich Karl von SAVIGNY, cuyo pensamiento contrario a la admision de la responsabilidad de la persona jurídica ya adelantáramos[72], afirma que castigar a la persona jurídica, como culpable de un delito, sería violar el gran principio del Derecho criminal que exige la identidad del delincuente y del condenado. Los que creen que los delitos pueden ser imputados a las personas jurídicas, les atribuyen una capacidad de poder que realmente no tienen. La capacidad no excede del objeto de su institución, que es el de hacerle participar del derecho a los bienes[73].

Reinhart MAURACH también desconoce a las personas jurídicas la capacidad de acción jurídico-penal, ya que tomando la teoría de la acción en su totalidad, es decir, tanto en su aspecto positivo como negativo, las actividades de la especie de personas que nos ocupa no pueden constituir una manifestación de voluntad, ni mucho menos la exteriorización de una personalidad; en el aspecto negativo, la imposibilidad resulta aún más evidente, puesto que no es imaginable la existencia de la mayoría de las causas que excluyen la acción.

Piénsese, razona MAURACH en el despropósito que importaría hablar de medios hipnóticos, de narcóticos, de movimientos reflejos, de estados de inconsciencia, etcétera, al referirse a una persona de existencia ideal[74].

Hans Heinrich JESCHECK es otro de los autores alemanes que niega capacidad de acción a las personas jurídicas y refiere inclusive que respecto a ellas también carece de sentido la desaprobación ético-social

---

[70] ABOSO, Gustavo Eduardo y ABRALDES, Sandro Fabio; *"Responsabilidad de las personas jurídicas en el derecho penal"*, Editorial B de F, Buenos Aires, 2000, página 22.

[71] JIMÉNEZ DE ASUA, Luis; op. cit., página 1043 y MEZGER, Edmund; *Tratado de Derecho penal*, Tomo II, Madrid, 1949, página 12.

[72] Ver Capítulo I, punto II.A.

[73] von SAVIGNY, Frederich Karl; *Sistema de Derecho romano actual*, Madrid, 1867, Tomo II, nº 94.

[74] véase FONTAN BALESTRA, Carlos; op. cit; T. I, § 22, 5- y § 24, 2-. Conforme, en lo esencial, R. MAURACH, *Tratado*, T. I, § 15, II, A.

que subyace en la pena, pues sólo contra personas individuales responsables cabe formular un reproche de culpabilidad[75].

En el Cuadragésimo Congreso de Juristas Alemanes, celebrado en el año 1953, se trató precisamente la cuestión de hasta qué punto podía ser recomendable prever normativamente la capacidad penal de las personas jurídicas. En las sesiones del mismo no sólo su introducción fue rechazada de plano por los ponentes, sino que además en la votación del pleno no consiguió apoyo. El argumento principal que los participantes señalaron como suficiente para que esa propuesta no pudiera prosperar fue que el sentido y los elementos de la pena difícilmente pueden convivir con la imposición de sanciones penales a las personas jurídicas y las agrupaciones de personas[76].

C. Los autores españoles

Gonzalo RODRÍGUEZ MOURULLO afirma respecto de la responsabilidad penal de las personas jurídicas que las corporaciones o asociaciones carecen de la voluntad en sentido psicológico que requiere el concepto jurídico penal de acción[77]. Igual criterio expresan Francisco MUÑOZ CONDE[78] y Luis GRACIA MARTÍN[79].

Este último sostiene que básicamente aquello que se pretende imputar a la persona jurídica en realidad son los efectos jurídicos producidos por la acción del órgano o del representante, pero no una acción concebida como ejercicio de la voluntad. Por eso explica que el problema reside en el modo de imputación del disvalor del hecho objetivo. Esto significa que no es posible hablar propiamente de un disvalor de acción referido a la persona de existencia ideal, pues no es capaz de una acción motivable por la norma. En el caso que a la persona jurídica se le impute un hecho objetivo contrario a la valoración de la norma, no será el derecho penal el que deba intervenir si no el civil a través de medidas de reparación.

El autor maño afirma además que, la persona jurídica tampoco puede ser sujeto de sanciones administrativas, ni medidas de seguridad. En el primer caso, por cuanto se requieren las mismas exigencias de

---

[75] JESCHECK Hans Heinrich; *Tratado de derecho penal*. Parte general, Comares, Granada, Comares, 1993, p. IX.

[76] VASCO MOGORRÓN, Maria del Carmen; "Responsabilidad penal de las personas jurídicas", *Revista Jurídica de la Comunidad de Madrid*, número 12, Enero-Abril de 2002.

[77] RODRÍGUEZ MOURULLO Gonzalo; *Derecho penal*. Parte general, Civitas, Madrid, 1978, página 228.

[78] Francisco MUÑOZ CONDE y Mercedes GARCÍA ARÁN, *Derecho penal*. Parte general, Tirant lo Blanch, Valencia, 1993, página 209.

[79] GRACIA MARTÍN, Luis; "La cuestión de la responsabilidad penal de las propias personas jurídicas" en MIR PUIG- LUZÓN PEÑA [Coordinadores] : *"Responsabilidad Penal de las empresas y sus órganos y responsabilidad por el producto"*, J. M. Bosch Editor, Barcelona, 1996 páginas 39 a 45.

culpabilidad que en el derecho penal. En el otro, por que no se puede hablar de peligrosidad en las personas de existencia ideal[80].

Santiago MIR PUIG por su parte si bien se suma a la imposibilidad de reprochar penalmente a la persona jurídica afirma que la irresponsabilidad de la misma no se opone, en cambio, a la posibilidad de que quede sujeta a medidas de seguridad y a la responsabilidad civil. La generalización y perfeccionamiento de las primeras le parece al español el camino adecuado para neutralizar Ia especial peligrosidad de la delincuencia enmascarada tras una persona jurídica[81].

Antón VIVES, a su vez, se inclina por negarle a las personas de existencia ideal, tanto la capacidad de acción como de culpabilidad[82].

---

[80] Idem. cit. por YACOBUZZI, Guillermo Jorge; *"La responsabilidad al interno de la empresa. La delegación de funciones"*, Conferencia pronunciada en el "III Corso Internazionale di formazione in Diritto Penale, IPSOA, Italia, 2002 *op. cit.* nota 6.

[81] MIR PUIG, Santiago; *Derecho penal*. Parte general, 3ª edición, Barcelona, Promociones y Publicaciones Universitarias, 1995, página 189.

[82] VIVES Antón y COBO DEL ROSAL; *Derecho penal*. Parte general, Tirant lo Blanch, Valencia, 1991, página 276.

CAPÍTULO II

I. Concepto de persona jurídica en el derecho argentino

En el primitivo artículo 32 del Código Civil argentino VELEZ SARSFIELD[83] define a las personas jurídicas diciendo que "todos los entes susceptibles de adquirir derechos y contraer obligaciones, que no son personas de existencia visible, son personas de existencia ideal, o personas jurídicas".

En esta materia la fuente seguida por VÉLEZ ha sido FREITAS. En el concepto del brasileño "personas de existencia ideal" era el genero identificatorio de todas las personas que no fueran físicas. Dentro de dicho genero distinguía, a su vez, en "personas de existencia ideal publicas"; que requerían autorización del Estado para poder funcionar, y "personas de existencia ideal privadas", que no requerían autorización del Estado.

LLAMBÍAS afirma que se mantiene la idea de FREITAS y por lo tanto "Persona de existencia ideal" constituye el genero mientras que "Personas jurídicas" constituye la *especie* y concluye su argumentación afirmando que en suma cuando el artículo 32 menciona "las personas de existencia ideal" o "personas jurídicas", no entiende referirse a una categoría única, sino a dos categorías distintas de un mismo genero que es la personalidad ideal: por una parte "personas jurídicas" y por otra las "personas de existencia ideal" propiamente dichas, que son las que completan ese genero y sin embargo no se identifican con las llamadas por antonomasia personas jurídicas[84].

---

[83] Dalmacio VÉLEZ SÁRSFIELD, nació en Amboy de Calamuchita en 1800 y murió en Buenos Aires, 1875. El mayor jurisconsulto y político argentino de su época. Fue presidente de la Academia de Jurisprudencia de Buenos Aires y catedrático de economía política en la Universidad de dicha ciudad, inició su actividad política como diputado en 1825. Obligado al exilio en Uruguay por el Gobierno de Rosas, a su regreso (1852) se encargó de cuestiones económicas y organizó el Banco de Buenos Aires. Fue ministro de Gobierno del estado de Buenos Aires, de Hacienda, del Interior y de Justicia. Su obra más importante es la redacción del Código Civil de 1869.
[84] LLAMBIAS, Jorge Joaquín; *op. cit.*, página 35.

Posteriormente en la nueva redacción del artículo 33 por la ley 17.711; se suprime la distinción entre personas de existencia necesaria y personas de existencia posible para reemplazarlas por personas jurídicas de carácter publico y personas jurídicas de carácter privado.

Se introduce la novedad de caracterizar a las entidades autárquicas, desconocidas en tiempos de Vélez Sarsfield, pero de gran importancia en el derecho actual. Se reconoce el carácter de personas jurídicas a las sociedades civiles y comerciales que conforme a la ley tienen capacidad para adquirir derechos y contraer obligaciones.

Siguiendo a LLAMBÍAS, podemos a firmar que, con la reforma subsiste la diferenciación entre las llamadas personas jurídicas que son las que tienen un carácter publico, o que teniendo un carácter privado dependen de un reconocimiento estatal y las personas de existencia ideal propiamente dichas que son las sociedades civiles y comerciales que conforme a la ley tienen capacidad para adquirir derechos y contraer obligaciones, aunque no requieran de autorización expresa para funcionar (nuevo artículo 33 in fine)[85].

II. Tipos de personas jurídicas privadas

Si bien la reforma introducida al Código Civil argentino por la Ley 17.711 pone fin a la enumeración del artículo 33 que originariamente esbozaba VÉLEZ SÁRSFIELD, aún mantiene vigencia la construcción doctrinaria elaborada con anterioridad a la reforma y que las agrupaba en: 1) Asociaciones; 2) Fundaciones; 3) Sociedades.

Con el fin práctico de caracterizar al potencial sujeto del derecho penal pasible de responsabilidad como persona jurídica, señalaremos las características principales de ellas.

A. Asociaciones

1. Concepto e importancia

Son personas jurídicas fundadas y formadas por miembros (en la antigua denominación del Código se llamaban también Corporaciones), no tienen fines de lucro y pueden ser: religiosas (órdenes, congregaciones, hermandades); culturales (centros, asociaciones); deportivas (clubes); benéficas, científicas, etcétera.

---

[85] Idem, página 33.

Su importancia en el mundo moderno es destacada y contribuyen al desarrollo del espíritu societario del hombre para el cumplimiento de sus fines y satisfacción de sus necesidades.

2. Composición

Organos de gobierno: Como órganos de gobierno tienen: "la Asamblea", formada por el conjunto de miembros con derecho a voto o los que concurran a la convocatoria. Tiene el gobierno superior de la institución; nombra y renueva los demás órganos; el "Directorio", llamado también comisión directiva o comité ejecutivo, integrado por un grupo pequeño de miembros con funciones ejecutivas, que ejercen en conjunto y en parte individualmente sus funciones, siendo designados por la Asamblea.

Organos de control, son el tribunal de cuentas o comisión revisora o síndico, designados por la Asamblea para controlar la regularidad de las inversiones de fondos. En algunos casos pueden llegar a tener Organos técnicos, como administradores, intendente o apoderados.

3. Derechos y deberes de los miembros

Salvo, el derecho de retirarse de la asociación los demás derechos de los miembros están contenidos en los estatutos y no son iguales para todos los socios, existiendo por lo general categorías tales como activos, adherentes, cadetes, etc. Lo mismo ocurre con los deberes de los asociados.

4. Poder disciplinario de la autoridad social y su contralor judicial

Se reconoce a las asociaciones el derecho de imponer disciplina entre sus asociados, mediante sanciones establecidas en los estatutos para el caso de incumplimiento de las normas estatutarias tales como amonestaciones, suspensiones, expulsiones, como también recargos por atrasos en el pago de las cuotas.

Cualquier situación jurídica que se produzca por la aplicación de sanciones puede ser llevada a los jueces en caso de controversia. Las decisiones de los órganos de la asociación pueden ser impugnadas por los asociados.

B. Fundaciones

1. Concepto

Las fundaciones se asemejan a las asociaciones civiles ya que son también personas jurídicas de carácter privado, y que, al lado de los demás extremos que exige el artículo 33 inciso 1, 2º parte las finalidades que persiguen se encuentran orientadas al bien común.

Por otra parte, al obtener la fundación la pertinente autorización estatal para funcionar (artículo 3, punto 3, 5, 1. Dto. - ley 18.805 /70, adquiere la plena capacidad y los mismos atributos reconocidos a las asociaciones civiles.

Participan en consecuencia y en cierta medida de los caracteres de la asociación: fin de bien común, normación interna, patrimonio, autorización del Estado, carencia de fin de lucro, pero tienen los siguientes caracteres propios: a) No tiene miembros: No nace de acuerdo o asociación de personas, sino que está destinada a favorecer a ciertas personas que se denominan, en consecuencia, beneficiarios.

b) Las normas provienen exclusivamente del fundador: Quien crea por un acto voluntario los estatutos de la fundación. El fundador puede ser una o varias personas de existencia visible o ideal y crear la fundación por un acto jurídico que puede ser entre vivos o de última voluntad y c) Tienen fines altruistas: Son siempre civiles, nunca comerciales.

C. Organos Administrativos

El estatuto de la fundación dispone acerca de quiénes han de realizar los actos imputados a ella. Sólo en el caso de que el fundador no hubiera designado los órganos, o que las circunstancias hicieran imposible la voluntad del fundador en sus previsiones estatutarias, puede el Poder Ejecutivo designarlos.

Los órganos no pueden proponer la modificación de los estatutos ni la extinción de la fundación, porque no son miembros.

1. Control estatal

El Poder Ejecutivo controla las fundaciones en cuanto: 1) Les acuerda o no personería; 2) Ejerce su poder de policía; 3) Interviniéndolas cuando están acéfalas y no hay posibilidad estatutaria de reponer sus autoridades normales, y, 4) Retirando en su caso, la personería jurídica. No puede suplantar válidamente sus autoridades legitimas.

D. Sociedades civiles y comerciales

Se denominan así aquellas entidades que conforme a la ley tengan capacidad para adquirir derechos y contraer obligaciones, aunque no requieran autorización expresa para funcionar; tienen carácter privado.

Las sociedades civiles o comerciales son entidades privadas que persiguen propósitos de lucro. Mediante el aporte de los socios en forma de capital de la sociedad, lo que va a permitir desarrollar la actividad económica elegida (objeto social), con el fin de repartirse las ganancias y eventualmente soportar las perdidas.

Las sociedades civiles tienen escasa vigencia en la practica que nos ocupa, y pueden constituirse con el solo requisito de extenderse el contrato social en escritura publica. No requieren inscripción en registro alguno y no están sometidas a contralor. Tienen personería jurídica con la sola adecuación a los requisitos de los artículos 1648 y 1788 bis del Código Civil.

Las sociedades comerciales, en cambio, están especí-ficamente reguladas en cada tipo (sociedades colectivas; de capital e industria; en comandita simple; la responsabilidad limitada; anónima; en comandita por acciones), por la ley de sociedades comerciales 19.550 y las cooperativas por la ley 20.337.

El artículo 1 de la ley 19.550 dice que "habrá sociedad comercial, cuando dos o más personas en forma organizada, conforme a uno de los tipos previstos por la ley se obliguen a realizar aportes para aplicarlos a la producción o intercambio de bienes o servicios, participando de los beneficios y soportando las perdidas".

Las sociedades comerciales pueden agruparse según particulares caracteres de su estructura. Puede distinguirse en primer lugar sociedad de responsabilidad limitada y de responsabilidad ilimitada (colectiva, comandita simple). La misma esta referida a la responsabilidad de los socios, en orden a las obligaciones de la Sociedad (la de la Sociedad misma, como tal, como sujeto de derecho, es siempre ilimitada). Las sociedades de responsabilidad limitada (por ejemplo, las S. R. L., anónimas y sociedades por acciones en general) son aquellas en que la responsabilidad personal de los socios en orden a las obligaciones sociales se limita a las respectivas aportaciones.

Entre los dos grupos se insertan las sociedades en comandita, con dos especies de socios: a) los comanditarios, que tienen responsabilidad limitada y b) los colectivos o comanditados, de responsabilidad ilimitada. Las comanditas se dividen a su vez en comandita simple y comandita por acciones, según que el capital social se divida en cuotas o en acciones.

Otra distinción es la de las sociedades de capital fijo (para modificarlo requieren la modificación del acto constitutivo) y sociedades de capital variable: el capital aumenta o disminuye por efecto automático de ingreso o salida de socios con su aportación, sin que ello signifique modificación del acto constitutivo (por ejemplo, las sociedades cooperativas)

Finalmente, la doctrina comercial tradicional distingue tres tipos de categorías de sociedades; las sociedades de personas, sociedades de capital y mixtas.

Dentro de las primeras se encuentran las sociedades colectivas, comandita simple y de capital e industria y sus características principales son: a) las cuotas partes de los socios (partes de interés) son, normalmente, no transmisibles; b) los socios (o una parte de ellos) contraen responsabilidad personal en forma ilimitada, solidaria y subsidiaria; c) los socios, a pesar de la responsabilidad que adquieren por el pasivo social y aun cuando sean administradores, no adquieren calidad de comerciantes; d) respecto del empleo de una razón social, en la ley argentina ha dejado de ser obligatorio: es facultativo y su modificación no es causal de disolución; e) se destaca la obligación de no competencia-como vinculada al deber de lealtad del socio-, porque en estas sociedades es elemento principal la *affectio societatis;* f) es otra característica el derecho al control individual de la sociedad.

El segundo grupo, sociedades por acciones de capital, comprende a las sociedades anónimas y las en comandita por acciones. Finalmente, dentro del grupo de las mixtas se encuentra la sociedad de responsabilidad limitada.

La personería jurídica le es otorgada por su inscripción en el Registro Público de Comercio, previo control de los requisitos de constitución y del contenido del contrato social o estatuto, por la autoridad de aplicación en la materia, que es la Inspección General de Justicia o equivalente en cada jurisdicción (este organismo es responsable del Registro Publico de Comercio en la Capital Federal), en tanto el Instituto Nacional de Acción Cooperativa y Mutual (INACyM) lo hace con las sociedades cooperativas y las mutuales.

1. Simples asociaciones

Las simples asociaciones, no son personas jurídicas. No obstante ello, si se constituyen en forma regular (escritura publica o instrumento privado con firmas certificadas) se les reconoce una personalidad restringida (la ley dice que son sujetos de derecho) que, en la practica, se traduce en la capacidad de contratar para la consecución del objeto y en la posibilidad de estar en juicio. Tampoco son sociedades ni serán sujetos penales de la responsabilidad la sociedad conyugal, la herencia vacante, la sucesión hereditaria ni el consorcio de propiedad horizontal[86].

A este respecto el artículo 39 del Código Civil argentino prescribe que "las corporaciones, asociaciones, etcétera, serán consideradas como personas enteramente distintas de sus miembros. Los bienes que pertenezcan a la asociación no pertenecen a ninguno de sus miembros; y ninguno de sus miembros, ni todos ellos, están obligados a satisfacer las deudas de la corporación, si expresamente no se hubiesen obligado como fiadores, o mancomunado con ella".

a) "Distinta personalidad": "Cada persona es un sujeto de derecho independiente", los derechos de las personas jurídicas le corresponden a ésta y no a cada uno de los miembros ni a todos ellos en conjunto.

b) "Distinto patrimonio": Como todo sujeto de derecho la persona jurídica tiene un patrimonio que no se confunde con los patrimonios de los individuos que la integran. El patrimonio de la persona jurídica esta compuesta por todos los bienes de que ella es titular y también de las cargas que la gravan. Los bienes inmuebles que adquieren las personas jurídicas deben inscribirse a su nombre en el Registro de la Propiedad.

c) "Obligaciones": Las obligaciones que pueden contraer las personas jurídicas solo le corresponden a ella y sus miembros no están obligados por la persona jurídica.

d) "Garantías": Sólo puede ocurrir que los miembros queden obligados si expresa y personalmente hubieren salido como fiadores de la persona jurídica y ello por ser garantes y no por ser miembros de aquella. Su situación es la misma de cualquier garante, aunque sea ajeno a la persona ideal.

e) "Responsabilidades": La actuación de la entidad solo compromete su propia responsabilidad y no la de los individuos que la componen, ninguno, ni todos ellos están obligados, a satisfacer las deudas de la persona jurídica, salvo el caso de que sean fiadores.

f) "Fungibilidad de los miembros": Se confirma la independencia con el 38. Será derecho implícito de las asociaciones con carácter de personas jurídicas, admitir nuevos miembros en lugar de los que hubieran fallecido, o dejado de serlo, con tal que no excedan el número determinado en sus estatutos[87].

---

[86] LLAMBIAS, Jorge Joaquín; *op. cit*, página 52.
[87] Idem, páginas 56 a 58.

III. Responsabilidad de las personas jurídicas

A. Noción de responsabilidad

En general la responsabilidad consiste en la aptitud de alguien para ser pasible de una sanción, y sanción es el comportamiento que se impone al infractor de un deber jurídico. Cuando este deber es propio del derecho civil, queda comprometida la responsabilidad civil del infractor; cuando la infracción está penada por el Código Penal, está en juego la responsabilidad penal del autor del hecho.

Corrientemente un mismo hecho puede comprometer la responsabilidad civil y penal del agente, haciendo pasible al delincuente de la sanción represiva de carácter penal impuesta por el Código que será aplicable según las circunstancias del caso e igualmente lo obliga al resarcimiento de los daños y perjuicios que sufriera la víctima y a la reparación eventual del agravio moral, que es la sanción que prevén los artículos 1066 y siguientes del Código Civil (responsabilidad civil)[88].

Ahora bien, con relación a las personas jurídicas el problema de la responsabilidad se plantea en términos bastante diferentes a los que corresponden a la responsabilidad de las personas visibles y en particular, la cuestión suscita graves dificultades.

Restringiéndonos a la responsabilidad civil, su régimen varía notablemente en función de la causa que la haya originado, distinguiéndose a este respecto la responsabilidad contractual de la extracontractual. La primera proviene del incumplimiento de un contrato celebrado por la persona jurídica; la segunda de la infracción de cualquier otro deber jurídico en que hubieren incurrido los individuos humanos que conforman con su actividad la de la propia persona jurídica (dirigentes) o que están bajo su dependencia (dependientes) y en especial por los hechos ilícitos cometidos por ellos (delitos y cuasidelitos civiles)[89].

B. Responsabilidad contractual y extracontractual

1. Responsabilidad contractual

El artículo 36 del Código Civil argentino dice: "*se reputan actos de las personas jurídicas los de sus representantes legales, siempre que no excedan los*

---

[88] LLAMBIAS, Jorge Joaquín; *op. cit,* Tomo II, Editorial Perrot, Buenos Aires, 1980, página 67.
[89] Idem, página 68.

límites de su ministerio. En lo que excedieren, sólo producirán efecto respecto de los mandatarios".

Así como quien actuare en representación de la sociedad (integrante del órgano de representación o administración) se excediere del limite de su función (para determinar esto tendrá importancia atender al objeto de la entidad), será responsable en forma personal frente a los terceros. Si no se excediere, esto es, si el integrante del órgano de administración actuare dentro de los limites de su función, la entidad quedara obligada hacia terceros.

2. Responsabilidad extracontractual

Se caracteriza como tal a aquella que deriva de los actos ilícitos civiles.

En nuestro código el régimen relativo a la responsabilidad extracontractual de las personas jurídicas deriva del armónico funcionamiento de los arts. 41, 42 y 43. El primero de esos preceptos sienta el principio de la paridad jurídica existente entre todas las personas del derecho, sean de existencia ideal o visible, para *"intentar en la medida de su capacidad de derecho, acciones civiles o criminales"*.

A renglón seguido el artículo 42 del Código encara el aspecto pasivo, o contrapartida de aquella equiparación y establece con carácter de principio general que *"las personas jurídicas pueden ser demandadas por acciones civiles y puede hacerse ejecución en sus bienes"*. Entiende Llambias que se trata de acciones civiles de toda laya, incluso resarcitorias de daños y perjuicios provocados por la actividad de dichas personas[90].

Finalmente viene el artículo 43, así concebido a partir de la reforma introducida por la ley 17.711: "Las personas jurídicas responden por los daños que causen quienes las dirijan o administren, en ejercicio o con ocasión de sus funciones. Responden también por los daños que causen sus dependientes o las cosas, en las condiciones establecidas en el título: "De las obligaciones que nacen de los hechos ilícitos que no son delitos".

Esta norma se correspondía perfectamente con la idea que brinda el artículo 36: los administradores obligan a la sociedad cuando actúen dentro de los limites de su función (establecidos en el estatuto y también derivados del objeto de la entidad). Si se extralimitan, serán responsables en forma personal. La comisión de un hecho ilícito por los administradores siempre suponía una extralimitación de su función, dado que ninguna persona jurídica podía prever en su objeto la comisión de delitos, ergo, la entidad jamás podía ser responsabilizada.

---

[90] Idem, página 60.

Es muy interesante seguir la evolución de la jurisprudencia de los tribunales, y especialmente de la Corte Suprema, sobre esta materia ya que en los pronunciamientos del alto tribunal hasta el año 1921 no admitían la responsabilidad civil de una persona jurídica por los hechos ilícitos obrados por sus dirigentes o dependientes.

Recién en el año mencionado, ese tribunal reconoció la responsabilidad de una persona jurídica dedicada a la actividad naviera, por los daños imputables a la culpa de sus empleados, posteriormente en el caso *"Devoto y Cía. C/ Gobierno Nacional"* resuelto en el año 1933 se extendió aquella solución con relación al Estado y en el año 1937 la Corte falló el caso *"Quiding c/ Gobierno Nacional"* referente al derecho de los particulares a reclamar indemnización en supuestos análogos. Esta misma doctrina fue aplicada en varios fallos posteriores.

Capítulo III

I. Responsabilidad penal de las personas jurídicas

Como plantearamos al comienzo del trabajo, el hecho que el derecho penal haya debido ampliar necesariamente su campo de protección acompañando el surgimiento de nuevos intereses de tutela provoco la discusiòn sobre la legitimacion material del mismo aplicado a la actividad económica, debiendo replantearse los nuevos fines de la política criminal y su compatibilizacion con las estrucutras tradicionales de la dogmática penal.

Empero ello, en cuanto al fondo de la discusion del tema que nos ocupa, la elaboración por la dogmatica de los planteos teóricos referentes a la responsabilidad penal de las personas jurídicas no ha cambiado mucho, observándose que la misma continúa centrada en diversos problemas discutidos por la doctrina con anterioridad; a) cuestiones de política criminal, b) el problema de la capacidad de acción, c) el problema de la capacidad de culpabilidad y estrechamente vinculado con éste, el problema de la personalidad de las penas, y d) el problema de la clase de sanciones que serían aplicables a las personas jurídicas[91].

A. Advertencia preliminar

Pese a las diferencias notables que se contienen en las teorías actualmente en boga en la dogmática penal de que tratamos, el enunciado que ellas hacen sobre el concepto de delito es enteramente coincidente en las palabras.

Coherentemente con ello en adelante se tendrá como definición de delito una acción típica, antijurídica y culpable, con una fórmula que

---

[91] RODRIGUEZ ESTEVEZ, Juan Manuel; *op. cit*, páginas 259 y 260.

tiene vigencia hasta hoy, pese a diversas variaciones formales en las palabras que la integran (a lo que debe agregarse esa mutación del contenido de cada uno de los términos).

La caracterización a que estamos aludiendo viene a constituirse en el común denominador de los autores modernos, sea que ellos sustenten la teoría causalista, la de la acción final u otras modernas en materia de delito, como el funcionalismo radical de JACKOBS o moderado de ROXIN[92]. Es cierto que un pequeño número modifica algunos de los términos o los reemplaza por otros que consideran más expresivos o exactos y que otro grupo reducido agrega otras características. Pero la tendencia claramente dominante emplea las cuatro notas que indicamos.

El problema de sí el concepto de delito expresado en los cuatro vocablos señalados constituye una definición nominal o material de delito, queda fuera de discusión en este trabajo; pero desde ahora podemos anunciar que lo que debe buscarse como fundamento de una responsabilidad penal de las personas jurídicas, es un concepto funcional a la especie.

Ciertamente que la comprensión cabal del concepto de una responsabilidad penal de las personas jurídicas no puede darse mientras no se explique el significado de cada una de sus notas, lo que haremos de manera sucinta para analizar junto a cada una de ellas las teorías que postulan, valiéndose de los mismos conceptos analizados, la responsabilidad penal de las personas jurídicas.

II. Capacidad de acción de las personas jurídicas.

La conducta humana es el substrato básico del concepto de delito; en ella se insertan y sostienen todas las demás características (típica, antijurídica y culpable). Resulta así que éstas pasan a convertirse en predicados de esa conducta, la cual adquiere en la oración el valor de sustantivo.

---

[92] Estas dos corrientes se caracterizan fundamentalmente por sus distintos puntos de partida metodológicos, es decir la normativización del sistema y sus categorías y en el grado de absolutización del sistema metodológico funcionalista, dando lugar así a resultados diferentes. El funcionalismo jurídico postula que el derecho penal se orienta a garantizar la identidad normativa. En este sentido no hay nada en la sociedad que no srea sustituible, todo es cambiante. Esto permite demostrar que el problema se encuentra en la forma que la sociedad adopta y no en determinada consolidadcion para que el estado de cosas no cambie. Lo importante es la identidad de la sociedad reflejada en las normas y consecuentement no en la protección de los bienes jurídicos. Esta correitne funcionalista enceuntra apoyo filsòfico y sociològico en la teoría de sistemas estructuralista funcional desarrollada por Luhmann, quien afirma que la funcion de l derecho se refiere a la posibilidad de comunicar expectativas, como un aspecto temporal del sentido de la comunicación) y de encontrar en ella su reconocimiento en BACIGALUPO, Silvina, *op. cit.* páginas 361 y 362.

La realidad confirma la estructura gramatical, porque la conducta humana sirve de base fáctica a cualquier hecho punible y a éste se llega siempre a partir de ella, en tanto le convengan las notas siguientes, que la califican, tanto ello así que la acción de las personas jurídicas debe llevarse a cabo necesariamente por personas físicas, quienes deben actuar en calidad de órgano o representante legal, pero la imputación de la acción se debe hacer a la persona jurídica.

El concepto de acción, tanto como el de persona no nos es dado por lo que la ley penal prescribe, por el contrario, el concepto de conducta es prejurídico, y hemos de mirarlo como algo que tiene sí realidad en el mundo exterior al sujeto, independientemente de la existencia o no de una legislación o de un ordenamiento jurídico que lo definan.

La acción, base indefectible de la imputación criminal consiste, según NUÑEZ en un *hacer* voluntario y consciente y en un sentido amplio comprende el *no hacer* determinado por la voluntad, ya que nunca puede haberse producido sin ella, ya que la idea de acción en ese sentido y siguiendo a SOLER, involucra la de finalidad porque no es un proceso causal ciego, sino inteligente, de dominio y dirección por la voluntad, de factores exteriores en los límites de las posibilidades de percepción y comprensión humanas[93].

La teoría clásica del delito realizó un esfuerzo muy serio para mantener a la conducta como algo situado dentro del plano físico, en el que no aparecía como determinante ningún ingrediente psíquico con el propósito de preservar una construcción teórica muy ordenada, sintetizadora y simétrica para el delito, pues la conducta, señalada cono sustrato material, sería seleccionada mediante la tipicidad; luego valorada objetivamente (en sí misma) conforme al ordenamiento jurídico, en la fase predicativa de la antijuridicidad, para, finalmente, efectuar la valoración de sus aspectos psíquicos en la verificación de su última característica, la culpabilidad.

El concepto de conducta que sucintamente hemos explicado permite simplificar en gran medida la comprensión de esa compleja elaboración jurídica que es la responsabilización en materia penal de las personas jurídicas, aunque no es el único posible. La teoría de la acción final enriqueció el concepto de conducta incorporándole algunos elementos que la concepción causalista incluía en el tipo.

Así, Hans WELZEL sostiene que el análisis del concepto de acción no se debe basar en la causalidad, sino en la finalidad y es "el dirigirse intencionalmente a una meta previamente elegida..., sólo la acción

---

[93] NÚÑEZ, Ricardo C,: *"Derecho penal argentino"*, Tomo I, Parte General, Editorial Bibliográfica Argentina, Buenos Aires, 1959, página 230.

humana ve adónde tiende..., a diferencia del resto de los procesos naturales, que actúan de modo ciego". La finalidad descansa sobre la capacidad del ser humano de presagiar las consecuencias de su ataque (*Eingreifen*) causal y por la utilización de sus medios orientar planificadamente el devenir a su meta. La voluntad que dirige el hecho causal es por ello "*das Rückgrat der finales Handlung*" (la espina dorsal de la acción final), el factor director, que configura al fenómeno causal externo. La dirección final de la acción se consuma en tres estadios: a) comienza con la anticipación mental de la meta a conseguir; b) de ello se deriva la selección de los medios accionales (*Handlungsmittel*) necesarios para la consecución de la meta; c) la conclusión está formada por la realización de la acción volitiva (*Handlungswillens*) en el mundo de los hechos empíricos[94].

Dentro de las críticas que se han alzado en contra de esta concepción final de la acción merece destacarse la de JESCHECK para quien la conducción del desenvolvimiento causal característica para el devenir de la acción final a través de impulsos volitivos falta en la omisión. Con independencia de ello la acción imprudente tampoco se deja ordenar sin dificultades dentro del concepto final de acción. Por tanto, tampoco esta teoría puede servir para formular un concepto de acción completo y útil para una correcta y completa dogmática del Derecho Penal, sobre todo en el análisis que ensayamos en este trabajo[95].

La conducta, dice BACIGALUPO, es un comportamiento exterior evitable, es decir que el autor hubiera podido evitar si se hubiera motivado para hacerlo. Un comportamiento es evitable cuando el autor tenía la posibilidad de dirigirlo a un fin determinado por el mismo. La conducta, pues, sólo es relevante para el Derecho en cuanto sea evitable y el autor tenga la posibilidad real de dirigir sus acciones, toda vez que las normas jurídicas no pueden mandar ni prohibir una acción imposible de hacer u omitir[96].

Es por ello que la gran mayoría de los autores finalistas que toman como punto de partida un concepto de acción psicológico no puede llegar a ninguna respuesta positiva en cuanto a la responsabilidad penal de las personas jurídicas.

Sin embargo, otros autores de la moderna dogmática penal y que se postulan como superadores de ambas corrientes antagónicas, como ROXÍN también excluyen expresamente los actos de la persona jurídica[97]

---

[94] JESCHECK, Hans Heinrich; *Lehrbuch Des Strafrechts. Allgemeiner Teil*, Duncker & Humblot, Berlin, 1988, páginas 197 a 198.
[95] Idem; página 199.
[96] BACIGALUPO, Silvina; op. cit, pagina 123.
[97] ROXIN, Klaus, op. cit, página 194

de su concepto de acción, aunque, como veremos luego que al desarrollar su sistema racional-final o teológio funcional alcanza a concebir la responsabilidad penal de las personas jurídicas.

Respecto de la acción la define como una conducta humana significativa en el mundo exterior, que es dominada o al menos dominable por la voluntad[98].

Si la persona jurídica carece de toda capacidad natural de acción ya que todas las acciones relacionadas por las personas jurídicas son realizadas por personas físicas que en su calidad de miembros integran los órganos de estas, comprenderemos porque la generalidad de los penalistas niega la posibilidad de acción por parte de los entes colectivos.

Como referimos, en la moderna dogmática penal, con el vuelo propio que tienen las concepciones alemanas, se le atribuyen al concepto de acción diversos cometidos fundamentales.

Si bien no suele ser frecuente que, en países tan disciplinados como Alemania, haya una corriente discrepante en general de la doctrina de un jefe de escuela, Gunther JAKOBS, separándose decididamente de la influencia de WELZEL, propugna una renormativización de los conceptos jurídico-penales alejándose de la dogmática ontologicista de su ex maestro[99] para desarrollar la fundamentación que aparece mas conveniente para explicar la acción de una persona jurídica[100].

Para JAKOBS, en la determinación del concepto de acción no solo se trata de imputar una conducta a un sujeto, sino que el concepto de acción define a su vez al sujeto. La acción es una categoría de la teoría de la imputación y la finalidad de la imputación depende de la finalidad de la pena: el restablecimiento de la vigencia de la norma. Por lo tanto, la imputación determina que persona debe ser castigada para la estabilización de la vigencia de la norma: se debe castigar a aquel sujeto que realizó la acción típica, que se ha comportado de manera antijurídica y culpable[101].

Si bien como vimos *"supra"*, tanto para el concepto causal como para el final de la acción lo esencial es el acto de voluntad, si bien para JAKOBS la voluntad también es relevante lo que le importa señalar es que la acción no depende en dichas concepciones de como se ha producido la

---

[98] Idem.

[99] En lo que inicialmente se planteó como una nueva edición del Tratado de Derecho Penal de WELZEL para atender el encargo que este le había hecho en tal sentido, JAKOBS terminó escribiendo una obra radicalmente diferente y personal, a la cual ROXIN concluyó calificando, elogiosamente como la antítesis de aquel. Ver en tal sentido JAKOBS, Gunther; *Estudios de Derecho Penal*, Editorial Civitas, Madrid, 1997, página 18, nota 4.

[100] BACIGALUPO, Silvina; op. cit, pagina 151.

[101] Idem, página 152.

formación de la voluntad: la dirigibilidad de la voluntad carece de toda influencia respecto del concepto de acción.

JAKOBS elabora un concepto de acción que elimina la dirigibilidad de los impulsos pero que determina la dirigibilidad de la acción en función de las capacidades individuales del autor.

La acción se define, entonces, como la evitabilidad individual de la producción de un resultado. Esta evitabilidad se encuentra desvinculada así del reconocimiento de la norma el que no aporta nada a la capacidad del autor parar producir o evitar un resultado típico ya que el reconocimiento jurídico es algo que pertenece a la dirigibilidad de los impulsos y no a la dirigibilidad de la acción.

Por eso mismo la acción no se comprueba ni aun en la persona física de forma meramente natural, ya que el sistema psiquis y cuerpo es valorado siempre por sus efectos externos. Desde un punto de vista normativo no es necesario que el sujeto de la imputación tenga que estar compuesto por psiquis y cuerpo (es decir igual que una persona física), el sistema de un sujeto de imputación también puede estar determinado por otros elementos como ser el estatuto y los órganos de una persona jurídica.

El estatuto y los órganos de la persona jurídica se pueden definir como un sistema, en el que al igual que en la persona física no son relevantes. Por ello tanto las acciones de un órgano de las personas jurídicas realizadas de acuerdo a las competencias que le confiere el estatuto de la misma son acciones propias de la persona jurídica[102].

Otro de los autores que acepta la capacidad de acción de las personas jurídicas es TIEDEMANN quien afirma que reelaborando el concepto de culpabilidad de las entidades colectivas se permite afirmar que abre la posibilidad de imputar la acción de una persona física como una acción propia de la persona jurídica.

A partir de una reforma al ordenamiento penal alemán efectuada en 1987, TIEDEMANN afirma que la existencia de una norma de imputación permite aceptar la existencia de una acción de la persona jurídica, aunque esta tenga que ser realizada en efecto por un órgano u otra persona en nombre de la misma, es decir, aunque se trate de la imputación de una acción ajena[103].

También HIRSCH sostiene que las acciones de los órganos o representantes de las personas jurídicas constituyen las acciones propias de las mismas. En este sentido se debe admitir a la acción de las personas jurídicas como una acción realizada por otra persona, en este caso física.

---

[102] Idem, pagina 154.
[103] Idem, pagina 170.

Se trata de una forma de acción determinada por la propia estructura de la corporación que, por otro lado, constituye una realidad innegable[104].

HIRSCH parte de considerar que las personas jurídicas son una realidad indiscutible en la sociedad actual y, precisamente, por tal existencia son destinatarias de obligaciones, de tal modo que pueden cometer una lesión a ese deber, cuando no cumplen las órdenes normativas que se les dirige. Partiendo del hecho de que la corporación actúa externamente a través de acciones humanas provenientes de sus órganos, podemos predicar que estas acciones son también las suyas propias y, por ello, las asociaciones de personas legalmente reconocidas son capaces de acción: propugna que debe haber una acción llevada a cabo por un órgano o representante y no se debe tratar de la acción de cualquier persona vinculada a la empresa, sino solo de aquellas personas con capacidad directiva que actúen en nombre de la empresa, propugnando también la responsabilidad de la persona concreta que actúa[105] y sostiene que "... la afirmación de la punibilidad de las asociaciones de personas debe ser vinculada a una acción penalmente típica de una persona natural que actúa por la asociación. En esa medida se habla del hecho vinculante. Por eso, el problema también es independiente de la polémica penal, relativa a si con relación a la estructura de la acción penalmente relevante, se debe partir de un concepto final, causal o social. De lo que se trata en nuestra cuestión (...) no es de los elementos estructurales del actuar, sino de su relación con el sujeto"[106].

Para BAUMANN tampoco parece haber dificultades para atribuirle a la persona jurídica capacidad de acción. Así expresa que "en el derecho civil no existe al respecto ninguna duda. Tampoco deberían existir reparos, a mi entender, en el derecho penal ..., es el derecho el que en forma soberana determina a quién debe atribuirse una conducta jurídicamente relevante, y no se comprende por qué razón una persona jurídica capaz de celebrar contratos no puede también celebrar contratos engañosos o usurarios"[107].

Corresponde, en consecuencia, ver ahora cuales son los órganos con competencia para vincular a las personas jurídicas y lo haremos en particular con referencia al ordenamiento argentino.

---

[104] Idem, página 173.

[105] Así lo veremos desarrollado, en los puntos que siguen de este trabajo en la página 35.

[106] HIRSCH, H.H., *"Strafrechtliche Verantwortlichkeit von Unternehmen"*, ZStW, 1995, FET 2, páginas 288 a 291; HIRSCH, H.H., "La cuestión de la de la responsabilidad penal de las asociaciones de personas", ADP, 1993, páginas 1105 y 1106.

[107] BAUMANN; Jürgen; *Derecho penal. Fundamentos y sistema. Introducción a la sistemática sobre la base de casos*, Depalma, Buenos Aires, 1981, página 116.

III. Imputabilidad de los actos de los dirigentes a la persona jurídica

Vinculada entonces con la cuestión anterior hay que saber cuáles son los actos de los dirigentes de la persona jurídica, que comprometen la responsabilidad de ésta en los términos que se acaba de ver.

Desde luego la actividad de la persona jurídica se desarrolla mediante la actuación de seres humanos que obran por ella y para ella, de tal manera que la gestión realizada por cuenta de la entidad le es imputada a la misma entidad. Pero ¿cuáles son los principios que rigen esa imputación, o en otras palabras cuál es el criterio que permite discriminar los actos de los dirigentes de la persona jurídica para saber cuáles son los que se imputan a la entidad y consiguientemente comprometerían su responsabilidad penal, y cuáles otros no se imputan a la entidad y comprometen, si hubiere lugar a ella, la sola responsabilidad de los actuantes?

Este problema depende, en verdad, del punto de vista que se adopte acerca del fundamento en que se sustenta dicha imputabilidad, tema que ha suscitado la larga polémica antes descipta entre quienes se atienen a la teoría de la representación y quienes propician la teoría del órgano. Nos ocuparemos de esas explicaciones teóricas para estudiar posteriormente el sistema de nuestro Código.

A. Teoria de la representación

Esta es la explicación suministrada por los teóricos de la ficción. Conforme a su tesis ya expuesta las personas jurídicas carecen de voluntad, por lo que deben ser asimiladas a las personas humanas también carentes de voluntad, como los niños de escasa edad o los locos. Por ello y para que puedan hacer valer su capacidad de derecho, la ley provee a unos y otros seres –los naturales carentes de voluntad por inmadurez o enfermedad mental y los ficticios por imposibilidad natural- de representantes legales, que actúan y obran en nombre de ellos; por tanto, cuanto realicen esos representantes en los límites de su representación obliga y compromete a la persona representada, como en los supuestos ordinarios de mandato[108].

B. Teoría del órgano

Es sostenida por los partidarios de las doctrinas de la realidad, acerca de la naturaleza de las personas jurídicas. Estos autores

---

[108] LLAMBÍAS, Jorge Joaquín; op. cit, página 69.

consideran que siendo estas personas entes reales que expresan su voluntad jurídica por medio de sus agentes, no hay un dualismo entre éstos y la entidad que permita oponer a ambos factores como polos opuestos de una relación jurídica, en el caso el mandato. No existe entre la entidad y sus dirigentes un vínculo contractual, sino una relación institucional, que proviene de la constitución y organización de la persona jurídica. Los administradores de ésta no está fuera sino dentro de ella, y ofician o actúan como órganos suyos.

Aún cuando se ha reprochado a la teoría del órgano ser "una concepción romántica desenvuelta mediante imágenes y comparaciones poéticas" la verdad es que responde a la naturaleza institucional de las personas jurídicas.

Según LLAMBÍAS, siendo esta entidad un núcleo humano organizado de tal modo que cuenta con un dispositivo de poder y actuación que expresa y realiza la finalidad del núcleo, no encontramos objeción para que los seres humanos que sirven a la entidad y manejan ese dispositivo sean considerados, mientras ejercen esa función, parte integrante de aquel núcleo, puesto que efectivamente lo son, Esta comprensión se muestra, en el orden práctico, útil para explicar por qué razón responde la entidad por la actuación de sus dirigentes u órganos, sea en el orden contractual o extracontractual,[109] cuando ellos han obrado en función de tales.

Por el contrario, la teoría de la representación, si bien funciona satisfactoriamente con relación a los contratos, pues a su respecto no es dable imputar a la persona jurídica lo obrado en exceso de atribuciones por sus dirigentes que dejan de ser representantes u órganos de la entidad, según el criterio que se adopte, en la medida que se apartan de las normas que definen su función, en cambio, fracasa, por entero, cuando trata de explicar el problema de la responsabilidad de la entidad por los actos ilícitos que los dirigentes obren en el carácter de tales, llegando acerca de ese punto a una solución negativa extremadamente injusta por el privilegio excepcional que viene a otorgar a la persona jurídica al eximirla de las consecuencias derivadas de la actividad realizada por aquellos dirigentes[110].

C. El sistema del Código Civil argentino

Está instrumentado principalmente por el artículo 36 del código, que dice así: "Se reputan actos de las personas jurídicas los de sus

---

[109] Idem, página 70.
[110] Idídem.

representantes legales, siempre que no excedan los límites de su ministerio. En lo que excedieren, sólo producirán efecto respecto de los mandatarios".

Salvo la frase final, que importa un enrolamiento del codificador en la teoría de la representación, el precepto sienta un principio justo enteramente defendible, aun aceptando como nosotros lo hacemos en pura doctrina, la teoría del órgano, puesto que el exceso obrado más allá de los límites de la función de órganos de la persona jurídica que desempeñan sus dirigentes, ya no es dable atribuirlo al ejercicio de la función en cuanto tal, desde que la excede. En otros términos, el órgano tiene señalado en las normas constitutivas de la persona jurídica la órbita de su funcionamiento, de manera que cuando la actividad de quien se desempeña en aquel carácter se desorbita, el exceso no es obra del órgano en cuanto tal, sino del individuo humano que ha determinado esa irregularidad que no puede ponerse a cargo de la entidad, que queda extraña a la desorbitación.

Con la parte final del artículo 36 en cambio, VELEZ SARSFIELD muestra una afiliación a la teoría de la representación, que surge de la denominación de "mandatarios" que se asigna a los dirigentes de la persona jurídica. Por lo demás conviene aclarar que ese efecto que recae sobre el representante, no se refiere a la obligación misma que se hubiere contraído, porque según el artículo 1161 el contrato obrado por alguien en nombre de otro sin autorización de éste "es de ningún valor y no obliga ni al que lo hizo". Pero ha de entenderse que no lo obliga para efectuar la prestación prometida, pero puede sí obligarlo al resarcimiento de los daños y perjuicios que sufriere la otra parte por la frustración del negocio si ella "no conocía los poderes dados por el mandante" (artículo 1933)[111].

IV. El problema de la tipicidad

Sabemos que el Derecho Penal es un sistema discontinuo de ilicitudes y que es función de su legislador escoger, entre las muchas conductas que importan una violación de las normas jurídicas, aquellas que, por especiales razones de interés social, deben dar lugar a la aplicación de una pena.

La necesidad jurídica de que la ley penal haga una determinación muy precisa de las conductas societarias que pueden originar responsabilidad criminal de las personas jurídicas, tiene en su abono, pues, razones sustanciales y de mucho peso, en buena parte ajenas a las

---

[111] Idem, páginas 70 y 71

conveniencias de la elaboración de una teoría del delito. La principal de ellas es que toca al legislador, y no al juez, determinar las conductas que sean penadas.

El legislador construye sus preceptos sancionatorios sobre la base de una descripción lo más precisa posible de las conductas escogidas para originar en principio una responsabilidad penal. Ordinariamente, esa descripción recae sobre las características materiales y exteriores de esas conductas. La pura realización de una conducta ajustada a esas características no es suficiente, sin embargo, para atribuir a quien las lleva a cabo una responsabilidad penal e imponerle, como consecuencia, una pena; porque el concepto del legislador acerca de esa responsabilidad exige que, conjuntamente, se compruebe que dicha conducta es contraria al ordenamiento jurídico y que puede ser reprochada personalmente a su autor.

Desde el descubrimiento y reconocimiento de los elementos subjetivos del tipo se ha impuesto de modo general en la dogmática alemana y desde ella a los demás pensadores, la separación de tipo objetivo y subjetivo, en la que también se basa ROXÍN[112].

De este modo, la cuidadosa elaboración de estas descripciones objetivas, que denominaremos tipos, no significa que cualquier conducta social que se encuadre en ellas constituya delito, sino que permite iniciar una indagación posterior más profunda, que derechamente podemos llamar valorativa, destinada a verificar desde dos diversos ángulos: de la conducta por sí misma y el de la disposición subjetiva de su autor, la reprobación legal que será indispensable para una atribución definitiva de responsabilidad penal a éste.

Lo más que podemos deducir de la tipicidad de una conducta, o sea, del pleno encuadre de ésta con la descripción practicada por el legislador, es que, en principio, ella tiene interés para la ley penal y podría constituir hecho punible que permitiera la aplicación de una pena a su sujeto, en tanto dos sucesivas valoraciones posteriores (que deben sumarse a la pura verificación formal de la adecuación de la conducta al tipo) así lo autoricen.

En consecuencia, la tipicidad de la conducta, desde el punto de vista de su utilización para los fines de verificar la existencia de una responsabilidad penal, no tiene otro significado que el efectuar una reducción dentro del vasto ámbito de las conductas destinada a seleccionar aquellas que tienen relevancia penal y, en principio, podrían generar esa responsabilidad en las personas jurídicas.

---

112 ROXIN, Klaus, op. cit, pagina 303.

Para BELING el tipo no contenía ningún juicio de valor y debía estar libre de todo elemento subjetivo – anímico[113]. Siendo la función del tipo seleccionar determinadas conductas humanas para reducir y precisar el ámbito de la responsabilidad penal, es obvio que su descripción estará centrada en una forma de acción humana, la cual, según el criterio selectivo del legislador, podrá quedar determinada en ciertos casos por ciertas modificaciones que ella opere en el mundo de lo sensible.

Otros elementos diferenciadores podrán consistir en precisar un cierto sujeto activo que la ejecute, o un cierto sujeto pasivo sobre quien recaiga, o un especial objeto sobre el cual se ejerza, o circunstancias también diferenciadoras en cuanto a los medios empleados, el lugar y el tiempo de ella.

Si la función del tipo es la selección de conductas que, "en principio", habrán de servir de base a un juicio de responsabilidad penal, es evidente que la concurrencia de la tipicidad en una cierta conducta podrá ser tenida cono una indicación general de que allí podría surgir una conducta delictuosa.

La explicación que hemos dado de la tipicidad concuerda con el alcance y significado que a ella le dio BELING, en su primer esbozo de 1906, y se ajusta a la de una parte, la más apegada a los rasgos originales, de la teoría clásica. Pensamos que es esta explicación la que mejor facilita la elaboración de una teoría del delito ordenada, sencilla y completa.

Según la doctrina de la acción final, el tipo especifica la materia de las prohibiciones penales y constituye el contenido de las normas prohibitivas del Derecho Penal. Pese a la ambigüedad de esas expresiones y aún entendiendo que el tipo no equivale a prohibición sino al objeto o la materia de la prohibición, la afirmación no puede ser aceptada. Además, en oposición a la tesis de BELING acerca de que el tipo no contenía "ningún juicio de valor" y debía ser tenido como una descripción valorativamente indiferente, aquella teoría le atribuye un contenido de valor, en tanto constata "la diferenciación valorativa de una acción para el Derecho Penal".

ZAFFARONI concurre a esta posición, aún cuando se les ve ostensiblemente solicitados por la idea de un tipo descriptivo de conductas humanas, con función instrumental, destinado a separar formalmente lo que pertenece al ámbito penal, de lo que queda fuera de él. BACIGALUPO es más escueto, porque asevera que el tipo describe la conducta prohibida por una norma y sólo viene a dar aplicación concreta a esta afirmación al resolver la situación del delito culposo.

---

[113] NÚÑEZ, Ricardo, op. cit, página 212.

Es cierto que cuando un legislador se dispone a elaborar un catálogo de tipos penales, realiza una función valorativa, pues selecciona dentro de las conductas humanas aquellas que, con arreglo a su determinado criterio de política criminal, deben aparecer incluidas dentro de las tipificaciones penales, por ejemplo, en Francia o España, o en la Comunidad Europea. Será conforme a tal criterio que decidirá, por ejemplo, si la evasión fiscal, los delitos ambientales o le lavado de capitales deben ser incorporados a los tipos. Para este fin el legislador realiza una valoración, pero esta valoración le está reservada a él y la hace antes de que el tipo exista.

Pero una vez dictada la ley penal y establecido el tipo, cuando no cabe hablar de proceso elaborativo del tipo, sino de su aplicación por el tribunal o por el intérprete, no hay cabida ya para valoración alguna sino para una mera utilización formal de la descripción típica como instrumento de selección que permita efectuar una primera depuración entre el total de las conductas humanas posibles, con el fin de apartar como útiles para una consideración penal únicamente a aquellas que están descritas en los tipos.

Esto significa que en un tipo que fue consagrado legislativamente, no puede apreciar el jurista otra cosa que un cedazo o tamiz destinado a permitir una primera reducción dentro de la enorme variedad de conductas humanas posibles. Esta reducción, que se aprovecha también teóricamente para fines de legalidad y garantía, en la forma en que antes ha sido explicada, marca la puerta de entrada a un ámbito exclusivamente penal y se realiza casi mecánicamente, sin valoración alguna, por simple encuadre de una conducta concreta con las figuras legales.

V. La capacidad de culpabilidad de la persona jurídica

La admisión de sanciones de carácter penal en virtud de la aceptación de la capacidad de culpabilidad de la persona jurídica puede tener lugar mediante la reformulación del principio de culpabilidad, concretamente, rebajando las exigencias del mismo en relaciones a las personas jurídicas y fudamentándolo en una responsabilidad orientada en categoría sociales y jurídicas.

En este sentido TIEDEMANN elaboró la propuesta de la "culpabilidad de organización" (*Haftungstheorie vom Organisationsverschulden*). Como viéramos *supra*[114] este autor acepta la capacidad de acción de las personas jurídicas y también reconoce en ellas capacidad de

---

[114] Vid en la página supra de este trabajo al desarrollar el concepto de acción.

culpabilidad, sirviéndose del criterio de la "culpabilidad por defecto de organización" (*Organitationsvershulden oder Organitationsfehler*).

En virtud de este concepto de culpabilidad normativo - social, que permite formular un reproche social propio a la organización, los hechos individuales errados de los miembros o representantes deberían ser imputados a la agrupación en su conjunto, por no haber adoptado los demás miembros que la constituyen las medidas de precaución oportunas para evitar la ejecución de hechos delictivos en el mismo desarrollo de la empresa. La razón es que "las medidas de precaución omitidas, y los deberes que así se infringen consisten respectivamente en medidas y deberes de vigilancia, de control y de organización, que obligan a la misma agrupación como tal agrupación" Ahora veremos como salva el obstáculo principal para la imputación de un delito: la capacidad de culpabilidad.

A partir de la constatación de que la exigencia de culpabilidad en el marco de la infracción administrativa es inferior a la exigida en el ámbito penal, TIEDEMANN parte a considerar un concepto de culpabilidad orientado por categoría sociales y jurídicas. El reproche social que fundamenta la responsabilidad de la persona jurídica es la "culpabilidad de organización" ya que la persona jurídica es responsable por los hechos realizados por individuos porque ésta y sus órganos o representantes no han tomado las suficientes medidas de cuidado que son necesarias para garantizar un negocio ordenado y no delictivo[115].

Así el hecho individual del directivo se considera como un hecho de la empresa en tanto la persona jurídica haya omitido tomar medidas de prevención necesarias para garantizar un desarrollo ordenado y no delictivo de la actividad misma[116].

Para su discípulo DERUYCK no es decisivo que el deber de vigilancia sea violado por el órgano de la empresa, sino que basta simplemente que lo sea por la organización. La culpabilidad se limita al reproche de que no se ha tomado "una decisión colectiva adecuada a la legalidad"[117]. De esta manera, la premisa de un concepto penal de la culpabilidad es largamente abandonado. No es de sorprender por tanto que esta posición sea coincidente, en cuanto a las consecuencias, con el modelo de medidas de seguridad.

STRATENWERTH subraya, en principio, que respecto a la responsabilidad de las organizaciones sólo puede tratarse únicamente de su responsabilidad por los actos de sus miembros que desempeñan

---

[115] BACIGALUPO, Silvina, op. cit., página 172.
[116] Ibídem
[117] DERUYCK, en *ZStW* vol. 103 (1991), página 728 y siguientes.

cargos directivos: "cualquier otra solución conduciría a una responsabilidad por caso fortuito". Pero su modelo de medidas de seguridad, desprovisto de limites de prevención especial, le permite sacrificar estas premisas necesarias de la política criminal[118]. La responsabilidad de la empresa entra en consideración siempre que, como sucede en el planteamiento de DERUYCK, se hubieran sobrepasado los límites del riesgo permitido[119].

Por su parte HIRSCH, en el mismo sentido y como también viéramos *supra*[120] acepta la capacidad de acción de las personas jurídicas como una acción realizada por una persona física y acepta a su vez la culpabilidad de la persona jurídica mediante el reemplazo del contenido ético-social de la culpabilidad por el concepto de "interés público".

Utiliza para ejemplificarlo el reproche social a una empresa que arroja residuos químicos a un río que consiste en sindicar en el común de la gente, a dicha empresa como "culpable" de la conducta incriminada. Estas afirmaciones son a su entender una realidad y se trata de juicios de valor que en ningún caso son indiferentes desde un punto de vista ético. Como consecuencia de ello, determina la culpabilidad de la persona jurídica a partir de la "culpabilidad del órgano que realizó la acción", a lo que agrega la exigencia de la posibilidad de que el hecho delictivo hubiese sido evitado por la persona jurídica[121]. Este ejemplo sería ilustrativo a tal efecto, porque nos demostraría como la culpabilidad, en un supuesto de esta naturaleza, no sería algo éticamente indiferente. De este modo, al hacérsele un reproche de culpabilidad a la corporación estaríamos aplicando un parámetro social[122]

La consecuencia final es que la persona jurídica tiene una responsabilidad colectiva, de la que HIRSCH no exime a la persona concreta que actuó sin que ello vulnere el *"non bis in idem"* puesto que se trata de una responsabilidad penal acumulativa y no de una doble

---

[118] STRATENWERTH, Günther; páginas 298 y 304 y sigueintes (nota 1); sobre la apreciación de las medidas de seguridad puede verse también: *Korte, Juristische Person und strafrechtliche Verantwortung* (1991), página 177; OTTO, *Strafbarkeit von Unternehmen*, página 29 (la sanción de la organización como medida protección jurídica de la economía). Que se pongan límites a las medidas de seguridad frente a los particulares, prohibiéndole convertirlos en objetos de demostración de la administración de justicia, no resulta un obstáculo para una sanción de la empresa orientada de manera preventivo-general: la empresa no es una persona racional que tenga que ser respetada como tal. A pesar de esta argumentación consecuente, STRATENWERTH no despeja una duda: que se utilice el Derecho de medidas de seguridad para ocultar los pecados originales del Derecho penal de culpabilidad, no obstante que aquél sea considerado derecho penal básico cits. por HEINE, Günther, *op.cit.*, página 9.

[119] HEINE, Günther, *op.cit.*, página 9.

[120] Vid en la página supra de este trabajo al desarrollar el concepto de acción.

[121] BACIGALUPO, Silvina, op. cit., página 173

[122] HIRSCH, Hans Heinrich; "Strafrechtliche Verantwortlichkeit von Unternehmen", *ZStW*, Heft 2, 1995, páginas 291 a 294.

punibilidad[123] y termina argumentando que "con relación a la cuestión de si existe culpabilidad penalmente relevante, de lo que se trata es sólo de que sean consideradas a favor del autor del hecho antijurídico determinadas anomalías y déficits de conocimiento que van en contra de su motivación a un actuar conforme a Derecho".

Sigue diciendo HIRSCH que la "esencia de la corporación consiste justamente en que no es una mera suma de personas individuales, sino que constituye una estructura independiente que se separa de ellas. La culpabilidad de la asociación (...) no es idéntica a la culpabilidad de sus miembros. La capacidad penal tampoco fracasa si se tiene en cuenta el requisito de la culpabilidad. En el caso de las asociaciones se da más bien un fenómeno paralelo al de la culpabilidad individual"[124].

Por su parte, BAUMANN al referirse a la capacidad de culpabilidad manifiesta que "el derecho determina en forma soberana a sus destinatarios y está también en condiciones, por consiguiente, de establecer normas para las personas jurídicas que éstas deben respetar (a través de sus organismos). El derecho dice quién es el punto final de imputación de una conducta y quién debe hacerse responsable de una conducta contraria a las normas. La culpabilidad moral sólo puede existir en el organismo y la culpabilidad en sentido jurídico también en la persona jurídica"[125]

A. La capacidad de culpabilidad basada en la prevención general integradora

En 1970, ROXÍN afirma en su famoso escrito *"Kriminalpolitik"* la necesidad de reconsiderar las premisas metodológicas de la dogmática penal. En este sentido, sostiene la tesis de que todas las categorías de la teoría del delito se encuentran en función de cuestiones de política criminal sosteniendo así un reproche de culpabilidad orientado por criterios preventivos.

Así, la tipicidad tiene por objeto realizar el principio *"nullum crimen sine lege"*, la antijuridicidad, tiene por objeto la correcta regulación de intereses (individuales) y contraintereses (generales de la sociedad), es decir, la ponderación de intereses socialmente regulados en situaciones de conflicto y la culpabilidad tiene por objeto responder, desde consideraciones de prevención general y especial, a la cuestión normativa de su y en que medida un comportamiento amenazado en

---

[123] BACIGALUPO, Silvina, op. cit., página 176.
[124] HIRSCH, H.H., "La cuestión de la responsabilidad penal de las asociaciones de personas", *ADP*, 1993, páginas 1110 a 1112.
[125] BAUMANN; Jürgen; *op. cit.*, páginas 220 y 221.

principio con una pena requiere en determinadas circunstancias aun una sanción penal[126].

Tomando siempre como punto de partida el derecho positivo, ROXIN continúa demostrando como diferentes categorías de la teoría del delito –como las causas de exclusión de culpabilidad- y afirmando que solo se pueden explicar a partir de cuestiones político-criminales estrechamente relacionadas con los fine de la pena.

ROXÍN distingue dos categorías: la responsabilidad y la culpabilidad. La responsabilidad determina después de la antijuridicidad otra valoración dentro de la teoría del delito: una valoración desde el punto de vista de la responsabilidad penal del autor.

Este replanteamiento da lugar a un nuevo sistema de la responsabilidad penal, en el que es necesario incluir factores político-criminales.

No obstante, su punto de partida metodológico que sirve de base a quienes quieran revisar el concepto de sujeto, ya que ROXÍN cuestiona la idea de culpabilidad basada en la posibilidad de actuar de otra manera, su teoría *"personal"* de la acción como exteriorización de la personalidad excluye consecuentemente la responsabilidad de las personas jurídicas como reflejáramos al exponer su concepto de acción[127].

B. La capacidad de culpabilidad basada en la prevención general positiva

Conforme lo expusiéramos *"supra"*, para JAKOBS la pena siempre supone la reacción frente al quebrantamiento de una norma. Esta reacción demuestra en todos los casos que se debe respetar la norma quebrantada. Y esta reacción se manifiesta siempre a costa del competente quebrantamiento de la norma. JACKOBS presupone que el fin de derecho penal es la estabilización de un cierto orden social y por ende que la conexión entre la pena y la culpabilidad es un requisito para obtener tal fin[128].

Por lo tanto, los elementos de la teoría del delito deben decidir normativamente sobre la adscripción del suceso perturbador al titular los costos necesarios para la eliminación de la misma. El quebrantamiento de la norma no es un conflicto penalmente relevante por sus consecuencias externas: el derecho penal no puede "reparar"

---

[126] Idem, página 199.
[127] Vid en la página supra de este trabajo al desarrollar el concepto de acción.
[128] BACIGALIPO, Silvina; *op. cit.*, pagina 200.

esas consecuencias externas, ya que la pena no es una compensación del daño[129].

La negación de la norma produce un conflicto social en la medida en que se cuestiona la norma como modelo orientativo de conductas. Por lo tanto, la función del derecho penal no debe ser la evitación de la lesión de bienes jurídicos sino la reafirmación de la vigencia o reconocimiento de la norma, dicho por él mismo *"el derecho penal cumple la funcion de confirmar la identidad normativa de la sociedad"*, consecuentemente no es necesaria una verificación empírica de la utilidad de la pena. Jakcobs elabora un concepto de culpabilidad que no se vincula en ninguna forma de reproche al sujeto –excluyendo así la necesidad de fundamentar una respuesta sobre la libertad de voluntad, ya que el derecho penal no tiene lugar en la conciencia individual sino en la comunicación[130].

La teoría social de la que parte y la definición de la finalidad de la pena en el sentido de la estabilización de normas y no de protección de bienes jurídicos, permite cuestionar tanto el concepto de acción como el de culpabilidad y dar un paso decisivo en la superación conceptual de los obstáculos que en la dogmática tradicional han impedido el reconocimiento de la responsabilidad penal de las personas jurídicas. La teoría de la acción entendida como comportamiento exterior evitable se considera como una teoría del sujeto que no tiene porque depender del carácter de una persona individual y de esta manera transforma totalmente el marco teórico en el cual se plantea la cuestión.

El propio JAKOBS afirma respecto de la persona jurídica que "para la acción y para la culpabilidad las formas dogmáticas son las mismas (no solo las normas) tanto para la persona natural como para las jurídicas"[131]. La concepción de JAKOBS determina una nueva visión del sujeto del derecho penal que ya no es exclusivamente el individuo y su conducta humana.

El replanteamiento llevado a cabo por JAKOBS implica reorientar la discusión en torno a la responsabilidad penal de las personas jurídicas como un replanteamiento de la idea del sujeto del derecho penal: efectivamente se puede afirmar que el ser humano individual no es el único sujeto posible del derecho penal[132].

Ese sujeto puede ser configurado a partir de los elementos ya vistos de la persona jurídica: estatutos y órganos. El sujeto del derecho penal es aquel que sea competente y no necesariamente el sujeto que realizo la acción. Dentro de estos parámetros no resulta imposible imaginar a la

---

[129] Ibídem.
[130] Idem, página 201.
[131] Idem, pagina 220.
[132] Ibídem.

persona jurídica como un sujeto competente y por lo tanto imputable. Para JAKOBS el sujeto no se encuentra predeterminado ontoló-gicamente, sino que depende de cada estado de evolución de la sociedad.

Dice BACIGALUPO, a quien seguimos en este análisis que los puntos de partida metodológicos de JAKOBS permiten este abordaje, pero no es posible afirmar que la teoría de JAKOBS en su elaboración actual permita el reconocimiento de la persona jurídica como sujeto del Derecho Penal, dado que mantiene en la concepción del sujeto un referente material determinado por la persona y cuyo ámbito normativo se encuentra dado por el ciudadano[133].

VI. Los fines de la pena a las personas jurídicas

Estrechamente relacionado con la culpabilidad se encuentra también el problema de la función de la pena, que se toma como motivo para negar la posibilidad de sancionar penalmente a las personas jurídicas conforme viéramos al inicio del trabajo[134].

El principal medio de que dispone el Estado como reacción frente al delito es la pena en el sentido de "restricción de derechos del responsable". El orden jurídico prevé además las denominadas "medidas de seguridad" destinadas a paliar situaciones respecto de las cuales el uso de las penas no resulta plausible. De manera que el sistema de reacciones penales se integra con dos clases de instrumentos; penas y medidas de seguridad.

Desde la antigüedad se discute en el derecho penal acerca del fin de la pena fundamentalmente tres concepciones que en sus más variadas combinaciones continúan hoy caracterizando la discusión, así, para explicar estos remedios incluidos en la legislación penal se ofrecen estas diversas teorías que parten de puntos de vista retributivos o preventivos, puros o mixtos que se encargan de fundamentar de diverso modo y de explicar los presupuestos que condicionan el ejercicio del *"ius puniendi"* y la finalidad perseguida por el Estado con la incriminación penal.

Sin entrar en estas categorizaciones doctrinarias, en la materia especifica objeto del presente informe encontramos en HIRSCH que el concepto de pena no debe únicamente contentarse con el aspecto de la prevención sino más bien debe analizarse sui la pena puede satisfacer su función primaria de castigar el hecho cometido en forma justa y adecuada a la culpabilidad.

---

[133] Idem, página 222.
[134] Vid en la página 5 de este trabajo al desarrollar la introducción a la cuestión.

Como vimos con anterioridad al desarrollar otros conceptos de este autor donde ya describimos las pautas en que desenvuelve su teoría en lo relativo a la acción y culpabilidad, HIRSCH cree firmemente en la posibilidad de que la persona jurídica actúe en forma contraria al deber. Correcto es entonces reaccionar contra la lesión culpable al bien jurídico con una sanción penal amenazada previamente si distinguir si su autor es una persona física o una persona jurídica. Efectivamente, las normas jurídicas dirigidas a una asociación de personas que interesan penalmente no resultan en modo alguno éticamente indiferentes[135].

A su vez piensa HIRSCH que es perfectamente posible además que la prevención general y especial puede llegar a tener sentido y efectividad respecto a las personas jurídicas. Respecto a la prevención general, pone el ejemplo del supuesto en el que se impusiera una sanción dineraria contra una sociedad anónima por un hecho delictivo. Esto conllevaría que las demás empresas se planteasen si vale la pena correr un riesgo de sanción de esta naturaleza.

En relación con la prevención especial, este mismo autor fundamenta que ante el mismo ejemplo expuesto, la misma persona jurídica que ha sufrido la sanción tendrá a partir de entonces más cuidado de entrar otra vez en conflicto con la ley respectiva ya que, finaliza su argumentación HIRSCH, "no nos olvidemos que las personas jurídicas están sometidas a la opinión pública y, por ello, se esforzarán a partir de entonces en impedir nuevos daños a su imagen"[136], claro que a nuestro entender esto puede funcionar en Alemania o paises organizados y no en sociedades anómicas como la nuestra de los últimos tiempos.

TIEDEMANN opina sobre el tema en cuestión diciendo que las sanciones administrativas como el decomiso de la ganancia ilegítimamente obtenida por el autor del ilícito no cumplen el fin preventivo de la pena, por lo que cabe extender las mismas a la personalidad jurídica de la empresa de modo de desplegar un doble juego preventivo, tanto para los directivos responsables del hecho como para la empresa, quienes se abstendrán así en el futuro de cometer o reincidir en la comisión de un delito[137].

---

[135] ABOSO, Gustavo Eduardo y ABRALDES, Sandro Fabio; *op. cit*, página 37.
[136] HIRSCH, Hans Heinrich; "Strafrechtliche Verantwortlichkeit von Unternehmen", *ZStW*, Heft 2, 1995, página 1113.
[137] ABOSO, Gustavo Eduardo y ABRALDES, Sandro Fabio; op. cit, pagina 38.

CAPÍTULO IV

I. La cuestión sobre la responsabilidad penal en Argentina

A. La doctrina contraria

VÉLEZ SARSFIELD, en la nota al antiguo artículo 43, exponía su criterio contrario a la responsabilidad penal. El Derecho Penal atiende a la voluntad del sujeto para penalizarlo. La persona jurídica carece de voluntad propia y se vale de la de sus representantes para actuar en el plano del derecho. En consecuencia, la persona jurídica no puede ser responsabilizada penalmente.

La gran mayoría de los autores de la doctrina nacional niegan la posibilidad de imputar penalmente a las personas jurídicas. Por citar solo algunos de los más importantes, expresamente sostienen la tesis contraria entre otros, JIMÉNEZ DE ASÚA[138], SOLER, NÚÑEZ, CREUS, LAJE ANAYA, CABALLERO, TERÁN LOMAS, ZAFFARONI, GOMEZ y RAMOS[139].

Sin pretender ser exhaustivo la gran mayoria parece haberse inclinado de una manera decisiva por la incapacidad de acción entre los distintos obstáculos enunciados para construir una responsabilidad penal del ente ideal. Efectivamente se enrolan dentro de esta postura Sebastián SOLER, Ricardo C. NÚÑEZ, Carlos FONTÁN BALESTRA, Eugenio Raúl ZAFFARONI, Carlos CREUS, Justo LAJE ANAYA, y José S. CABALLERO

---

[138] Luis JIMÉNEZ DE ASÚA nació en Madrid en 1889 y murió en Buenos Aires, 1970. Profesor de derecho penal en la Universidad de Madrid. Como miembro del Partido Socialista presidió la comisión parlamentaria encargada de elaborar la Constitución republicana (1931). Director del Instituto de Estudios Penales, participó en la redacción del Código Penal de 1932 y durante la guerra civil española fue ministro plenipotenciario de la República en Praga. En 1939 se exilió en Argentina, donde continuó su carrera docente en la Universidad de Buenos Aires donde publicó gran parte de su obra. En 1962 fue nombrado presidente de la República Española en el exilio. Entre sus obras destacan *La teoría jurídica del delito* (1931), *El criminalista* (1941-1949), *La ley y el delito* (1945) y *Tratado de derecho penal* (1949-1963).

[139] Los postulados de todos los autores mencionados se encuentran desarrollados en forma muy completa en ABOSO, Gustavo Eduardo y ABRALDES, Sandro Fabio; op. cit, páginas 62 a 69.

[140], en tanto Luis JIMÉNEZ DE ASÚA, en cambio, resuelve la cuestión a partir de la incapacidad de culpabilidad, por cuanto apunta que como lo antijurídico es eminentemente objetivo, no cabe duda de que [las corporaciones] pueden realizar actos jurídicos[141].

FONTAN BALESTRA manifiesta creer que *las personas jurídicas no pueden delinquir*. No obstante, los argumentos que han sido expuestos en favor de la tesis contraria, particularmente en lo que se refiere a los delitos económicos que tienen por consecuencia una pena pecuniaria, a nuestro ver se mantiene inmutable el principio: *societas delinquere non potest*, sin perjuicio de que las corporaciones puedan incurrir en otras responsabilidades, y sin que esa imposibilidad de delinquir alcance a sus componentes, en cuanto sujetos de derecho[142].

Es erróneo, a su modo de ver, identificar el problema de la responsabilidad de las personas jurídicas con el de los individuos que se asocian para delinquir. En estas últimas agrupaciones el hecho de asociarse puede constituir un delito por sí mismo, tal como lo dispone el artículo 210 del Código Penal argentino o bien una circunstancia agravante que se traduzca en un aumento de la escala penal para el delito cometido por los individuos que forman parte de la asociación, como lo previó el artículo 2° del derogado decreto-ley 4778/63. Pero la responsabilidad es siempre personal[143].

Ricardo NÚÑEZ también participa de ese criterio, pero sin embargo, aunque se muestra reacio a admitir la responsabilidad penal de las personas jurídicas apunta que la idea de la responsabilidad penal de la persona moral ha pasado de la teoría a la práctica. No sólo la han reconocido la legislación y la jurisprudencia sobre Derecho penal fiscal y económico, sino que ha sido aceptada en el mismo Derecho penal común. No es posible desconocer la necesidad de que, en ciertos casos, sobre todo en el Derecho penal económico y fiscal, los entes ideales no

---

[140] SOLER, Sebastián; *Derecho penal argentino*, t. 1, 5ª ed. actualizada por Guillermo J. Fierro, Bs. As., Tipográfica Editora Argentina, 1989, ps. 330-331; Ricardo C. NÚÑEZ, Tratado de derecho penal, tomo 1, 2ª reimpresión, Córdoba, Marcos Lerner Editora Córdoba, 1988, p. 216; Carlos FONTÁN BALESTRA, Tratado de derecho penal, vols. I y III, Abeledo-Perrot, Buenos Aires, 1969, páginas 422 y 132, respectivamente; Eugenio Raúl ZAFFARONI, Tratado de derecho penal, tomo III, Ediar, Buenos Aires, 1983, página 57; Carlos CREUS, Derecho penal. Parte general, Buenos Aires, Astrea, 1988, p. 132; Justo LAJE ANAYA, Comentarios al Código Penal. Parte general, vol. I, Buenos Aires, Depalma, 1985, p. 37; CABALLERO, José Severo, op. cit., página 24; "La responsabilidad penal de los directores y administradores y la llamada responsabilidad penal de las sociedades anónimas y otras personas colectivas", Cuadernos de los Institutos, N° 120, Dirección General de Publicaciones, 1973, ps. 18-23, citados por CESANO, José Daniel; Problemas de responsabilidad penal de la empresa, Anuario de Derecho Penal de la Universidad de Friburgo, Friburgo, Suiza, página 2/5.

[141] JIMENEZ DE ASÚA, Luis; "La cuestión de la responsabilidad penal de las personas jurídicas", LL, t. 48, ps. 1041 ss.).

[142] FONTÁN BALESTRA, Carlos; *Tratado de derecho penal (parte general)*, Abeledo Perrot, Buenos Aires, 1995.

[143] Vid FONTÁN BALESTRA, Carlos; *Reformas al Código Penal*, Buenos Aires, 1963, § 4, *infra 4, cit.* en Ibidem.

queden al margen de las consecuencias penales de los delitos de sus órganos[144].

Eusebio GÓMEZ afirma que sólo las personas físicas pueden ser sujetos activos del delito; las personas jurídicas no pueden cometer delitos y los que hay costumbre de imputarles se cometen siempre por sus jefes, es decir, por personas naturales, importando poco el interés que haya tenido la sociedad en el motivo del delito. Ni siquiera por principios de defensa social se le pueden aplicar sanciones penales, porque aquélla tiende a la readaptación del delincuente o su eliminación en los casos crónicos, y no se ve cómo se han de aplicar sanciones en el caso de personas jurídicas tratándose de un ente diferente de las personas físicas que la componen, que actúan por aparente voluntad propia, ya que esa voluntad no es sino de las personas físicas que la componen[145].

Francisco LAPLAZA sostiene que, desde el punto de vista del Derecho penal, los argumentos de quienes sustentan la responsabilidad de las personas jurídicas no son valederos. Tanto si se apoyan las bases del Derecho penal sobre la culpabilidad psicológica o normativa, como si se lo edifica sobre la peligrosidad del delincuente, trátase siempre de la conducta de personas naturales, y no de las creadas por el derecho o que sólo pueden realizarse como existentes en el ámbito jurídico. Se sigue de ello que ninguna persona jurídica es pasible de responsabilidad penal en sentido estricto. Lo que subsiste con toda plenitud y eficacia, es la responsabilidad criminal de los autores materiales, de los instigadores y en general de todos quienes participaron de los actos punibles[146].

Sebastián SOLER entiende que el único sujeto activo del Derecho Penal es una persona física, y que las personas morales no están comprendidas entre los sujetos capaces de delinquir, pero admite que este principio tiene algunas excepciones, que comienzan por el Derecho administrativo y que van reconociendo a las personas jurídicas capacidad de ciertas responsabilidades de evidente naturaleza penal[147].

B. Las tesis favorables

Guillermo BORDA sostiene con amplitud la responsabilidad penal de las personas jurídicas, y especialmente discute la afirmación según la cual esas entidades no podrían cometer delitos. Entiende que para

---

[144] NUÑEZ, Ricardo, op. cit, t.I, páginas 212 y sgtes.

[145] GOMEZ, Eusebio; *Tratado de Derecho penal*, Buenos Aires, 1939, T. I, ps. 384-386.

[146] LAPLAZA, Francisco "El delito de genocidio o genticidio, Buenos Aires, 1953, p. 84", cit.por Fontan Balestra, op. cit.

[147] SOLER, Sebastián; *Derecho* penal *argentino*, Buenos Aires, 1945, T. I, p. 293, nota 3.

muchos negocios son los testaferros ideales, por la posibilidad de disimular cuál de los dirigentes o accionistas –si se trata de una sociedad anónima- ha decidido la comisión del delito penal que ha ejecutado el empleado. "Castigar al empleado que ha sido instrumento del delito y ha cumplido instrucciones, es dejar intacto el problema, reprimir a los accionistas de los cuales han partido aquellas es generalmente imposible, porque siendo acciones al portador, su tenedor es siempre indeterminado; no queda sino castigar a la entidad y con esta solución se llega al verdadero meollo del problema"[148].

De ahí según esta opinión, que la responsabilidad penal de las personas jurídicas sea posible, justa y a veces indispensable. "Cuando se abusa de las personas jurídicas, pretendiendo utilizarlas con fines no queridos por la ley, es lícito rasgar o cortar el velo de la personería, para penetrar en la verdad que se esconde detrás de él, y hacer prevalecer la justicia y las normas de orden público que han pretendido violarse (...) Claro está que no basta el ejercicio por los mismos jueces de su atribución de descorrer el velo de la personería para solucionar los problemas que dejamos señalados (...) la solución debe venir, por lo tanto, por la vía legislativa".

Fuera de esa responsabilidad se deja solamente al Estado y sus desprendimientos personalizados, porque se considera inconcebible que un órgano del Estado cometa un delito contra el mismo Estado, lo cual sin duda era impensado en épocas anteriores a la actual donde la realidad devastada del sistema jurídico argentino ha tornado romántica la concepción del prestigioso autor.

Para FONTANARROSA, la realidad demuestra muchas veces, que una persona jurídica es utilizada como medio para la comisión de delitos (así, por ejemplo, el artículo 19 de la Ley de Sociedades Comerciales declara nulas de nulidad absoluta a las sociedades de objeto lícito, pero de actividad ilícita) o que, en el desarrollo de su actividad, viola el orden jurídico. Siempre podrá decirse que son sus socios o sus administradores los que en última instancia toman la decisión y se sirven de la entidad. Sin embargo, razones de orden práctico han llevado a algunas leyes a declarar la responsabilidad penal de las personas jurídicas y a imponerles penas acordes a su estructura (multas, inhabilitaciones para operar). Así, por ejemplo, se sanciona con multa a las empresas armadoras en los casos que sus buques viertan hidrocarburos en aguas territoriales argentinas; también se sanciona con multa y decomiso de

---

[148] BORDA, Guillermo; *Manual de Derecho Civil,* Parte General, Abeledo Perrot, Buenos Aires, 1980, páginas 303 y ss.

equipos y redes a las empresas pesqueras que operen sin autorización o en zonas prohibidas.

Enrique R. AFTALIÓN, sostiene que la doctrina moderna ha ensayado la refutación de varias de las consideraciones negativas respecto de la responsabilidad del ente colectivo, señalando que, si bien sólo el individuo humano es pasible de una pena privativa de libertad, con todo hay otras sanciones, como la pena de multa, el retiro de personería jurídica o la caducidad de concesiones del Estado, que pueden convenir a las personas jurídicas[149].

Cree que el problema de la responsabilidad penal de las personas jurídicas es desenfocado por todos aquellos que lo encaran a la luz de la lógica del ser, es decir, que esta perspectiva lleva a considerar a dicha responsabilidad como imposible, incomprensible o contradictoria. Pero en cambio, la posición normativa y estimativa de la teoría egológica del Derecho, muestra que la cuestión no consiste en preguntar "si es posible", hacer penalmente responsables a las personas jurídicas -la experiencia jurídica lo contesta afirmativamente- sino en determinar en cada caso "si ello es justo, o no", y sostiene que hay que tratar el tema desde el punto de vista axiológico y de acuerdo con los criterios metódicos que exigen esta clase de cuestiones y no en forma entitativa.

Critica la postura de los partidarios de la irresponsabilidad penal de las personas jurídicas, que arguyen entre otras cosas, que su tesis es una consecuencia de las modernas teorías sobre el delito, que lo definen como una "acción típicamente antijurídica y culpable". Y, frente a esta posición, que él califica de insostenible, se limita a decir lo siguiente: 1º que el argumento pierde fuerza si se recuerda que nada impide al ordenamiento jurídico disociar los conceptos de "obligación" y de "responsabilidad", e imputar las consecuencias del acto a otro ente que el agente humano que lo realizó; 2º que si aún así subsiste alguna dificultad para compaginar la responsabilidad penal de las personas jurídicas, con la llamada "teoría jurídica del delito", ¡peor para ésta! y dice que es del caso recordar, una vez más, la célebre crítica que dirigía VON IHERING al formalismo jurídico: "La vida no debe plegarse a los principios sino que éstos deben modelarse sobre aquélla"[150].

Del mismo modo, Julio CUETO RÚA y Carlos COSSIO, constituyen dos prestigiosos y decididos partidarios de la responsabilidad de las personas jurídicas en materia penal, de acuerdo con los enunciados de la

---

[149] AFTALIÓN, Enrique R.; *"Acerca de la responsabilidad penal de las personas jurídicas"*, La Ley, Tomo 37, página 281.
[150] Ibídem

teoría egológica del derecho elaborada por el segundo de los nombrados[151].

Nemesio GONZALEZ tambien se manifiesta a favor de la responsabilidad penal de las personas jurídicas[152]. Si bien su trabajo no agota de manera exhaustiva el tema tratado, tiene la enorme virtud de haber sido quien inicia el camino desde la concepcion tridimensional ofreciendo un enfoque desde la teoría trialista[153].

Concluye este autor que no solo es posible que las personas jurídicas sean reprimidas penalmente, sino que no hay incompatibilidad entre la responsabilidad penal de éstas y la de las personas que forman sus órganos, en virtud de cuyos actos se sanciona a las primeras. Sostiene que los mismos fundamentos aducidos para sustentar la responsabilidad civil delictual son válidos en el campo penal. Si bien excluye la responsabilidad penal de las personas jurídicas de carácter público cita como ejemplo la situación de los delitos colectivos, cuando pese a ser pocas las personas que delinquen en un Estado, el oponente "fracciona" esas conductas y procura sanciones contra todo el Estado al que pertenecen estos individuos sufirendo las consecuencias todos los miembros de él[154].

Mario CHICHIZOLA, quien opina que es una necesidad ineludible e impostergable de la época la incorporación al Código Penal argentino del principio de la responsabilidad penal de las personas jurídicas, dado el extraordinario poderío que han alcanzado esas entidades y las maniobras dolosas que efectúan con alarmante frecuencia. Y dice, que si la responsabilidad penal de las personas de existencia ideal no se ajustara perfectamente a la concepción del delito elaborada por la doctrina, habrá que revisar ésta y no pretender que la realidad se adecue a las teorías elaboradas con prescindencia de ella[155].

Carlos NINO a su vez postula que una vez que se comprende que el concepto de persona colectiva forma parte de una técnica especial para hablar abreviadamente de un complejo de relaciones entre individuos, se revela claramente que la responsabilidad penal de las personas colectivas implica, tras el velo de la personificación, penar a ciertos

---

[151] FONTÁN BALESTRA, Carlos; *Tratado de derecho penal (parte general)*, Abeledo Perrot, Buenos Aires, 1995.
[152] GONZALEZ, Nemesio; "Responsabilidad penal de las personas jurídicas". Revista del Derecho Comercial y de las Obligaciones, Año 1968, Volúmen I, páginas 681 a 716, Depalma, Buenos Aires, 1968.
[153] GOLDSCHMIDT, Werner, "Prólogo" en GONZALEZ, Nemesio; op. cit., página 681.
[154] GONZALEZ, Nemesio; *op. cit.*, página 715.
[155] CHICHIZOLA, Mario; La responsabilidad penal de las personas de existencia ideal, en La Ley, Tomo 109, página 696.

individuos por los actos de otros, o sea estatuir un modo de responsabilidad vicaria[156].

II. El sistema de la doble imputación

Si bien, CUETO RUA, CHICHIZOLA, NINO -como vimos- y SPOLANSKY entre otros desatacadísimos autores han sostenido opiniones favorables a la responsabilidad penal de las personas jurídicas[157], David BAIGÚN ha desarrollado una propuesta muy completa estructurada a partir de un sistema de doble imputación que contempla la disímil naturaleza de la acción societal o institucional compaginàndola con el homólogo de la responsabilidad penal individual [158].

Lo denomina sistema de la doble imputación por cuanto reside, esencialmente, cuando se produce un hecho delictivo protagonizado por la persona jurídica, en reconocer la coexistencia de dos vias de imputación; por una parte, la que se dirige al ente ideal, como unidad independiente y, por la otra, la atribución tradicional a las personas físicas que integran la persona jurídica.

A. La acción institucional

El punto central de esta construcción reside pues, en la creación de un diseño especial que parte de una concepción distinta de la acción llevada a cabo por la persona jurídica a la cual denomina como "acción institucional" y que es el punto de partida para elaborar posteriormente un concepto diverso del tipo penal, una noción de antijuricidad adecuada a este sistema y especialmente la adopción de una categoría especial (responsabilidad social) que sustituye, en el modelo diseñado por BAIGÚN, a la tradicional culpabilidad. También de la misma

---

[156] NINO, Carlos; *Los límites de la responsabilidad penal. Una teoría liberal del delito*, Buenos Aires, Astrea, 1980, página 415.

[157] Los postulados de todos los autores mencionados tambien se encuentran desarrollados en forma muy completa en ABOSO, Gustavo Eduardo y ABRALDES, Sandro Fabio; op. cit, páginas 70 a 100.

[158] BAIGUN, David; *"La responsabilidad penal de las personas jurídicas (Ensayo de un nuevo modelo teórico)"*, Editorial Depalma, Buenos Aires, 2000. Son muy destacables, al respecto los siguientes trabajos del autor: "La responsabilidad penal de las personas jurídicas: polémica conocida pero no resuelta" (En Autores varios , *La responsabilidad, libro homenaje al Profesor Doctor Isidoro H. Goldenberg*, Abeledo Perrot, Buenos Aires, 1995) ; "Naturaleza de la acción institucional en el sistema de la doble imputación. Responsabilidad penal de las personas jurídicas" (En Autores varios, *De las penas , libro homenaje al Profesor Isidoro De Benedetti*, Bs. As. Depalma, 1997); "La tipicidad en el sistema de la responsabilidad de las personas jurídicas, denominado doble imputación" (En *Cuadernos del Departamento de Derecho Penal y Criminología*, Nueva Serie, N°1, 1995, Edición homenaje a Ricardo C. Nuñez, U.N.C , Facultad de Derecho y Ciencias Sociales, Marcos Lerner Editora Córdoba) y, recientemente, "La persona jurídica frente al Derecho Penal" (En Autores varios, *Derechos y Garantías en el Siglo XXI*, Rubinzal -Culzoni Editores, Santa Fé, 1999).

plataforma se derivan las particularidades de las reglas de autoría y participación, tentativa y concurso de delito como las notas especiales en materia de penas y medidas de seguridad, sobre todo en lo que concierne a la finalidad de las llamadas consecuencias jurídicas[159].

Es obvio que el ser humano actúa tanto en la ejecución como en la elaboración de la decisión institucional, pero ésta se halla determinada por otros componentes. Esa decisión es entonces, el resultado de un fenómeno de interrelación en el que actúan no sólo el sistema psíquico de cada uno de sus integrantes individuales, sino otras "unidades reales" que convergen a la acción institucional de manera multifacética de modo tal que ésta es el resultado de la sumatoria de tres de ellas: a) el aparato normativo, representativo del proceso ocurrido en la esfera organizativa en torno al interés económico de la sociedad, b) la naturaleza organizadora, o sea las variables de las que surge el conjunto de reglas que gobiernan la decisión institucional y c) el interés económico representado por el lucro o beneficio que gobierna las anteriores[160].

1. La unidad real normativa

En el marco de la regulación normativa se debe aprehender la competencia de los órganos, las relaciones entre accionistas y directivos, las mayorías necesarias para obligar a la entidad y otras variables, tanto respecto de las funciones en el marco interno (administración y formación de la "voluntad social"), como las que se vinculan con la esfera externa (representación). El resultado de la operatividad de estos mecanismos es lo que denomina producto o unidad normativa, que se convierte en el eje de la imputación jurídica y que, además, es epílogo del proceso ocurrido en la esfera organizacional en torno del interés económico.

2. La unidad real organizativa

Si bien las sociedades anónimas y otras personas jurídicas responden a características comunes BAIGÚN ubica como variables independientes la regulación normativa y el interés económico, lo cual no significa desconocer la interacción entre las distintas variables y las características exhibidas por cada una de ellas; precisamente, como resultado de esta interactuación, se genera lo que denomina segundo código, es decir, el conjunto de reglas reales que gobiernan la decisión

---

[159] Ibídem.
[160] Ibídem.

institucional y en cuya elaboración gravitan predominantemente los llamados fines reales, muchas veces en disonancia con las normas que prescriben los fines estatutarios, examinados en la unidad real normativa. La resolución que en la persona jurídica aparece formalmente tomada a través del funcionamiento estatutario es, en verdad eyección del segundo código, que dicta "la voluntad social de la organización"[161].

3. El interés económico

El interés económico es sinónimo de ganancia o beneficio; está indisolublemente unido al proceso de acumulación, sujeto a sus leyes. La ganancia se conforma como una objetividad, un producto buscado por las apetencias de los individuos, pero, al mismo tiempo, independiente de su dominio.

B. La imputación

Al igual de lo que ocurre en el derecho penal convencional, las acciones desaprobadas socialmente pueden estar enderezadas a producir una situación o un proceso (resultado): el producto o decisión institucional apunta a un logro a través de un hacer. Es el paralelo de los delitos dolosos de comisión, que, en el ámbito de las personas jurídicas, identifica como comisión por voluntad social dolosa, aunque, obviamente, no se trata del mismo dolo de la acción humana.

También es posible que la acción institucional sea negligente, indiferente ante ciertas exigencias del ordenamiento traducidas en especiales reglas de cuidado; aquí, el cuadro se asemeja a los llamados delitos culposos, y la imputación naturalmente debe atender al carácter comisivo culposo del comportamiento.

Nuevamente se aprecia la influencia welzeniana al tratar en su sitema los denominados delitos de omisión, al afirmar Baigùn que, en una dimensión no menos importante, el ordenamiento jurídico manda la ejecución de acciones destinadas a mantener un estado deseado socialmente (protección del bien jurídico) y conmina con una pena la omisión de dichas acciones.

Afirma BAIGÚN que, respetando la relación del mandato o prohibición, las tres categorías pueden ser trasladadas al concepto de acción institucional, aunque, el contenido de la voluntad social dolosa y de la acción societal negligente varían respecto de los conceptos tradicionales y ello lo tamiza por el cristal de su visión finalista

---

[161] Ibídem

Al primero (objetivo) corresponde el examen de la relación de causalidad ente la acción institucional y el resultado, aunque desde ya con perfiles propios atendiendo a la naturaleza propia de la especie de que se trata, mientras que en el segundo (el subjetivo) se habla de la voluntad dolosa, que es la resultante como señaláramos obtenida en un nivel diferente de la sumatoria del aporte de cada uno de los miembros de la corporación.

En esta inteligencia, sostiene el autor, que no se admiten los elementos subjetivos de la antijuridicidad, ya que los mismos se vincula únicamente con el aparato psíquico del hombre. También admite una especie de "modalidad imprudente", al concebir una acción institucional sin estar dirigida al logro de un resultado, sino a otros fines atentatorios de las reglas de cuidado establecidas por la ley[162].

C. Antijuridicidad y culpabilidad

Con relación a la antijuridicidad como juicio de valor de la contradicción entre el comportamiento de la persona jurídica como ente y el ordenamiento legal, conforma un denominador común permaneciendo invariable respecto de cualquier otro concepto, e inclusive manifiesta que nada le impide trasladar la legitima defensa o el estado de necesidad, aunque sostiene, obviamente, que no pueden exigirse elementos subjetivos en atención al comportamiento social de que se trata.

En el terreno de la culpabilidad, que es la consecuencia jurídica de la acción institucional BAIGÚN adopta la denominada "responsabilidad social", que está integrada por la atribuibilidad y la exigibilidad. La primera es la encargada de imputar la infracción dañosa y la segunda se ocupa de separar esa imputación dañosa de la responsabilidad final, que pasa, de este modo a ser autónoma.

En este punto y no obstante su construcción teórica se asemeja al concepto construido por MAURACH, para distinguir cuando la persona actúa *"per se"* de cuando lo hace por la sociedad, BAIGÚN propone acudir a la teoría de la imputación objetiva.

Es muy útil su aplicación por que en el marco de distribución de roles es generalmente complejo decidir quien ha sido le autor material de la acción institucional, dilema propio de la estructura jerárquica de una sociedad. En este caso, BAIGÚN propone establecer como autor a quien le reporta beneficio económico la comisión del delito, ya sea en favor de la empresa o del particular. La ausencia de beneficio para la

---

[162] Ibídem

sociedad excluye toda posibilidad de abtribuírle el injusto en lo que podría ser la faz negativa de la culpabilidad, o más restringidamente de la atribuibilidad.

Finalmente para la exigibilidad de otra conducta, que para el finalismo es el restante elemento de la responsabilidad social la ya célebre pregunta de si pudo el autor haber actuado de otro modo, se formula en sentido afirmativo ya que esa posibilidad de actuar por otro no tiene en cuenta como objeto de valoración las motivaciones psicológicas del participe decisorio de la empresa sino que realmente interesa es el acto institucional como acto de desviación, obviamente despojado de todo rasgo psicológico.

En este punto del proceso valorativo, solo importa un juicio de referencia para la responsabilidad social ya que el tradicional juicio de reprochabilidad va unido inescindiblemente a connotaciones de índole psicológica que en el injusto institucional es imposible que estén presentes.

Otro tópico diferencial de este esquema de responsabilidad social y de culpabilidad es la ausencia de la exigencia de la conciencia de la antijuridicidad en el esquema propuesto por BAIGÚN, ya que como bien explica el autor, el conocimiento de las normas es una regla de oro en materia de responsabilidad penal de las personas jurídicas, las cuales no pueden ampararse en desconocer la información técnica o jurídica que requiere su funcionamiento. Este conocimiento presunto que se exige a las personas jurídicas tiene dos claras consecuencias: la exclusión del error sobre un elemento normativo del tipo y el error de prohibición indirecto.

Esta construcción se basa en las particularidades del caso ya que, según la Ley de sociedades argentina (19.550) o de cooperativas (20.337) de acuerdo con el ente del que se trate, habrá que estudiar las funciones de cada órgano de la sociedad para saber cuando han infringido un deber de vigilancia o de cuidado al que se estaba especialmente obligado a velar[163].

D. Penas y medidas de seguridad

En materia de la pena, como el papel de la persona jurídica en el tejido social no es idéntico al del individuo, ni son iguales los efectos de su acción; la cuestión es enfocada desde la tercera unidad real, es decir el beneficio económico. Por ende, el impacto de la pena o de la medida de seguridad, está condicionado por la rentabilidad y no por el alma de

---

[163] Idem y ABOSO, Gustavo Eduardo y ABRALDES, Sandro Fabio; *op. cit*, páginas 85 a 93.

los directivos y así, afirma que el patrón para medir el grado de sensibilidad frente a la amenaza de una pena está dado básicamente por la conveniencia.

Construye una escala gradual descendente de penas sin que signifique un número cerrado: 1) cancelación de la personería jurídica, 2) la multa, 3) suspensión total o parcial de actividades, 4) clausura, 5) perdida de beneficios estatales, 6) prohibición de actuar en el mercado y 7) publicación de la sentencia condenatoria y finalmente dos medidas que responden a directrices dictatoriales, igualmente fascistas o marxistas (cuyos autores deslumbran a BAIGÚN) y son 8) las prestaciones obligatorias y 9) la confiscación [164].

Desaparece naturalmente la tradicional categoría de peligrosidad utilizada para diferenciar la medida de seguridad de la pena y la lista de sanciones antes expuesta responde a un criterio unitario originado, más en la necesidad de corregir la disfuncionalidad y la reparación del daño, que en los efectos clásicos de la prevención.

Respecto de las medidas de seguridad, BAIGÚN enumera 1) la vigilancia judicial, sin duda la más importante, 2) la auditoría periódica y 3) la presentación de estados contables. Todas ellas deben operar con una duración limitada y solo en casos excepcionales, el tribunal podrá prorrogar por otro período la vigencia de la medida.

E. Autoría y participación. Concurso de delitos. Tentativa

Tanto la autoría y participación, el concurso de delitos y la tentativa tienen notas propias en el sistema desarrollado por BAIGÚN. Las reglas de la autoría y la participación son similares a las que utiliza el derecho tradicional; también en el ámbito del comportamiento de las personas jurídicas existen protagonistas principales y secundarios que, en el escenario de la práctica social, desempeñan roles nítidamente diversos, campos claramente delimitados.

La conocida fórmula del dominio del hecho, como eje conceptual de la autoría, también sirve en el esquema bajo anàlisis para definir el concepto de autor; gobernar los acontecimientos, manejar los hilos, las riendas o "tener en sus manos" el desarrollo causal a través de la voluntad social dolosa que planifica los medios y traza los objetivos son, todas, fórmulas que tienen el mismo sentido.

En la articulación de estos dos sistemas diferentes donde la acción institucional (en el esquema de BAIGÚN) es cualitativamente diversa de la acción humana (en el derecho penal tradicional) aparece una

---

[164] Ibidem.

contradicción metodológica. Entre las personas físicas, sometidas a las reglas comunes de la participación, y las persona jurídicas -que realizan la ejecución de la acción a través de las personas físicas- la comunicación se elabora a través del referente humano.

Para resolver esa contradicción BAIGÚN propugna en este marco una confluencia de las reglas de la participación individual y las que gobiernan a las personas jurídicas cuando actúan en forma paralela o en un plano de subordinación y lo denomina "punto de convergencia". Si bien los dos ordenes no se confunden, se produce el nexo en tramos concretos, como, por ejemplo, cuando concurren la autoría de una persona jurídica y la de una persona física (coautoría) o cuando una persona jurídica acuerda instigar a una persona física y esta acoge la inducción o, si el particular estimula la realización de una acción institucional con voluntad social dolosa o, simplemente, colabora con ella[165].

III. Los proyectos de Código Penal

Carlos TEJEDOR, autor del Código Penal argentino, solo se refería a las "corporaciones", para establecer que únicamente podían ser responsables criminalmente los individuos que cometían un delito, por lo que solamente podían ser afectados sus bienes particulares y no los de la corporación. Esta referencia desaparece en el proyecto de 1881 y en el Código de 1886. Empero ello, tres proyectos de Código Penal propusieron legislar sobre la responsabilidad penal de las personas jurídicas.

El Proyecto de 1937 de COLL y GOMEZ y el de 1941, elaborado por PECO contenían sanciones consistentes en la pérdida de la personería jurídica a partir de los textos de los artículos 392 del proyecto de 1937 (Proyecto "Coll –Gómez", y 268 del proyecto de 1941 (Proyecto "Peco"), que preveían la pérdida de la personería jurídica y la anulación de prerrogativas y concesiones que se hubieran otorgado a sociedades comerciales incursas en delitos de monopolio o fraudes al comercio o la industria. Si bien las normas mencionadas aplicaban sanciones de tipo administrativo la consecuencia estrictamente "penal" estaba fijaba en los artículos anteriores (arts. 388 a 391 del proyecto de 1937, y 264 a 267 del proyecto de 1941) (privación de libertad y multa), que se aplicaban a los directores y administradores que hubieran participado en tales hechos.

La responsabilidad penal de las personas jurídicas aparece indudablemente reconocida en el artículo 42 del Proyecto de Código

---

[165] Ibídem

Penal elevado por el Poder Ejecutivo al Congreso en el año 1951. Así, en el Libro I, Título 3, Capítulo 1 ("De los autores y partícipes") se incluyó, el precepto aludido que dice que: *Las disposiciones de este Código se aplicarán a todos los sujetos de derecho, con excepción de las personas jurídicas de existencia necesaria".* Por ello eran punibles las fundaciones, asociaciones y sociedades, con exclusión del Estado nacional, las provincias, los municipios y laIglesia, de conformidad con la enumeración del antiguo artículo 33 del Código Civil, siempre que el delito fuere cometido por sus órganos sociales en representación de ellas y con desviación delictiva de la actividad propia de la sociedad responsabilidad que no exime la de las personas naturales que hubieran participado criminalmente en el hecho. A su vez los artículos 47 y 48 consagraban el sistema de responsabilidad de la innovación respecto de la irresponsabilidad penal de las personas jurídicas introducida por el Proyecto.

Como sabemos este proyecto presentado por Isidoro DE BENEDETTI no fue considerado en ninguna de las dos Cámaras del Congreso Nacional y esta norma nunca pasó de proyecto pero sin embargo anticipa la diferencia entre sociedades de objeto ilícito y de objeto lícito con actividad ilícita, que tratan los artìculos 18 y 19 de la Ley de Sociedades Comerciales y ubica en este segundo caso a la responsabilidad penal que prevé, ya que la sociedad cuyo objeto es directamente ilícito es "nula de nulidad absoluta" de donde ab initio no sería "sociedad".

IV. El Código Aduanero

La legislación aduanera contiene disposiciones que imponen sanciones especiales para las personas jurídicas involucradas en la comisión de ilícitos aduaneros. Efectivamente, el Código Aduanero (Ley 22415)[166] en su Sección XII. Disposiciones Penales, Título I Delitos Aduaneros, Capítulo Quinto. Disposiciones Comunes Penales, establece en su artículo 876 inciso 1°) que en los supuestos previstos en los artículos 863, 864, 865, 866, 871, 873 y 874[167], además de las penas previstas, se

---

[166] La ley 22.415 fue sancionada el 2 de marzo de 1981, promulgada el 2 de marzo de 1981 y publicada en el Boletín Oficial el 23 de Marzo de 1981. Posteriormente fue modificada por las leyes 23353, 23664, 23860, 23968, 24921 y 25239

[167] *Artículo 886 del Código Aduanero*: Se aplicarán las penas previstas para el autor del delito de contrabando, de su tentativa o de su encubrimiento, según el caso, a quien hubiere determinado directamente a otro a cometerlo o al que tomara parte el en la ejecución del hecho o prestare al autor o autores un auxilio o cooperación sin los cuales no habría podido cometerse. "continúa diciendo" El que cooperare de cualquier otro modo a la ejecución del hecho y el que prestare una ayuda posterior cumpliendo promesas anteriores al mismo, serán reprimidos con la pena correspondiente al delito, disminuida de un tercio a la mitad. *Artículo 887 del Código Aduanero:* Las personas de existencia visible

aplicarán de modo especial a las personas de existencia ideal las siguientes sanciones: d) La pérdida de las concesiones, regímenes especiales, privilegios y prerrogativas de que gozaren; g) La inhabilitación especial de 3 a 15 años para ejercer actividades de importación o exportación. Tanto en el supuesto de contemplado en este inciso como en le previsto en el precedente inciso f, cuando una persona de existencia ideal fuere responsable del delito, la inhabilitación especial prevista en ellos se hará extensiva a sus directores, administradores y socios ilimitadamente responsables. No responderá quien acreditare haber sido ajeno al acto o haberse opuesto a su realización; y i) El retiro de la personería jurídica y, en su caso, la cancelación de la inscripción en el Registro Público de Comercio, cuando se tratare de personas de existencia ideal.

A su vez el artículo 888 prevé que cuando una persona de existencia ideal fuere condenada por algún delito aduanero e intimada al pago de las penas pecuniarias que se le hubieren impuesto no fuera satisfecho su importe, sus directores, administradores y socios limitadamente responsables responderán patrimonialmente y en forma solidaria con aquélla por el pago del importe de dichas penas, salvo que probaren que a la fecha de la comisión del hecho no desempeñaban dichas funciones o no revestían tal condición.

En su articulo 903, dispone la responsabilidad solidaria en el mismo sentido que el articulo precitado, pero cuando sus dependientes cometas infracciones aduaneras. Esta responsabilidad indirecta constituye una excepción al principio general del derecho criminal en virtud del cual debe existir identidad entre el delincuente y el condenado. La Corte tiene declarado que en materia aduanera y tratándose de penas pecuniarias no se aplica la regla de que la responsabilidad penal es personal, creándose una responsabilidad penal fundada en la presunción "juris et de jure" de participación en las infracciones para ciertas clases de personas[168].

A su vez el Tribunal, tiene dicho desde antaño en el fallo *"Entre Ríos Extracto de Carne Ltda. s/Defraudación de derecho de Aduana"* que *"la legislación aduanera, a diferencia de la civil y comercial, resposabiliza a las personas jurídicas, en cuanto son capaces de mantener relaciones con*

---

o ideal son responsables en forma solidaria con sus dependientes por las penas pecuniarias que correspondan a éstos por los delitos aduaneros que cometieren en ejercicio o con ocasión de sus funciones". *Artículo 888 del Código Aduanero:* Cuando una persona de existencia ideal fuera condenada por algún delito aduanero e intimada al pago de las penas pecuniarias que se le hubieran impuesto no fuera satisfecho su importe, sus directores, administradores y socios ilimitadamente y en forma solidaria con aquella por el pago del importe de dichas penas, salvo que probaren que a la fecha de la comisión del hecho no desempeñaban dichas funciones o no revestían tal condición."

[168] C.S., "Fallos", Tomo 184, página 417.

la Aduana, por los fraudes o contravenciones de sus empleados y dependientes; y castiga no sólo las defraudaciones consumadas, sino la posibilidad del fraude, sin tener en consideración si hubo intención dolosa o un error inocente"[169]

Las particulares características del delito infraccional aduanero que tiende a proteger intereses supraindividiuales del quehacer económico hallándose comprometido el interés general hacen que el bien jurídico tutelado por la figura central, el delito de contrabando consiste en el control aduanero de las importaciones y exportaciones tendiente a posibilitar las políticas económicas orquestadas en el ámbito del comercio exterior[170].

Los bienes jurídicos tutelados por las figuras contravencionales son satelitarios de aquel, pues tienden a proteger el correcto uso de los medios operativos aduaneros con miras a no poner en peligro el bien jurídico principal[171].

A través de las infracciones se pretende captar de los ilícitos tanto a los actos preparatorios (falsas declaraciones de mercadería que aun no se ha pasado por la aduana) como a los actos posteriores al cruce irregular de la barrera aduanera consistentes en el aprovechamiento económico de la mercadería ilegítimamente introducida (tenencia de mercadería extranjera en plaza sin acreditar su legitima introducción).

---

[169] El Sumario del fallo de la Corte Suprema de Justicia de la Nación del 7/12/1894 dice: que con tales antecedentes, el procurador fiscal, haciendo mérito de la denuncia del contador interventor señor Hereñú, de fija 1, acusa a la compañía "Entre Ríos Extracto de Carne", por defraudación de la renta fiscal de la Nación, y pide se declaren caídos en comiso los 801 cueros vacunos salados y se aplique a la compañia una multa igual al valor de dichos cueros, según tarifa de avalúos. El representante del acusado contesta: que las personas jurídicas, como lo es la compañía "Entre Ríos Extracto de Carne" demandada, no pueden cometer faltas ni delitos, ni se le pueden aplicar penas, y por la misma razón no puede abrirse proceso contra ellas. Cita a este propósito el art. 43 del Código Civil, según el cual no se pueden ejercer contra las personas jurídicas, acciones criminales o civiles por indemnización de daños. Y considerando: Que las cuestiones a resolver, según los términos de la acusación y la defensa, son: La sociedad anónima "Entre Ríos Extracto de Carne", ¿puede ser acusada por fraudes contra la renta fiscal de la Nación, o por contravenciones a las Ordenanzas de Aduana, y, por lo tanto, se le pueden aplicar las penas pecuniarias que éstas imponen?. Que respecto de la primera la legislación aduanera, a diferencia de la civil y comercial, resposabiliza a las personas jurídicas, en cuanto son capaces de mantener relaciones con la Aduana, por los fraudes o contravenciones de sus empleados y dependientes; y castiga no sólo las defraudaciones consumadas, sino la posibilidad del fraude, sin tener en consideración si hubo intención dolosa o un error inocente: los arts. 1025, 1027 y 1028 de las Ordenanzas de Aduana vigentes, establecen estos principios de una manera terminante y son ellos los que rigen y deben aplicarse al cao en cuestión, no el art. 43 del Código Civil, invocado por el representante de la compañía demandada, por lo que debe concluírse que la compañía acusada, como cualquier otra persona jurídica, es responsable de las penas pecuniarias que imponen las Ordenanzas de Aduana, por fraudes o contravenciones cometidos por sus empleados.

[170] VIDAL ALBARRACIN, Héctor G.; *Delito de contrabando*. Editorial Universal, Buenos Aires, 1986, página 6.

[171] Así lo describe la jurisprudencia en la causa *"Fiscal y Querellante c/Humberto Gordo y otros, s/infr. Art. 187, inc. f), Ley de Aduana, t.o.1962"* - CSJ – 30-11-76 donde se eludió una prohibición de importación.

Estamos de acuerdo sobre los actos de aprovechamiento económico de mercadería que introducida dentro de cierto condicionamiento que justifican un tratamiento de excepción, desnaturalizan el régimen especial que se quiso auspiciar abusando de la confianza que el servicio aduanero depositara en el beneficio de dicha medida, sobre este tema volveremos luego cuando veamos como la jurisprudencia penal económica de contenido aduanero ha sido la más proclive en la materia a favor de establecer sanciones a las personas jurídicas y hacerlas responder penalmente.

A modo de anticipo podemos colegir, que se desprende de los fallos del máximo Tribunal argentino que, lo único que importa a los fines de la responsabilidad de las personas jurídicas, es la comprobación del hecho perjudicial para la renta aduanera, con independencia de la declaración de culpabilidad del dependiente o asalariado, quedando a salvo, en este supuesto, el derecho de aquellos para repetir la multa contra el que la causó.

V. El Régimen Penal Tributario

En materia penal tributaria y fiscal es donde encontramos, junto con la materia aduanera, la mas clara experiencia legal y jurisprudencial en materia de responsabilidad penal de las personas jurídicas y actuación de representantes, directores y miembros de estas. En cuestiones tributarias y fiscales, los primeros avances estuvieron dados por la Ley 23.771, denominada "Régimen Penal Tributario y Fiscal", la que luego fue derogada, siendo reemplazada por la Ley 24.769, denominada a su vez "Régimen Penal Tributario".

A. Ley 23.771

Este texto legal reprime los ilícitos tributarios y previsionales, admitiendo expresamente la punibilidad de los entes ideales y la consecuente responsabilidad de los representantes de éstos. En este sentido en establece en su artículo 12 que "cuando se trate de personas jurídicas de derecho privado, sociedades, asociaciones u otras entidades de la misma índole, la pena de prisión por los delitos previstos en la ley corresponderá a los directores, gerentes, síndicos, miembros del consejo de vigilancia, administradores, mandatarios o representantes que hubiesen intervenido en el hecho punible", sin formular esa distinción en relación a la pena de multa con la que se conmina ciertas conductas.

Si bien la Ley 23.771, no preveía ningún tipo de sanción aplicable a las personas jurídicas ya que la punibilidad alcanzaba solamente a quienes ejercen su representación y a quienes puede imputarse el delito tributario sobre la base de una autoria personal y directa, a la vez que subjetiva, este mismo artículo, extendía la autoría a los representantes y directivos que, por su jerarquía y competencia, se encontraban en situación de impulsar y producir estos delitos.

De la experiencia jurisprudencial recogida durante su aplicación pudo verificarse que para efectivizar una condena debía constatarse la participación real en las conductas reprochadas de los sujetos que revistaban apariencia directiva. En tal sentido encontramos pronunciamientos que sostienen que es condición necesaria para la atribución de responsabilidad, haber participado en el hecho punible, y que no basta con ocupar alguna de las funciones o cargos enumerados en la norma, sino que, para tener responsabilidad penal, es necesario que se haya desarrollado una acción o intervención personal en la acción típicamente antijurídica y culpable[172].

También fue rica la experiencia habida en materia de responsabilidad penal de un administrador de hecho ya que el ejercicio del poder ejecutivo de gestión de la empresa hizo que se equiparara el concepto de "administrador" en sentido formal y en sentido material o "de facto" en la causa *Feet Up SA s/Infracción ley 23771*[173].

En la misma se afirmó que, estando "en presencia de delitos especiales, es decir, aquellos en los cuales el sujeto activo debe revestir ciertas calidades sin cuya presencia el delito no es posible. En el caso, la calidad de administrador, y no solamente en sentido formal sino también en sentido material, como el imputado, quien, como se vio al repasar la prueba colectada, desempeñaba de hecho aquel rol. Al derecho penal le interesa la verdad sustancial, esta indica que, en particular en la actividad de la empresa privada, es habitual la existencia y desempeño práctico de administradores de facto - el gran patrón -, que son el verdadero eje a cuyo alrededor gira la vida y el desarrollo de los negocios.

La sucesiva evolución de la jurisprudencia penal ha llevado a equiparar lisa y llanamente, a los fines de la responsabilidad penal, los administradores de hecho a los administradores legalmente nombrados. Tal es el caso del imputado, cuya autoria inmediata no podría ocultarse tras el velo formalístico de que no se hallaría entre los sujetos del artículo 12 de la ley 23.771, norma que utiliza una expresión genérica - administradores- que no puede excluir a los administradores de facto. El

---

[172] CFederal de San Martín, Sala I, 30/12/1997, *"DGI s/denuncia ley 23.771"* (Colonna Dean, Delgado y Smedra).

[173] CFederal de La Plata, Sala II, 10/2/1998 (Frondizi, Schiffrin).

valor de la actuación del imputado es determinante de la forma de su participación. Esta, cabe repetirlo, es la del autor, máxime que su eficiencia real y concreta en la estructura efectiva de los delitos investigados se evidencia fácilmente en cuanto se advierte que la supresión de dicha actuación se traduciría en una variación sustancial en la ejecución de los delitos tal como ellos mismos se realizaron (del voto del Dr. Frondizi).

No cabe objetar que el imputado no se cuente entre los sujetos indicados en el artículo 12 de la ley 23.771. En tal orden de ideas, recordemos que la jurisprudencia alemana interpretando normas similares a la mencionada, ha admitido que es posible considerar comprendidos dentro del tipo a los llamados órganos de hecho, sobre la base de su poder fáctico de disposición sobre las actividades de la empresa o persona jurídica. Añadamos, a tal propósito, que el criterio jurisprudencial referido no significa una interpretación analógica ni extensiva del texto legal, pues éste no hace distinciones entre administradores "de iure" o de facto, empleando una expresión genérica que bien puede aplicarse también a los de la segunda especie (del voto del Dr. Schiffrin)[174].

Otra cuestión vinculada con la normativa de la Ley de Sociedades, y relacionada con el artículo legal en análisis, es la que hace que la disconformidad ante determinadas decisiones deba constar en las actas de directorio. La responsabilidad penal de los directores establecida por el artículo 12 permite a estos últimos la posibilidad de eximirse de la misma en caso de disconformidad constatada en actas de directorio.

Esto fue decidido en la causa *"Vildex S.A. s/ley 23.771, incidente de apelacion de procesamiento"*[175] con relación al presidente y a los dos vicepresidentes de la sociedad a la que se imputa el delito de evasión atento al área en que se desempeñaban (producción y administración y finanzas) y dado el tipo de empresa (de carácter familiar) no pudieron haberse dejado de representar, al menos en un mínimo grado de probabilidad, la realización de las maniobras evasivas investigadas en autos, pues la ley de sociedades comerciales impone a los directores de las sociedades anónimas la responsabilidad de actuar como un buen hombre de negocios (artículo 59, Ley 19.550), y que la disconformidad ante determinadas decisiones debe constar en las actas de directorio (artículo 274, tercer párrafo, Ley 19.550), lo que constituiría una eximente de responsabilidad, circunstancia que no se dio en este caso. En este

---

[174] Cfr. EDWARDS, Carlos Enrique; *"Régimen penal tributario"*, Editorial Astrea, Buenos Aires, 1991 y LLANEZA, Luis; *"Comentario de la ley penal tributaria y previsional"* - Editorial Centro Norte, Buenos Aires, 1992.
[175] CNPenal Económico, Sala B, 15/5/1998.

sentido, por la reforma de la ley 22.903 se introduce la consideración a la "actuación individual" de los directores por lo que no se alteraría el régimen de responsabilidad, sino que se atendería a una posibilidad de distinción en la forma de asignarla cuando se dan ciertas situaciones que por la ley se establecen expresa y objetivamente.

El articulo 14 de esta ley regulaba la extinción de la acción penal o fuga del proceso y establecía que la misma había de recaer sobre las personas físicas representantes de las sociedades o personas jurídicas en caso de pago total e incondicional al fisco de la deuda reclamada, lo que tambien generó un importante contrapunto.

En la causa *"Navarro, Carlos s/denuncia Ley 23.771"*[176], se manifestó al respecto que "en cuanto a la extensión de la extinción de acción a las personas de existencia ideal, entiendo que es improcedente y carente de fundamento legal, porque la ley penal tributaria 23.771, no prevé sanciones para ellas y si para los autores materiales de los delitos. Este es un aspecto de esta ley que podrá ser criticable, pero no puede ser suplido por aplicación analógica de otras leyes, como las aduaneras y cambiarias, que determinan sanciones para las personas jurídicas, por un elemental principio de orden penal".

A su vez encontramos la causa *"Cruz Azul S.A. s/infracción Ley 23.771"*[177], en la cual se establece que las personas jurídicas son pasibles de sanciones penales por infracciones tributarias y previsionales y que es válida la aplicación de la excepción del artículo 14 de la ley 23.771 respecto de una persona jurídica y no de sus directivos o representantes.

"El legislador sancionó la ley 23.771 teniendo en cuenta la frecuencia con que también las personas de existencia ideal han transgredido leyes fiscales y previsionales, participado de delitos de contrabando, estafas, defraudaciones, y realizado todo tipo de maniobras engañosas tendientes a eludir tributos. El nuevo régimen de la ley 23.771, al responsabilizar criminalmente a las personas de existencia ideal, en modo alguno vulnera el principio del derecho penal, que exige que el condenado sea la misma persona que ha delinquido. Los actos llevados a cabo en representación de los entes colectivos, por intermedio de sus representantes, jurídicamente son actos de la entidad y, por tanto, si son delictuosos, quien ha delinquido es la persona de existencia ideal. En consecuencia, ella debe ser sancionada, sin perjuicio de la responsabilidad individual que pueda corresponder a sus miembros que han intervenido en la perpetración de hechos punibles, conforme con las normas generales que rigen la participación criminal. Si bien está vedado

---

[176] CFederal de San Martín, Sala I, 27/06/1995.
[177] CFederal de General Roca (Río Negro), 28/2/1992.

condenar a las personas de existencia ideal a sanciones privativas de la libertad, es factible, en cambio, imponerles otras penas no menos eficaces como, por ejemplo, clausura temporaria, multa, comiso, inhabilitación, pérdida de beneficios o concesiones que gozaren, cancelación de inscripción en los registros públicos, etcétera.

Siendo objetivamente escindible en la actividad ilícita cumplida la responsabilidad del ente colectivo como tal, de la que pudo llegar a tener uno de sus representantes o alguna otra persona que haya "intervenido en el hecho punible", corresponde declarar extinguida la acción penal respecto de la persona jurídica. En la especie, la firma infractora pagó la deuda previsional, hecho informado por quien se presentó en la causa como "delegado normalizador", pero sin acompañar instrumento alguno que acreditara su carácter, por lo cual no se declaró extinguida la acción penal a su respecto y sí se lo hizo respecto de la empresa. No sería desatinado suponer que los entes colectivos, cambiando permanentemente los representantes que "intervengan en el hecho punible" o designándolos para que cumplan las mismas funciones con una "nomenclatura" diferente de la utilizada por el legislador en el artículo 12 de la ley 23.771, intenten valerse, más de una vez, de la franquicia instituída en el artículo 14 de la misma".

Otro aspecto a tener en cuenta y que nos es posible analizar bajo el tamiz de la experiencia recogida a través de esta ley, es la falta de previsión legal de las personas jurídicas de derecho público como sujetos activos del delito.

En la causa *"Nuñez, Juan Enrique s/denuncia"*[178], se resolvió para el caso que se investigaba, un sujeto activo del delito comprendido como persona jurídica de derecho público, que no estaba la misma prevista por el legislador en el artículo 12 de la ley 23.771, ya que habla de personas jurídicas de derecho privado, ya sean sociedades, asociaciones u otras entidades de la misma índole, y encontrándose limitados por los principios de legalidad y prohibición de aplicar la ley penal por analogía, se consideró que debía revocarse por contrario imperio el decreto en lo que respecta al llamado a prestar declaración indagatoria a los señores Juan Enrique Núñez y Nélida Castellano, como así también se desestimó la denuncia. El carácter de sujeto de derecho público fue dado por la ley provincial 7253/85, Ley Orgánica de la Empresa Provincial de Obras Sanitarias en su artículo 1°, *"... la Empresa Provincial de Obras Sanitarias (EPOS) constituye una persona jurídica de derecho público ..."*; y por ley 8218/92 se reglamentó la creación de la Dirección Provincial de Agua y Saneamiento (DIPAS) de Córdoba.

---

[178] Juzgado Federal N° 1 de Córdoba, Expediente n° 5945, 15/6/1993

En sentido contrario se resolvió en la causa *"Argentina Televisora Color S.A. s/denuncia ley 23.771"*[179] donde se determino que la ley penal tributaria era aplicable a personas jurídicas de derecho público y generaba la extensión de la responsabilidad penal a sus órganos directivos. La causa se refiere a la retención de tributos no ingresados por los directores de la sociedad anónima ATC y haciéndose cargo de los fundamentos del Fisco y el Ministrio Público el Tribunal opinó que las personas jurídicas de derecho público no están excluidas de la aplicación de la ley penal tributaria y afirmó que "según se desprende de los términos de la denuncia efectuada por la Dirección General Impositiva, la persona jurídica en cuyo nombre se practicaron las retenciones ingresadas es una sociedad anónima constituida por decreto del Poder Ejecutivo Nacional, de la que sería accionista el mismo Estado en un 99% y la sociedad anónima Télam en un 1%. Esa especie de sociedades está prevista en la ley comercial (artículo 308, L. 19550), y en la ley civil incluye a las sociedades comerciales dentro de la categoría de las personas jurídicas de carácter privado (artículo 33, CC). Los autores de derecho administrativo, por su lado, sostienen que, aun cuando el Estado posea la mayoría total, esa clase de sociedades no integran la Administración Pública (Cassagne, Juan C.: "Derecho administrativo" - 5ª ed. - T. I - pág. 413) y que sus directores no son funcionarios públicos (Dromi, Roberto: "Derecho administrativo" - 3ª edición- pág. 367). Se concluye, entonces, que lo resuelto no se encuentra ajustado a derecho y que es de aplicación lo dispuesto por el artículo 12 de la ley 23.771, lo que conduce a revocar la providencia apelada y a dar curso a la instrucción requerida".

Una consideración final acerca de la figura de actuar por otro contenida en el ya analizado artículo 12, es la que nos acerca PÉREZ BARBERÁ para quien la redacción dada a la cláusula no pudo haber logrado "resultados satisfactorios respecto de los arts. 4º y 10 [de la ley 23.771], pues ellos representan, también, casos de actuación por otro, aunque no por ampliación del tipo objetivo, sino del subjetivo"[180].

B. Ley 24.769

Esta normativa trata el tema objeto de este análisis establece en su artículo 14 que establece que "cuando alguno de los hechos previstos en

---

[179] CNPenal Económico, Sala A, 25/10/1996.

[180] PÉREZ BARBERÁ, Gabriel, *"Actuar por otro y delito económico"*, Foro de Córdoba, Año VII - Nº 32, 1996, pág. 278 y siguientes. Este autor, igualmente, ofrece reparos respecto de las cláusulas contenidas en el artículo 42 inc. 2º letra "b" de la ley 22.262 (De defensa de la competencia) y 144 de la ley 24.241 (Sistema integrado de jubilaciones y pensiones) analizadas *infra*.

la ley hubiere sido ejecutado en nombre, con la ayuda o en beneficio de una persona de existencia ideal, una mera asociación de hecho o un ente que a pesar de no tener calidad de sujeto de derecho las normas le atribuyan condición de obligado, la pena de prisión se aplicará a los directores, gerentes, síndicos, miembros del consejo de vigilancia, administradores, mandatarios, representantes o autorizados que hubiesen intervenido en el hecho punible inclusive cuando el acto que hubiere servido de fundamento a la representación sea ineficaz". No se hace referencia, en cambio, a las penas de pérdida de beneficios y de la posibilidad de obtener o de utilizar beneficios fiscales previstas en el artículo 5.

Aquí, la Ley intenta ampliar el círculo de autoria de los ilícitos fiscales, imponiendo penas privativas de la libertad a las personas físicas que hubieren actuado ilícitamente en nombre y representación de los entes ideales. Para aplicar este artículo, hay que distinguir, frente a la intervención de dos o más personas físicas, cuando hay dos sujetos diferenciados y cuando no. La figura del actuar por otro que prevé el artículo 14 (en la anterior ley tenía el número 12) significa que el otro sujeto obligado no sea el mismo que actúa en el hecho ilícito.

Según la doctrina especializada en materia penal tributaria, la solución en nuestro derecho implica que cuando la prueba rendida permita acreditar la intervención real del verdadero obligado al pago, oculto en los pliegues del velo societario, el hombre oculto deberá responder como contribuyente, autor y ejecutor de delitos fiscales. El artículo 14, sólo será aplicable a personas físicas real y económicamente diferenciadas de las personas jurídicas por las cuales han intervenido en la comisión del delito fiscal[181].

Este artículo 14, exige una actuación personal y directa de los representantes, para la aplicación de las sanciones, lo que se compadece con los principios generales del derecho penal en cuando a la personalidad de la pena, lográndose así un avance significativo y admite la imputabilidad de las personas jurídicas en cuanto a la aplicación de sanciones económicas, contenidas en la Ley de procedimientos tributarios nº 11.683.

En el caso de sanciones integrantes de una deuda tributaria de una sociedad no pueden transportarse al adquirente o cesionario, quien no puede ser imputado por infracciones en las que no participa. En este supuesto la responsabilidad es solidaria por el mismo fundamento que

---

[181] PEREIRA TORRES, Jorge; "Problemas Jurídicos vinculados con la autoria y la Prueba de la Intervención Penal en los Delitos Fiscales", Revista Criterios Tributarios n° 120/121, pagina 33 y SOLER, FROHLICH y ANDRADE; *Regimen Penal Tributario*, Buenos Aires, 2000, página 200 y siguientes.

explica la doctrina civil en las obligaciones derivadas del ilícito civil rige la solidaridad cuando son varios los autores, como medio de protección al perjudicado, y como sanción de aquellos, y el resultado dañoso puede imputarse a cada uno de los comportamientos ilícitos de los copartícipes[182].

Otra diferencia establecida por la ley 24.769 con relación a su antecesora es que agrega al autorizado como sujeto pasible de la sanción y parece haberse extendido a las personas jurídicas de derecho público por cuanto se ha eliminado la expresión contenida en la Ley 23.771, "personas jurídicas de derecho privado".

Cabe observar que los miembros del consejo de vigilancia de sociedades anónimas nunca podrían intervenir en los delitos especiales como autores por sus funciones propias de fiscalizadores. Igual criterio es aplicable a los síndicos, que son ilimitada y solidariamente responsables por el incumplimiento de sus funciones y son solidarios con los directores cuando el daño no se hubiera producido si hubieren actuado de acuerdo con sus obligaciones.

La responsabilidad se hace efectiva por decisión de la Asamblea Ordinaria, y dicha resolución que declara la responsabilidad importa la remoción. Por lo tanto, la conducta del Sindico sólo será punible en la medida que responda a una actuación dolosa y su culpabilidad estaría referida a una presunta actitud omisiva propia de la actividad fiscalizadora. Antes de la Ley del Delito de Lavado de Dinero, no estaban obligados a formalizar denuncia penal por los presuntos delitos que adviertan en el desempeño de su función. Solo tenían obligación de expresar el resultado de su fiscalización en el modo y forma establecido por la Ley de Sociedades.

En su artículo 16, dispone los casos en que corresponde la extinción de la acción penal, exhibiendo una tipificación distinta a la contenida en la Ley 23.771. Al respecto establece que se extingue la acción penal y no la pretensión fiscal; no se incluyen los intereses, fruto civil posterior a la consumación de la acción punible. El obligado, (se eliminó la palabra infractor) debe aceptar la liquidación o, en su caso, la determinación realizada por el Fisco y se otorga este beneficio a las personas de existencia ideal, quedando fuera de esta previsión únicamente los entes sin personalidad jurídica, pero con personalidad tributaria, como por ejemplo las sociedades de hecho. Aunque según GIULANI FONROUGE, al tener autónoma capacidad como sujetos de obligaciones tributarias,

---

[182] Esto lo veremos en el Capítulo VI al estudiar las legislaciones europeas. Además, puede verse al respecto ROSEMBUJ, Tulio; "La Responsabilidad Tributaria por Sucesión en la Empresa. El artículo 72 de la Ley General Tributaria", *Revista La Ley*, Año VI Número 133, Barcelona, julio de 1996.

indudablemente, debe reconocérseles capacidad tributaria penal [183] al igual que la que este autor propugna para las personas jurídicas en general.

Se otorgará por única vez, según opinión de la doctrina, los que hicieron uso del beneficio otorgado por el artículo 14 de la ley 23.771 (fuga del proceso), podrán hacerlo nuevamente, si cumplen con los requisitos establecidos en el artículo 16 de la ley 24.769, aunque expresamente esta ley dispone como condición que el mismo no haya sido utilizado anteriormente. Sin embargo, se considera que en la nueva disposición legal ha sido tipificado en forma diferente. Entonces, por aplicación del principio penal de la ley más benigna, puede dar lugar a utilizar el artículo 16[184].

VI. Algunas leyes especiales[185]

Si bien la responsabilidad penal de las personas jurídicas está en forma general, negada por el artículo 43 del Código Civil, ciertamente son abundantes las normas -muchas de ellas aún en vigencia- establecidas en tal sentido, entre las cuales cabe destacar que el Congreso ha sancionado diversas leyes que sancionan expresamente tal responsabilidad aún cuando regían las disposiciones del artículo 43 del Código Civil en su redacción original.

Así ha ocurrido con la ley de ferrocarriles 2872 (artículos 92 y 93) y su decreto reglamentario (artículo 112); con la ley 817 sobre inmigración y colonización (artículo 41); con la ley 11.281 sobre Ordenanzas de Aduana (artículo 1028) que estipula sanciones para el caso de comisión del ilícito de contrabando por parte de la persona jurídica, con la ley 3708 sobre defensa agrícola, con la ley 5125 que impone multas por ciertas omisiones, a las sociedades anónimas;

---

[183] Citado por GARCIA BELSUNCE, Horacio, en "Derecho Tributario Penal ", Depalma, Buenos Aires, 1965, página 164.

[184] FABRIS, Cristian; Boletín de la Asociación Argentina de Estudios Fiscales, Buenos Aires, julio de 1997.

[185] Dice Ricardo C. NÚÑEZ que "la mención en el artículo 4 de los mal llamados `delitos previstos por leyes especiales', obedeció a la idea de someter a las regulaciones generales de la punibilidad dispuestas por el Código, a las represiones establecidas por las llamadas `leyes especiales del Congreso' o `leyes federales'. En la práctica es común llamar `leyes especiales' a las que dictadas al margen del Código Penal, buscan ordenar un sector de la vida social". en su "Las disposiciones generales del Código Penal" (NUÑEZ, Ricardo; "Las disposiciones generales del Código Penal", Buenos Aires, 1988, página 30). Delitos especiales serían en cambio los que exigen calidades y elementos subjetivos de autoría (GARCÍA, Luis y LLERENA, Patricia, "Criminalidad de empresa", Buenos Aires 1990, página 22). El agregado de la reforma constitucional de 1994, al anterior artículo 67 inc. 11, actual 75 inc. 12, "en cuerpos unificados o separados", aleja la posibilidad de distinguir como una categoría "especial" a las leyes comunes dictadas fuera de los respectivos códigos, lo que da razón a Núñez. Empero el uso de la expresion y es comun referirse a que dichas leyes contienen "delitos especiales".

También contienen normas de este tipo la Ley de Aduanas (t.o. en 1962) números 14.792 y 16.450, artículo 190, inciso a); Decreto 84.651/41 sobre régimen de cambios; el Decreto 12.647/49, sobre reglamentación del artículo 17 de la ley 12.160; sobre la Comisión organizadora del Banco Central y del Instituto Movilizador de inversiones bancarias, el artículo 3 de la ley 12.962 del régimen de control de cambios; Ley 19.359 sobre régimen cambiario y algunas que veremos a continuación:

-Ley 9.643 de Warrants y de Certificados de Depósito, en su artículo 37, incorporado al Código Penal por el artículo 38, ante la comisión de los delitos que prevé establece: "Sin perjuicio de la pérdida de la autorización para continuar como empresa emisora de warrants" (inhabilitación), que recae sobre la persona y de los daños y perjuicios de que sean responsables ante los depositantes (resarcimiento patrimonial), incrimina igualmente en las penas del artículo 35 (corporales) a "los directores o gerentes de aquella que efectúen por cuenta propia o ajena las operaciones de compraventa prohibidas..." (esto es una responsabilidad penal para quienes tengan esa condición, pero no por su actuación en o para la sociedad, sino por una propia y aun "infiel"). La inhabilitación percute en la "empresa" y repercute económicamente en todos los propietarios de su capital, intervinientes o no en el ilicito[186].

-Ley 11.683, dispuso que "cuando se trate de personas jurídicas, sociedades, asociaciones u otras entidades de derecho privado "la pena de prisión corresponderá a los directores, gerentes, administradores, mandatarios o representantes"

-Ley 12.830, sobre represión del agio: que extiende las sanciones de multa y clausura de local a las personas de existencia ideal (artículos 4, 6, 9 y 10). Esta ley modificatoria de la ley 12.591 establecía en su artículo 10 que "cuando las infracciones que se penan en esta ley hubieran sido cometidas en beneficio de una persona jurídica, asociación o sociedad, ya sea por intermedio de su director, administrador, gerente, miembro de la razón social, factores o por interpósita persona se sujetará a la misma a proceso, sin perjuicio de la responsabilidad de los autores. En los casos de condena de una persona jurídica, asociación o sociedad se podrá imponer como sanción complementaria, la pérdida de la personería y la caducidad de las prerrogativas que se le hubieran acordado". con la ley 12.906 de represión de monopolios, que como veremos *infra* prescribe para las personas de existencia ideal incursas en los hechos que incrimina, penas de multa y retiro de la personería jurídica (artículos 3, incisos 2 a, 4 y 7, incisos a y b).

---

[186] LUGONES, Narciso J.; *"Conclusiones inductivas sobre la responsabilidad penal de las personas jurídicas en la legislación penal especial argentina"*, Jurisprudencia Argentina, 2002, III, página 968.

-Ley 12.906 -de monopolios-: en la que se previó, en su artículo 3, la aplicación de la pena de multa cuando los hechos hubieran sido cometidos por los directivos de las personas de existencia ideal y cumplidos en su nombre, con la ayuda o con beneficio de la persona jurídica, con medios que ésta hubiera facilitado. Por su parte, según el artículo 4, se privó a las personas de existencia ideal del beneficio del artículo 26 del Código Penal. El artículo 5 previó la reincidencia específica de la persona de existencia ideal, el 7 estableció las sanciones aplicables a las personas de existencia ideal, el 15 dispuso que en el auto de prisión preventiva se decretará el embargo de valores y bienes de las personas ideales implicadas, en cantidad suficiente para garantizar la pena y la efectividad de las responsabilidades civiles. Por último, el artículo 21 definió el concepto de personas jurídica a los efectos de esa ley.

-Ley 13.985 de Delitos Contra la Seguridad de la Nación, en su artículo 12 inciso d, al referirse al que "apoye, financie o contribuya a financiar la ejecución de los delitos" prevé que "si se tratare de una persona jurídica será pasible del retiro de la personería (suerte de inhabilitación o disolución), sin perjuicio de la responsabilidad personal de los miembros culpables".

Se diferencia claramente la "responsabilidad personal de los miembros culpables" para los que caben las severísimas penas imaginables para el espionaje y el sabotaje. Se aclara con el "culpables" que el miembro inocente no responde sólo por pertenecer, bajo las mismas penas, pero la persona perderá su "personería" ella en sí, derrumbándose por igual sobre todos sus miembros -culpables o inocentes.

La inhabilitación accesoria de las personas físicas, si es absoluta, se aclara inusualmente que "contendrá además la prohibición de presidir o dirigir, toda clase de empresa, sociedad o asociación".

-Ley 14.878, de vinos: en la que, en su artículo 25, se dispuso que puede inhabilitarse a las personas de existencia ideal, en caso de reincidencia en las infracciones previstas en el artículo 24.

-Ley 15.885, de fondos comunes de inversión: en cuanto, en su artículo 39, se sanciona con penas de multa las infracciones cometidas, facultando a los jueces a disponer el inmediato cese temporal o definitivo de la entidad infractora.

-Ley 17.671 de Potencial Humano: previó en su artículo 40 inciso a, pena de multa para "la persona física o colectiva que estando obligada a proporcionar datos no los proporciona". La pena tiene iguales límites para la persona física y para la "colectiva". Tampoco se exige la

intervención de autoridades ni representantes, ni beneficio suyo para imputarle el hecho. Esta norma no inquietó mucho a nadie, quizás por eso la "persona colectiva" pudo ser tan poco precisa sin problemas serios.

-Ley 18.425: relativa a la promoción comercial y desarrollo de supermercados, por cuanto en su artículo 21 se establece la posibilidad de aplicar a los infractores sanciones que podrán llegar a la cancelación de la inscripción y todos los beneficios otorgados por la ley, sancionándose también a las personas de existencia ideal.

-Ley 18.829, de agentes de viajes: en la que se determina que sus disposiciones se aplican a las personas físicas y jurídicas que desarrollen esa actividad en el territorio nacional, estableciendo en sus artículos 10, 11 y 12 penas de multas por distintos tipos de infracciones a la ley, en tanto que el artículo 13 señala que la sanción de suspensión para operar podrá transformarse en cancelación de licencia o clausura del local.

-Leyes 19.359 y 22.338 (Régimen Penal Cambiario, T.O.1995): que en su artículo 2 inciso f) se prevé que cuando el hecho hubiese sido ejecutado por representantes, directivos, síndicos o miembros del consejo de vigilancia de una persona de existencia ideal, ésta "también será sancionada de conformidad con las disposiciones de los incisos a) y e)". Las penas son de multa y prisión (arts. 2 incisos a y d) y que "en todos los supuestos anteriores podrá aplicarse conjuntamente suspensión hasta diez años o cancelación de la autorización para operar o intermediar en cambios" (inc. c). El inc. f aclara que cuando el hecho hubiere sido ejecutado por directores, representantes u otros funcionarios de "una persona de existencia ideal con los medios o recursos facilitados por la misma... de manera que el hecho resulte en nombre, con la ayuda o un beneficio de la misma, la persona de existencia ideal también será sancionada" con las previsiones de los incs. a (multa) y e (cancelación). La multa será solidaria sobre los patrimonios de los directores y otros funcionarios "que hubiesen intervenido en la comisión del hecho punible".

-Ley 19.511, de metrología legal: cuyo artículo 19 establece la responsabilidad de toda persona física o jurídica que debe hacer uso de instrumentos de medición, de mantenerlo en perfecto estado, señalando asimismo que cuando la infracción hubiera sido cometida en nombre o beneficio de una sociedad o asociación -o con intervención de alguno de sus órganos- la entidad será sometida a los procedimientos y sanciones de la ley. Las penas previstas son de multa y decomiso del material utilizado.

-Ley 19.882, de identificación de mercaderías: la que regula en su artículo 12 inciso d) las específicas sanciones aplicables a las personas jurídicas.

-Ley 20.318, de Servicio Civil de Defensa: establece para toda persona no convocada que la entorpezca pena de prisión y para las "entidades o asociaciones que incurrieren en los mismos hechos" su intervención por el Poder Ejecutivo y la privación temporal o definitiva de la personería. Aquí aparece la intervención del Poder Ejecutivo como pena -junto a la privación de personería- pese a que su decisión es facultad propia de un órgano a cuyo titular, por otra parte, la Constitución le veda expresamente asumir funciones judiciales ya que únicamente la intervención del Poder Ejecutivo podría ser legítimamente ejercida como decisión administrativa y aun susceptible de revisión judicial.

-Ley 20.425, de inseminación artificial de animales: cuyo artículo 5 impone pena de multa a toda persona física o jurídica que infrinja las disposiciones de la ley.

-Ley 20.429, de Armas y Explosivos: que establece penas para quienes no cumplan sus prohibiciones u obligaciones, y en su artículo 36 inciso 4 prevé la suspensión temporaria en el registro o autorización concedida para "legítimos usuarios individuales" y para "comercios, industrias, fábricas, minas, obras, importadores o exportadores o responsables comerciales o colectivos". Aquí, a más de identificar el objeto de sanciones por "el lugar", se lo hace por su carácter de "responsable comercial", condición que se asume conforme a la legislación que rige ese campo, en el que por otra parte puede tener extensiones muy variadas.

-Ley 20.680, de abastecimiento: cuyo artículo 8 establece que "Cuando las infracciones que se penan en esta ley hubieren sido cometidas en beneficio de una sola persona jurídica, asociación o sociedad, se le dará carácter de parte (...) En los casos de condena a una persona jurídica, asociación o sociedad se podrán imponer como sanción complementaria la pérdida de la personería y la caducidad de las prerrogativas que se le hubiesen acordado".

En primer lugar, "se le dará carácter de parte, sin perjuicio de la responsabilidad penal de los autores"; esta habilitación procesal es vista como una suerte de portal para otras responsabilidades. Así, se le podrá imponer la pérdida de la personería y la caducidad de las prerrogativas que se le hubiesen acordado. Si bien es común sancionar a los directivos partícipes, en este artículo hay una previsión para *"los directores, administradores, gerentes y miembros de tales entidades que no hubiesen participado en la comisión de los hechos punibles"*. Esto para cuando se dé esa faceta de no participación, "*pero que por sus funciones debieron conocerlos y pudieron oponerse*".

La distinción dualista entre contravenciones y penas queda clara en el artículo 19, cuando separa las que podría imponer la autoridad administrativa de las propias de la justicia (prisión, inhabilitación).

-Ley 20.974, de identificación del potencial humano de la Nación: cuyo artículo 40 establece que será reprimida con multa "...a) La persona física o colectiva que estando obligada a proporcionar datos que le solicite el Registro Nacional de las Personas no lo hiciere o lo falseare...".

-Ley 21.526, de Entidades Financieras: penaliza por igual "a las personas o entidades o ambas a la vez que sean responsables". Las sanciones pueden llegar a la inhabilitación permanente y a la revocación de la autorización para funcionar (artículo 41), pero del punto 6 del artículo 41 surge que no son penas de derecho penal, pues establece si del sumario se desprendiese la comisión de delitos, la obligación de denuncia del Banco Central. Para las sanciones que superen el llamado de atención o el apercibimiento (multas, inhabilitaciones, revocación de autorización) se establecen recursos de carácter contenciosoadministrativo (artículo 42). Las ejecuciones serán tramitadas por el Código Procesal Civil y Comercial, recuerda el mismo artículo 42.

-Ley 22.262, de defensa de la competencia: cuyo artículo 42 discrimina las penas según que las infracciones hubiesen sido cometidas por personas físicas o por los directores, representantes legales, mandatarios, gerentes, síndicos o miembros del consejo de vigilancia de personas de existencia ideal. En este último caso, establece que la pena de multa, además de elevarse al doble del beneficio obtenido, se hará efectiva solidariamente sobre el patrimonio de la persona ideal y sobre el patrimonio particular de los que hubieran intervenido en el hecho; en tanto que la pena privativa de la libertad será aplicada a éstos. Esta ley pone de relieve que la conducta delictiva deberá ser cometida por los sujetos legitimados y con los medios o recursos facilitados por la empresa, de modo que el hecho aparezca como propio de la persona jurídica (en nombre, con la ayuda o en su beneficio) para responsabilizar así a la corporación[187]. También puede pensarse en que el artículo 42, inciso 2º, letra "b" incorpora la figura del actuar por otro.

-Ley 23.737, de tenencia y tráfico de estupefacientes: cuyo artículo 37 incorpora el instituto del actuar por otro en la legislación penal especial y expresa que: "en todos los casos en que el autor de un delito previsto en esta ley lo cometa como agente de una persona jurídica y la

---

[187] RODRÍGUEZ ESTEVEZ, Juan Manuel; *op. cit*, páginas 293 y 294.

característica requerida para el autor no la presente éste sino la persona jurídica, será reprimido como si el autor presentare esa característica".

-*Ley 24.051, de residuos peligrosos:* en cuanto establece que cuando algunos de los delitos tipificados por esa ley fueran cometidos *"por decisión de alguna persona jurídica"*, la pena se aplicará a los directores, gerentes, síndicos, miembros del consejo de vigilancia, administradores, mandatarios o representantes de la misma que hubiesen intervenido en el hecho, *"sin perjuicio de las demás responsabilidades penales que pudiesen existir"*.

-*Ley 24.192, de prevención y represión de violencia en espectáculos deportivos:* cuyo artículo 11 prevé la pena de multa accesoria en aquellos supuestos en que el delito de que se trate hubiera sido cometido por un director o administrador de un club deportivo, dirigente, miembro de comisiones directivas o subcomisiones, en ejercicio u ocasión de sus funciones. Establece además la norma citada, que la entidad deportiva "será responsable en forma solidaria de la pena pecuniaria que correspondiere".

-*Ley 24.241, del Sistema Integrado de Jubilaciones y Pensiones* castiga con pena de prisión a los responsables de efectuar las inversiones y controlarlas (artículo 140) al "obligado al cumplimiento de las prestaciones previsionales", previa intimación "en su domicilio personal o en el asiento de su negocio". Como es económica y administrativamente imposible que tales obligados sean meras personas físicas algunos autores creen ver en el artículo 144 la figura del actuar por otro.

-*Ley 24.557, de riesgos del trabajo:* en la que se establece que cuando se trate de personas jurídicas, la pena de prisión se aplicará a los directores, gerentes, síndicos, miembros del consejo de vigilancia, administradores, mandatarios o representantes que hubiesen intervenido en el hecho punible, sin formular esa aclaración en orden a la pena de multa con la que se reprime ciertas conductas (artículo 32).

-*Ley 25.246, de lavado de dinero*[188]: efectúa modificaciones al Código Penal en cuanto a los activos de origen delictivo, encubrimiento y lavado de dinero y crea la Unidad de Información Financiera para la investigación de estos. En su régimen penal sancionatorio establece la sanción de multa a las personas de existencia ideal. En su articulado establece que "será sancionada con multa de dos (2) a 10 (diez) veces del valor de los bienes objeto del delito, la persona jurídica cuyo órgano o ejecutor hubiera aplicado bienes de origen delictivo con la consecuencia posible de atribuirles la apariencia de un origen lícito. Cuando el mismo

---

[188] Publicada en el Boletín Oficial el 10 de mayo de 2000 y Reglamentada por el Decreto N° 370/00.

hecho hubiera sido cometido por temeridad o imprudencia grave del órgano o ejecutor de una persona jurídica o por varios órganos o ejecutores, la multa a la persona jurídica será del veinte por ciento (20%) al sesenta por ciento (60%) del valor de los bienes objeto del delito".

Cuando el órgano o ejecutor de una persona jurídica hubiera cometido en ese carácter el delito a que se refiere el artículo 22 de esta ley (obligación de guardar secreto de la información suministrada a la UIF), la persona jurídica sufrirá multa de diez mil pesos ($ 10.000) a cien mil pesos ($ 100.000). La persona que actuando como órgano o ejecutor de una persona jurídica o la persona de existencia visible que incumpla alguna de las obligaciones de información ante la Unidad de Información Financiera será sancionada con pena de multa de una a diez veces del valor total de los bienes u operación a los que se refiera la infracción, siempre y cuando el hecho no constituya un delito más grave. La misma sanción sufrirá la persona jurídica en cuyo organismo se desempeñare el sujeto infractor. Cuando no se pueda establecer el valor real de los bienes, la multa será de diez mil pesos ($ 10.000) a cien mil pesos ($ 100.000).

VII. Jurisprudencia

La controversia teórica instalada en la doctrina penal se ha trasladado al ámbito de los tribunales, donde podemos encontrar una marcada tendencia a considerar procedente la imputación delictiva de las personas jurídicas en términos puntuales.

Particularmente, la Corte Suprema ha hecho efectiva en diversos pronunciamientos la mencionada responsabilidad legal, de orden penal, de las personas jurídicas.

En la causa *"Pallavicini y Cía., S.A. s/ Impuestos Internos"* del 17/04/50 sostuvo que a los fines sancionatorios del derecho penal fiscal es viable que la acción penal pueda ejercitarse contra las corporaciones quienes podrán ser condenadas a las penas pecuniarias fijadas en la materia[189].

En *"Minetti S.A. y Compañía Limitada"* del 20/04/45 en instancias en que fue cuestionada por una sociedad multada como infractora a la ley 12.591 la inteligencia del artículo 12 de ésta en orden a la posibilidad de aplicar multas a las sociedades anónimas, el alto tribunal sostuvo que la posibilidad de aplicar multas a los directores, administradores, gerentes o miembros de las personas jurídicas o sociedades establecida por el artículo 12 de la ley 12.591, no excluye la de hacer recaer dichas sanciones

---

[189] C.S. Fallos, 216-397, 201-59, 378 y 428 y La Ley, Tomo 128, página 978.

sobre las entidades como tales sino que coexiste con esta última. Es inadmisible la alegación de que el artículo 9° de la ley 12.591 es contrario al artículo 95 de la Constitución Nacional por facultar al P. E. para imponer prisión de un mes a seis años, formulada por una sociedad anónima a la que se ha impuesto multa insusceptible de ser convertida en prisión. Lo mismo debe ser decidido respecto de las impugnaciones contra las disposiciones que autorizan a clausurar los locales o que mandan exhibir planillas oficiales de precios, formuladas por quien ha sido castigado con multa por aplicación de los artículos. 9° a 11 de la ley 12.591[190].

En *"Calera Avellaneda S.A."* pocos días después que el anterior, el 27/04/45 afirmó que la ley 12.591 no establece las multas como fuentes de recursos sino como sanciones. La citación hecha al representante legal de una sociedad, sin individualización personal o sea en forma que excluye la posibilidad de que haya podido creer que se refería a él particularmente y no a la sociedad, para comparecer a una audiencia con las pruebas de descargo que tuviere, la comparecencia de aquél y su ofrecimiento de remitir los datos pertinentes, impiden considerar vulnerado el derecho de defensa en el procedimiento administrativo, por infracción a la ley 12.591 atribuida a la sociedad representada[191].

En autos *"Diebel y Saporiti y Dirección General de Hospitales de Santiago del Estero c/ Aduana"*, del 20/12/44, afirmó que la excepción a la regla general de irresponsabilidad penal de las personas jurídicas del artículo 43 del Código Civil establecida por los artículos 1027 y 1028 de las Ordenanzas de Aduana debe interpretarse restrictivamente limitándola a aquellas personas jurídicas de existencia voluntaria, de interés privado, creadas con fines económicos. Tratándose de personas jurídicas de existencia necesaria, creadas con un fin político por excelencia como son el Estado, las provincias y cada uno de los municipios o de órganos de la administración pública la excepción es inaplicable y la regla general recobra todo su valor[192].

---

[190] C.S. Fallos 201-378, 203-216 y La Ley Tomo 40, página 454.

[191] C.S. Fallos, 201- 378, 428.

[192] El sumario del fallo de la Corte Suprema de Justicia de la Nación del 20 de diciembre de 1944 dice: "Que esta Corte ha declarado reiteradamente que los arts. 1027 y 1028 de las Ordenanzas de Aduana, posteriores al Código Civil, establecen para los fines de la penalidad especial de la materia, no se aploican las reglas comunes relativas a la responsabilidad por actos delictuosos y que, por lo tanto, esa acción penal puede ejercedrse contra las corporaciones o personas jurídicas y éstas pueden ser condenadas a las penas pecuniarias que las mismas ordenanzas fijan ("Fallos", Tomo 99, página 317; Tomo 126, página 163; Tomo 135, página 197; Tomo 14, página 417). Que, sin embargo, siendo ésta una excepción a la regla general de la irresponsabilidad penal de las personas de existencia ideal, establecida por el art. 43 del Código Civil, debe interpretarse restrictivamente, limitándola a aquellas personas jurídicas de existencia voluntaria, de interés privado, creadas con fines económicos. Tratándose de personas jurídicas de existencia necesaria, creadas con un fin político por excelencia, como son el Estado, las provincias y cada uno de sus municipios o de órganos de la administración pública, la excepción en

Asimismo, merecen destacarse los fallos *"Nación Argentina vs. S.A. Maderas Industrializadas Delta"* del 22/12/77" en el que al tiempo de afirmarse le carácter penal de las multas impuestas por la ley de abastecimiento se mensura la aplicación de la sanción mediante la incidencia socioeconómica de la infracción cometida.

En la causa *"Cia. Swift de La Plata vs. Nación Argentina"* del 7/7/39. se sostuvo que la multa aplicada por una infracción aduanera tiene carácter penal[193].

Últimamente en la causa *"Banco de Santander y otros"* del 21/2/78 se sostuvo que las sanciones de la ley penal cambiaria poseen sustancia represiva[194]. En este sentido la Corte Suprema de Justicia de la Nación se pronunció en favor de la constitucionalidad del artículo 2 de la ley 19.359, que establecía la responsabilidad de las personas jurídicas y la consecuente responsabilidad solidaria de sus directores, administradores y gerentes, pues "por tratarse de una responsabilidad no penal, sino meramente solidaria por el importe de la multa, no puede impugnarse la condena de los obligados con base en los principios generales de la legislación punitiva".

Lo propio fue resuelto en *"Wlodavsky, Pedro y otros"* el 9/8/77. En el caso se condenó a un banco solidariamente con los miembros de su directorio y al síndico titular, a pagar una multa por infracciones ejecutadas por un dependiente. La defensa recurrió ante la Corte Suprema de Justicia argumentando que se había violado el principio que

---

inaplicable y la regla general recobra todo su valor. Es inconcebible un órgano del Estado condenado por defraudación al mismo Estado, una provincia condenada por defraudación al Estado general. Si los gobernantes o los funcionarios cometieran actos de defraudación aduanera o participaran en las defraudaciones cometidas por terceros, la responsabilidad no puede ser en tal caso, sino sólo personal". C.S. Fallos, 200-419.

[193] C.S. Fallos, 184:162

[194] El Sumario del fallo de la Corte Suprema de Justicia de la Nación del 21/2/1978 dice que: Respecto de la articulación que el imputado Enrique Palacios Martínez Carande dirige contra la sanción que por responsabilidad directa en su calidad de autor material le impone el fallo, sobre la base de sostener que el sistema de la ley 19.359 el autor es la persona jurídica, y no la persona física que como dependiente de aquella realiza los hechos materiales suceptibles de encuadrar en la norma punitiva, opino que debe ser rechazada. Así lo pienso, porque la solución a que llega el *a quo* deriva directamente del último párrafo del art. 3 de la ley citada, que reproduce, en lo esencial, el art. 45 del C.Penal (conf. "Fallos", t. 291, página 55, en particular punto V del dictámen de mi antecesor en el cargo). Finalmente estimo que corresponde desechar la tacha de inconstitucionalidad que se dirige contra el art. 2 de la citada ley que establece la responsabilidad solidaria de los directores, administradores y gerentes de la entidad sancionada. El punto fue expresamente analizado por mi predecesor en el cargo, doctor Enrique Petracchi, en el ya citado dictámen de "Fallos", t. 291, página 55, punto VII (señalo que la cita hecha en él contiene una errata, pues de la copia de esa pieza obrante en esta Procuración General surge que se citó en "Fallos", t. 281, página 293). En dicha vista, a la que me remito en razón de brevedad, se dejó claramente establecido que por tratarse de una responsabilidad no penal, sino meramente solidaria con el importe de la multa, no puede impugnarse la condena de los obligados con base en los principios generales de la legislación punitiva. La Ley, 1978-D, página 231, con nota de SPOLANSKY, Norberto Eduardo, *"Culpabilidad, la responsabilidad solidaria de las sociedades anónimas y la de sus directivos en el régimen penal cambiario".*

impide la imposición de penas a una persona, cuya culpabilidad no aparezca demostrada y que la responsabilidad solidaria de los directores implicaba responsabilidad penal objetiva prohibida en nuestro régimen, afirmando contra ello el Tribunal que las sanciones autorizadas por la ley 19.359 eran de naturaleza represiva y no se aplicaban las reglas comunes a la responsabilidad por actos delictuosos lo que permitía dirigir la acción contra personas jurídicas a los fines de su condena en la forma prevista por las leyes especiales[195].

Por su parte la Cámara en lo Penal Económico también ha emitido pronunciamientos favorables a la imputación de las personas jurídicas por la comisión de ilícitos.

Así lo hizo el 14/3/63 en la causa *"González e Hijos SRL"*[196], el 31/10/62 in re *"Leiro G. y otra"*[197], la Sala I en la causa n° 9962 del 6/01/68

---

[195] El sumario del fallo de la Corte Suprema de Justicia de la Nación del 9 de agosto de 1977 dice que "que la previsión legal de ser pasibles las personas jurídicas y sus directores, administradores y gerentes, de responsabilidad solidaria por las multas impuestas a los autores materiales de las infracciones respectivas, es principio que sienta el artículo 2, inciso c, apartado segundo, de la ley 19.359, sobre cuya base resulta deferido a las normas específicas –y a falta de ellas, al derecho común- el establecer quienes pueden con su conducta dar origen a la responsabilidad en cuestión. En este sentido, la ley 20.184 es expresa en cuanto menciona a ese fin y con respecto a las sociedades anónimas, los actos de directores, gerentes, miembros del consejo de vigilancia o dependientes, actuando ellos en sus funciones como tales. Pero la falta de una determinación análoga en la ley 19.359 –en vigor al tiempo de las infracciones del caso, cometidas entre el 10 de julio y el 21 de septiembre de 1972- no impedía que en ausencia de una norma específica en el estatuto social, fuesen aplicables las disposiciones pertinentes de derecho común (v. artículo 46 de aquel), en función de las cuales los actos de los dependientes autorizados para "regir una operación de comercio o alguna parte del giro o tráfico de sus principales" –artículo 150 del Código de Comercio- comprometen la responsabilidad de éstos en los términos de las disposiciones a que la norma citada se remite". La Ley, 1978-A, página 431, fallo 775.453.

[196] La Ley, Tomo 115, página 127.

[197] El sumario del fallo de la Sala Segunda de la Cámara Nacional en lo Penal Económico del 31/10/1962 dice: Que por lo mismo que la declaración indagatoria del acusado, además de ser una irreemplazable fuente de información para el juez de instrucción, constituye también un derecho incancelabe (art. 254: C.Pr.Cr.) y un invalorable medio de defensa para el encausado (arts. 246 y 247 C. Cit.) no puede caber duda de que en toda discusión sobre dicho derecho en general (y, por ende –como ocurre en la especie- , sobre quien "puede" o "debe" prestar declaración indagatoria en nombre y representación de una sociedad anónima o de otra persona jurídica cualquiera), está comprometida la garantía cosntitucional de la defensociedad anónima en juicio que el art. 18, Const. Nac., proclama inviolable, lo mismo que el art. 11, § 1, "Declaración Unversal de los Derechos Humanos", en la parte que establece que toda persona acusada de un delito tiene derecho a ser juzgada en juicio público "en el que se hayan asegurado todas las garantías necesarias para su defensa". Que como lógica consecuencia de esto último, las personas jurídicas son equiparables a las personas de existencia física o visible y tienen, como éstas, lo que en lenguaje técnico-jurídico se denomina "capacidad de derecho"; pero como por razones obvias (y al revés de lo que ocurre con las personas de existencia visible o física) carecen de aptitud o mejor dicho de capacidad física para obrar por sí mismas y ejercer los derechos que las leyes les reconocen, resulta que las personas jurídicas si bien son capaces de derecho son, en cambio, "incapaces de hecho". Que para subsanar esta "incapacidad se plantea el problema de quien debe asumir la representación legal" de las personas jurídicas en tales casos. Que la determinación de esto último no ofrece ninguna dificultad en lo que se refiere a las personas o entes jurídicos de derecho público, porque sus leyes orgánicas prescriben unánimemente, que el presidente del directorio o del consejo directivo o de administración que los gobierna y dirige es el representante legal de los mismos en sus relaciones con terceros (ver las leyes orgánicas del Banco Central, del Banco de la Nación Argentina, del Banco Hipotecario, del Banco Industrial, de la Caja Nacional de Ahorro Postal, de Vialidad Nacional, de las

donde sostuvo que "en cuanto a los casos en que se reconoce responsabilidad penal a las personas de existencia ideal, sólo cabe admitir, bajo la faz práctica, las indispensables modalidades impuestas por la índole del sujeto contra el cual se ejercita la acción penal, sin que semejante propósito, tendiente a adecuar el principio a las circunstancias de hecho, autorice a prescindir de la declaración prestada personalmente por el representante legal de la entidad encausada. Si se tiene en cuenta que el interrogatorio del imputado cumple la múltiple función de ser un medio de defensa y de información, por una parte, y fuente y medio de prueba, por otra (Manzini, 1953, IV:188 y 191), resulta ineludible exigir

---

distintas cajas de jubilaciones y pensiones, de Obras Sociedad anónimanitarias de la Nación, de Yacimientos Petrolíferos Fiscales, de Yacimientos Carboníferos Fiscales, de la Junta Nacional de Carnes, de la Junta Nacional de Granos, de las universidades nacionales, etc.). Que si bien no puede decirse lo mismo respecto de las sociedades anónimas (debido a que la mayoría de los estatutos de las mismas no pueden ser explícitos al respecto), la jurisprudencia ha llegado a las conclusiones siguientes: 1. Que si los estatutos de la sociedad anónima no establecen quien deberá ejercer la representación legal de la persona jurídica (en los casos que han sido mencionados o en casos análogos), ella deberá considerarse a cargo del presidente del directorio o consejo directivo o de administración; y si dicho cargo no existiera, por el director (o directivo como ahora se dice) que ejerza la función de mayor jerarquía dentro de la organización o gobierno de la persona jurídica. 2. Que dicho representante legal de las personas jurídicas debe obrar personalmente, no sólo por las razones que ya se dieron, sino también porque el presidente del directorio o del consejo directivo o administrativo de una sociedad anónima no obra en tales casos como un mandatario o apoderado de la sociedad (en cuyo caso si podría sustituír su mandato en un miembro conforme a la norma general del Código Civil), sino como un verdadero representante legal y necesario de la misma, como lo hace por ejemplo respecto del menor, al demente o al concurso civil, el tutor, el curador o el síndico. Es por lo que queda expuesto, precisamente, que mientras que para representar en juicio a una sociedad anónima como apoderado judicial voluntario o electo se requiere estar inscripto en la matrícula de procuradores, el presidente de la misma, en cambio, puede hacerlo –como representante legal de ella que es-, sin necesidad de dicha inscripción (art. 1, inc. 4, ley 10.996) en virtud de que tiene lo que en doctrina o lenguaje técnico-jurídico se denomina "capacidad de postulación", que no es otra cosociedad anónima que la aptitud de obrar, en nombre de su representada en el proceso como si actuara en causa propia, es decir, sin necesidad de recurrir a una representación técnica (la del procurador) ni a una aistencia o patrocinio también técnico (el de un abogado). Que en una segunda aproximación a la cuestión que en la especie se debate, conviene utilizar ahora, en el análisis de la misma (por la estrecha similitud conceptual que, a pesar de sus diferencias, existe entre la absolución de posiciones y la declaración indagatoria) la experiencia acumulada en torno a la primera, en relación a las personas jurídicas; a cuyo efecto resulta útil recordar lo siguiente: a) que los arts. 41, *in fine*, y 42, C.C., consociedad anónimagran expresociedad anónimamente la capacidad de las personas jurídicas para estar en juicio, como parte actora o demandada en el proceso civil; b) que en mérito de lo anterior no ha sido nunca dudoso que las personas jurídicas pueden exigir absolución de posiciones de la contraria en el proceso civil y que, recíprocamente, están obligadas a absolver las posiciones que le fueren opuestas, conforme lo prescripto en el art. 125 C.Pr., y en el art. 108, ley 50. c) que de conformidad a las disposiciones que reglamentan dicho medio de prueba no es tampoco dudoso que las personas jurídicas sólo puedan absolver posiciones por intermedio de su representante legal y sólo por intermedio de éste, "personalmente", tanto por lo que ya se dijo como porque, aún en el caso de la absolución de posiciones de las personas físicas, la ley dispone, en principio, que ellas sólo pueden ser absueltas personalmente por la parte actora o demandada, ya que tan sólo por vía de excepción autoriza que ellas sean absueltas por apoderado, "si el interesado estuviese fuera del lugar en que se sigue el juicio" y siempre que el apoderado "estuviese facultado para ello y consintiese la parte contraria" (art. 136, C.Pr.). Que por aplicación de dichas disposiciones legales y de los principios expuestos, la jurisprudencia tiene uniforme y firmemente establecido, desde hace muchísimos años, que sólo el presidente de la sociedad anónima, "personalmente", puede absolver posiciones en nombre de la misma. La Ley, Tomo 109, página 684, con nota de Enrique R. Aftalión.

que la función defensiva material se ejercite por intermedio de los órganos legales de expresión y voluntad del sujeto colectivo, sin perjuicio de complementarse tal declaración, si ello se reputara necesario por el juzgador, con la de los funcionarios o empleados que aparezcan ejecutores del hecho incriminado, cuando se compruebe que éstos integren también la capacidad jurídica de la procesada y luego de evaluarse concretamente las circunstancias, en vista de la complejidad y vastedad de tareas que en muchos casos supone el desenvolvimiento de las entidades sociales modernas, en cuyo caso parece razonable aceptar que sus directores puedan no estar suficientemente informados sobre hechos que atañen y se le imputan a la persona representada, como habrían de estarlo en caso de una imputación a su propia persona.

La misma Sala el 07/06/1977 en la causa *"Danduf S.A., South American Electric Co. S.A y otros s/ley 19.359"* resolvió que el reproche penal se hiciera extensivo a las personas físicas autores del ilícito y a las personas jurídicas beneficiarias del mismo. Ello no convierte en doble a la infracción, que es una sola, solamente que, compartida por ambos responsables, la persona real y la persona jurídica, el autor material y la beneficiaria e instrumento usados para cometer el ilícito[198].

---

[198] El sumario del fallo caratulado "Danduf S.A. y otros", dictado por la Cámara Nacional en lo Penal Económico Sala I, del 7/6/1977 dice: En el punto 5° de sus agravios el apelante vuelve a plantear otra nulidad, ahora, basada en el hecho de que la resolución 629 "aplica la multa a la sociedad y en forma solidaria con las tres personas que se mencionan", y que más abajo "se reserva la causa y demás elementos de convicción hasta tanto los rebeldes, una persona ideal y una persona física, se presenten o fueran habitados". Agrega que son contradictorias y, por consiguiente, nulas tales decisiones, porque se condena a tres personas que no se han defendido ni han tenido la defensa técnica del ministerio público. Que por un lado se condena a quienes no se han defendido y por otro se paraliza la causa a quienes están prófugos, contradicción que impone la nulidad de la resolución 629. En primer lugar, hemos de hacer notar que el apelante, José Danduf, carece de interés en esta nulidad y, por ende, de agravios. Sin embargo y desde el momento que la nulidad puede decretarla de oficio el tribunal en el supuesto de ser procedente, analizaré la argumentación expuesta. Por lo pronto, noto que la similitud de situaciones que apunta el quejoso no es tal. A f. 70 se resolvió instruír el sumario a Danduf S.A., a South American Electric Co. S.A., a José Danduf y a Raúl Alberto Beramendi Ferreiro, en tanto que a las otras tres personas que menciona sin nombrar, Dolinda Ana Cassaglia de Damonte, Miguel Ángel Edgardo Merellano y Carlos Alberto Frega, fueron citadas para que tomaran intervención al solo efecto del art. 2, ley 19.359. La citación a las distintas personas se hizo en formas diferentes. Compárese los telegramas de fs. 94, 95, 115 y 116 con los de fs. 96, 106 y 117. Según ellos las cuatro primeras son las procesadas, en tanto que las restantes no lo son, sino únicamente presuntas responsables solidarias en el aspecto patrimonial en el supuesto de ser condenada la persona ideal de la que eran directores al momento del hecho. Se trata, pues, de situaciones distintas y, por ende, no puede aceptarse la argumentación del agraviado, ya que los tres responsables solidarios no fueron imputados de ningún delito o contravención, de lo que se deduce que procesalmente hablando no son sus actos los que se juzgan y se descuenta su falta de intervención directa con el ilícito investigado. Su responsabilidad es subsidiaria y se funda en la ley y en el hecho cierto de que la voluntad del ente ideal se expresa y se adopta a través de las personas físicas que integran el directorio de la sociedad procesada y como tal conforman su voluntad legal de acuerdo a lo que establece el art. 225, ley 19.550, por ser el órgano de administración y de dirección del ente ideal. Los principios de esta solidaridad fueron estudiados en el voto del Dr. Rubianes en la causa de la sala 2da "International Electric S.A." del 4/5/73, publicado en "J.A.", 19-1973-282, y por el suscrito en la causa "Banco Tornquist S.A. y otros" de esta misma sala del 26/5/77, Registro 156, folio 236, año 1977. Volveré sobre ello al tratar los agravios del apelante Sr.

En tanto la Sala II (Heredia y Rubianes) en la causa n° 13.820 *"Suchard Argentina S.A. y Panagiotis, Kiriopulos y otros s/ley 11.275"* del 08/03/72 ha afirmado que es doctrina sentada por la (v., entre otras, causa: Leiro, Germán y Leiro; Benvenuto S.A.C.I. s/infrac. ley 11.275) que las sociedades anónimas sólo pueden ser legalmente representadas por su presidente o por el miembro del Directorio que, por la jerarquía de sus funciones, tenga una autoridad y representación equivalente a la de aquel y estos únicamente pueden prestar declaración indagatoria en nombre de dichas sociedades.

A su vez la Sala III (Soto y Echegaray) en causa *"D.I.A.N. S.A.I.C. s/infracción ley 11.275 s/Incidente de apelación"* el 06/06/72 consideró procedente la imputación delictiva a un ente ideal con un sustancioso voto[199].

Merellano, pero de cualquier forma queda claro, por ahora, que la situación procesal de la Sociedad South American Electric Co. S.A. y de Alberto Beramendi Ferreiro, es distinta de los tres responsables solidarios, cuya intervención le fue requerida, pero sin revestir nunca la calidad de imputados. Como tales, no pueden ser declarados rebeldes ni tampoco se los condenó, ya que su interés en el proceso se funda solamente en la circunstancia de que patrimonialmente pueden resultar afectados por los actos de la Sociedad en el momento de tratar de hacer efectiva la pena que se imponga a ésta. Se agravia a continuación por lo que llama doble sanción. No se trata de tal, ya que la pena se aplica por el mismo hecho a dos personas distintas, una física y otra ideal, tal como está previsto en el art. 2, ley 19.359. El inc. a contempla al autor material del ilícito, que siempre es una persona física, un ente real. En los dos últimos párrafos del art. 2 se refiere a las personas jurídicas, previendo la responsabilidad solidaria de los directores. Este tema ha sido desarrollado en la causa "Pedro Wlodawsky y otros, s/ inf. ley 19.359", por la Sala 2da., Registro 406, folio 460, año 1976, y la ya citada de "International Electric S.C.A.", como en "Banco Santander y otros", también de la Sala 2da., Registro 48, folio 50, año 1977, con remisión al art. 3, que contempla la multiplicidad de infracciones, que es nuestro caso. La responsabilidad del autor material del hecho, cuestión reconocida en autos, fue analizada en la causa citada por el agraviado ("International Electric S.C.A."), que dice: "Entiendo que tal multa se basa en el art. 2, inc. a, ley 19.359, ley que sanciona no solamente a las personas físicas, sino también a las jurídicas, como resulta de su propio texto". Por mi parte, por tratarse de una multiplicidad de infracciones, agrego que el art. 3 de la misma ley, en su último párrafo, dice que "las sanciones precedentes se aplicarán a los autores, instigadores, partícipes, encubridores, financiadores y beneficiario de las infracciones", con lo que se aclara debidamente lo que por otra parte es lógico, la responsabilidad, evidentemente, por un principio jurídico, es la del autor del hecho, que, como dijimos siempre, es una persona física, lo cual no quita que también sea responsable la persona ideal (art. 43, C.C.). Dos son, pues, los responsables según la ley 19.359: las personas físicas autores del ilícito y las personas jurídicas generalmente beneficiarias del mismo. Ello no convierte en doble la infracción, es una sola, solamente que compartida por ambos responsables, la persona real, la persona abstracta o jurídica, el autor material y la beneficiaria e instrumento usados para cometer el ilícito.

[199] Los vocales Soto y Echegaray votaron sosteniendo que "dando por sentado que la imputación de responsabilidad penal al ente ideal o abstracto es posible y que, como una consecuencia de ello, resulta obligado su procesamiento, hemos de concluir en que por obvias razones de imposibilidad material resulta inaceptable y hasta irónico pretender que el propio ser ideal concurra al ámbito tribunalicio. Ese ente, esa persona jurídica, tiene realidad y una voluntad propia distintas de las de sus componentes. La exteriorización de esa voluntad se manifiesta por medio de los órganos de representación o de administración que la ley y, en concordancia con ella, los estatutos de la sociedad han creado (Código Civil, artículos 35, 43 y concordantes). 4 - Si bien, conforme al artículo 335 del Código de Comercio, es el directorio conforme al artículo 335 del Código de Comercio, es el directorio el órgano nato y legal de representación (administración y fiscalización), no cabe duda de que, para cumplir el acto a que se refiere el artículo 236 del Código de Procesal en lo Criminal, resulta más lógico convocar al presidente del directorio que a todo el cuerpo. No cabe echar al olvido que esta Cámara en lo Penal Económico en

fallos plenarios ("Serur", 22-5-68, y "Metrón", 15-12-67) sentó doctrina relativa a la representación de ciertos entes abstractos. 5 - Si la imputada y procesada es la persona abstracta, lo lógico, por obvia razón de congruencia procesal, es que la sentencia se dicte contra ella. La misma será condenada o absuelta. El hecho de que el indagado sea una persona física o de existencia visible tiene lugar por la necesidad - que no puede desconocerse- de que el organismo moral sea representado en forma efectiva, lo que no puede ocurrir si quien comparece no es persona física y representante del organismo administrador de la sociedad. No existe discordancia, ya que el procesado y el sentenciado (favorablemente o no) es un mismo ser, en el caso, persona ideal. La intervención de la persona visible se cumple al solo efecto de la representación. Todo ello resulta de una claridad meridiana. 6 - Si los Tribunales en lo Penal Económico tienen competencia exclusiva -en la Capital Federal- para conocer en el aspecto represivo de la ley 11.275, cuyo artículo 8 establece multas que tienen evidentemente el carácter de sanciones penales, no puede abrigarse duda alguna acerca de que tales procesos, iniciados con motivo de infracciones a la mencionada ley, son de naturaleza criminal y, por ende, el trámite a seguir es el marcado por el Código de Procedimientos en lo Criminal. 7 - Al dictarse la ley 14.558, de creación de los Tribunales de Agio y Especulación, díctase también la ley 14.559, que fija el procedimiento para el juzgamiento de las infracciones que se cometan en la Capital Federal, en cuyo artículo 2 se dice: Las disposiciones generales del Código Penal y del Código de Procedimientos en lo Criminal de la Capital Federal serán aplicables supletoriamente en cuanto no se opongan a la presente ley. 8 - El Código de Procedimientos en lo Criminal constituye la ley procesal del fuero creado por leyes 14.558 y 14.831, salvo que exista oposición con los dictados de la ley 14.559. Es evidente que si en el caso de agio y especulación, que era la competencia específica de los tribunales de la ley 14.558, el código citado constituía la norma procesal integradora y sustitutiva, luego, al crearse el fuero Penal Económico por ley 14.831, el sistema ha debido continuar su vigencia y ampliarse para todas las otras competencias que la ley 14.831 atribuía al fuero de reciente creación y a las competencias que luego se le fueran encomendando. Así, el principio general debe ser el siguiente: 1) Si las leyes especiales establecen un procedimiento propio para el juzgamiento de la infracción o el delito, se impone tramitar la causa por la vía de dichos preceptos; 2) Si las leyes mencionadas no establecen procedimiento alguno, la instancia debe seguirse por el cauce marcado por el Código de Procedimientos en lo Criminal, habida cuenta de que el ente judicial no es administrativo, sino eminente y específicamente penal. 9 - De acuerdo a lo expresado en el Plenario El Cisne S.A., (24-660), las sanciones contenidas en la ley N11.275 y sus modificatorias (13.526 y 14.004) son de naturaleza represiva y tienen el carácter de verdaderas penas. No se trata de multas reparatorias, ya que no han sido establecidas en beneficio directo de la administración pública, sino en el interés de todos los ciudadanos o habitantes del país y de la sociedad, pues las infracciones que con ellas se sancionan afectan al comercio, a la industria y a la economía de la Nación y tienen carácter retributivo (Conf. Soler, Código Penal, t.II, p.354/355). La Corte Suprema Nacional ha dicho que a esas infracciones y las incluidas en el artículo 8 de la ley 11.275, por revestir el carácter de penas, les son aplicables las reglas del Código Penal sobre prescripción, de acuerdo a lo estatuido en el artículo 4 de dicho cuerpo legal. Es evidente que, si para llegar al juzgamiento de infracciones punidas legalmente con las multas -de naturaleza penal- del artículo 8 de la ley 11.275, debe someterse a juicio al imputado y efectivizarse un trámite que condiga con las exigencias de nuestra carta fundamental (artículo18), no puede aplicarse otra secuela formal que aquella que contiene el código específico de la materia. 10 - La garantía de defensa, según lo ha dicho la Corte Suprema reiteradamente, cúmplese cuando el litigante tiene oportunidad de ser oído, de ejercer sus derechos en la forma y con las solemnidades que establecen las leyes procesales; cuando se le otorga la posibilidad de ocurrir ante un órgano jurisdiccional en procura de justicia y cuando se le concede oportunidad suficiente para la alegación y prueba del derecho en debate (C.S. Fallos: 243-201; 246-357; 247-419; 248-85; 246-87; 249-999; 249-9, etc.) 11 - La Corte Suprema de Justicia de la Nación, en tres oportunidades (Causas: Frigorífico Armour de La Plata S.A., 9-963; Bunge y Born Ltda. S.A. 30-9-64; y Richmond S.A. 30-9-64. Ver La Ley 112-8; y El Derecho, 6-852 y 11-340, con nota de Angel D. Vergara del Carril), ha dicho, en síntesis: a) El imponer que el presidente o los miembros del directorio de una sociedad anónima, sin posibilidad de sustitución, deban comparecer a prestar declaración indagatoria con motivo del juzgamiento de infracciones a las leyes de fomento industrial, puede importar efectiva obstrucción a la defensa en juicio. b) La presentación de un mandatario, con base en un apoderamiento formal, debidamente autorizado por los estatutos, excluye la nulidad del procedimiento. c) La exigencia de la declaración indagatoria por el presidente de la sociedad anónima, o por miembros del directorio, en causas por infracción a la ley 11.275, puede constituir obstrucción a la garantía de defensa, pues es verosímil la aserción de la ignorancia total, de esas personas, con respecto a los hechos sobre que verse la causa, y no hay razón para imponer esa concurrencia personal, en supuestos de contravenciones objetivas a las normas sobre fomento

En autos *"Comaltex Comercial Algodonera s/Contrabando"* tras reconocer que la persona jurídica tiene capacidad de acción penalmente relevante, la Sala B de la Excma. Cámara Nacional de Apelaciones en lo Penal Económico entendió que "los entes ideales tienen responsabilidad y son pasibles de pena, y no constituye un requisito previo la condena de la persona física si se demuestra que la existencia del ilícito y que el mismo se produjo en nombre de la persona jurídica, por lo cual condenó a la sociedad infractora por el delito de contrabando con la pena de cancelación de las inscripción en la IGJ.

En el mismo sentido que los fallos apuntados, la propia Sala B el 5/3/1996 en la causa *"C.C.A.T. y otros s/ contrabando"* sostuvo que "los delitos que puede cometer una sociedad son posibles no sólo en la realidad sino jurídicamente y que los entes ideales tienen responsabilidad y son pasibles de penas, y no constituye un requisito previo la sanción de la persona física, si se demuestra la existencia del ilícito y que el mismo se produjo en nombre de la persona jurídica[200].

---

industrial. Este criterio es opuesto al que se sostuviera por esta Cámara en causas: Leiro, Germán y otra (Sala II), La Ley 109-684 y Minetti y Cía Ltda.S.A. (Sala I), La Ley 109-883.

[200] Del voto del doctor Hornos:(Omissis) IV. Claro y preciso es el art. 495 del código ritual cuando en su inc. 6 señala que los jueces, al dictar sus sentencias, han de pronunciar el fallo "condenando o absolviendo", regla que resulta inobservada en el decisorio apelado.V. Prescribe el Código Aduanero sanciones para las personas de existencia ideal en los supuestos previstos en sus arts. 863, 864, 865, 866, 871, 873 y 874, sin que para la aplicación de las mismas se exija la previa o conjunta sanción a la persona de existencia física que actuó en su representación (arts. 876, inc. i, y 888 del Código Aduanero). Los delitos que puede cometer una sociedad son posibles no sólo en la realidad sino jurídicamente (¿Responsabilidad penal de las personas jurídicas?, Barbero Santos, "Revista de Derecho Mercantil", n° 64, ps. 289 y 319, Madrid, 1957).VI. Si, frente a la probable comisión de tales delitos de contrabando, la recepción de declaración indagatoria a la persona ideal, a través de su representante legal, aparece como jurídicamente posible, y si con respecto a aquélla se continúa el proceso y se celebra el plenario, no puede admitirse que, como resolución de fondo, se arribe a un pronunciamiento que no recoja las soluciones previstas en la norma ritual que rige la materia (art. 495, inc. 6, del C.P.C.).VII. No cabe estimar que las sanciones aplicadas a la persona de existencia ideal reclamen como requisito de aplicación la condena previa de quien actuó en su representación, toda vez que en tal caso la pena tendría naturaleza de accesoria de la de éste, lo que resultaría violatorio de las garantías constitucionales del juicio previo, el estado jurídico de inocencia y la inviolabilidad de la defensa en juicio. Los entes ideales tienen responsabilidad y son pasibles de penas, y no constituye un requisito previo la sanción de la persona física, si se demuestra la existencia del ilícito y que el mismo se produjo en nomhre de la persona jurídica (C.N.P.E., ex Sala I, in re "Wakin, Miguel A., y otros", "L.L.", 1990-D-406/412). VIII. El obstáculo de que no cabe sancionar si no hay un autor se supera si se considera que la autoría recae sobre la persona jurídica, sin perjuicio de la responsabilidad individual que pueda corresponder a los miembros que han intervenido en la perpetración de los hechos punibles, conforme las reglas generales que rigen la participación criminal (La responsabilidad de las personas jurídicas, Mario I. Chichizola, "L.L.", 109-692). IX. La posibilidad de que se condene a una persona de existencia ideal por algún delito aduanero surge explícita de los arts. 876 ₂ inc. g, y 888 del Código Aduanero, sin que para ello resulte exigencia legal la presencia de una persona de existencia visible coautora o codelincuente. Realizada por la persona jurídica la conducta que constituye el antecedente normativo de la sanción, aquélla debe ser sujeto de la misma, con independencia del individuo que en su calidad de órgano desplegó la acción u omisión atribuída (Código Aduanero, Vidal Albarracín, t. VII-A, p. 335, Abeledo-Perrot, ed. 1992). X. En la actualidad, como bien señalan Ferro-Ferro (Código Aduanero comentado, p. 728, Depalma, 1994), la doctrina presta adecuado respaldo a la teoría de la responsabilidad penal de las personas de existencia ideal, a lo que cabe agregar que también encuentra aquélla sustento en las normas legales vigentes, no

La Sala A, in re *"Leiva, Roberto s/incidente de apelaciòn"*, al dictarse un auto de procesamiento respecto de una persona jurídica, determino que "si bien no está previsto en la ley procesal, de ello no deriva perjuicio alguno para aquella, pues se trata de una providencia meramente declarativa y no depende de ella el que puedan hacerse efectivas las consecuencias que la ley de fondo establece para las personas jurídicas, de suerte tal que se tomó declaración indagatoria al representante de la personas jurídica en representación de aquella.

En la causa *"Wakin, Miguel Angel s/contrabando"*, la Cámara Nacional de Apelaciones en lo Penal Económico, Sala I, sostuvo que no puede discutirse la facultad de sancionar a una persona jurídica, en razón de que está racional y jurídicamente fundado que ella se encuentra comprendida dentro del concepto de personas cuyas obligaciones están insertas en su responsabilidad por actos lícitos e ilícitos y que el régimen represivo del Código Aduanero prevé especialmente la aplicación de sanciones a las sociedades tales como el retiro de la personería jurídica y en su caso la cancelación de inscripción en el Registro Público de Comercio prevista en el artículo 876 inciso "i". Este Fallo llegó a la Corte Suprema de Justicia de la Nación, que, al rechazar un recurso extraordinario interpuesto ante ella, consagró en sus fundamentos la capacidad de imputación de las personas jurídicas[201].

---

sólo las ya referidas del Código Aduanero, sino, valga a título ilustrativo, la modificación del art. 43 del Código Civil (texto ley 17711), que anteriormente prohibía, y ya no lo hace, ejercer acciones criminales contra las personas jurídicas. XI. La resolución recurrida deja suspendido el pronunciamiento sobre la situación de una persona que se encuentra sometida a proceso y que se ha presentado a estar a derecho, sin que quepa a este tenor diferenciar si es de existencia visible o ideal, pese a haber tenido lugar las etapas que ponen al juez en condiciones de pronunciar un veredicto de absolución o de condena. Con ello se inobserva la garantía constitucional de la inviolabilidad de la defensa en juicio que incluye el derecho de todo imputado a obtener, luego de un juicio tramitado en legal forma, un pronunciamiento que, definiendo su posición frente a la ley y a la sociedad, ponga término del modo más breve a la situación de incertidumbre y de restricción de la libertad que comporta el enjuiciamiento penal ("Fallos", 272-188, doctrina del caso "Mattei" sobre defensa en juicio). Por ello y conforme las previsiones de los arts. 495, 511 y concordantes del C.P.M.P., formulo mi voto por que se declare la nulidad de la sentencia recurrida, y se remitan los actuados a otro juez de primera instancia para que sentencie conforme a derecho. (Omissis). Revista del Derecho Comercial y las Obligaciones (RDCO), Buenos Aires, año 1997, página 669.

[201] El fallo aludido de la Corte Suprema de Justicia de la Nación del 6 de agosto de 1991 es el siguiente: Dictámen del Procurador General Suprema Corte: I - La Sala I de la Cámara Nacional de Apelaciones en lo Penal Económico, con fecha 31 de octubre de 1989, resolvió condenar a la firma "Eduardo Loussinian S.A." y a su continuadora, "Sudamericana de Intercambio S.A.", en orden al delito previsto en el art. 187, inc. f de la Ley de Aduanas (t.o. 1962), a las penas de pérdida de las concesiones, privilegios y prerrogativas de que gozare; retiro de la personería jurídica; al comiso irredimible de la mercadería cuestionada y al pago de una multa equivalente a cinco veces el valor de la mercadería de que se trate (arts. 190, incisos a) y b); y 196, párrafos primero y tercero del citado cuerpo legal), todo ello, con costas en ambas instancias.Contra dicho pronunciamiento, el letrado defensor de "Sudamericana de Intercambio S.A." interpuso recurso extraordinario (fs. 1321/1338), que fue concedido a fs. 1356 y cuyo alcance ha quedado establecido por V.E. a fs. 1362. -II- Las presentes actuaciones se iniciaron al detectarse el doble uso de licencias arancelarias por parte de la empresa "Eduardo Loussinian S.A.C.I.F.A.", que le posibilitaron importar en distintas ocasiones caucho natural libre de derechos,

declarando licencias ya canceladas.En el curso de la investigación resultaron procesados Eduardo Loussinian presidente de la sociedad mencionada en el párrafo que antecede-; Miguel Ángel Wakin - que intervino en las operaciones investigadas como cruzador de la Mesa de Autorizaciones Especiales de la Administración Nacional de Aduanas- y la empresa "Sudamericana de Intercambio S.A.", continuadora de "Eduardo Loussinian S.A.C.I.F.I.". En primera instancia, tanto Wakin como la firma "Sudamericana S.A." resultaron absueltos (fs. 1110/1125), pronunciamiento que fue confirmado por el tribunal de alzada sólo respecto del primero (fs. 1167/1175). En cuanto a la situación de la mencionada persona jurídica, el a quo, por el voto mayoritario de sus integrantes, resolvió que correspondía suspender la tramitación del proceso a su respecto, hasta tanto sea habido el prófugo Eduardo Loussinian. Cabe destacar, que para arribar a dicha conclusión, la Cámara coincidió con las posturas sustentadas por el representante del Ministerio Público Fiscal y la querella en sus presentaciones de fs. 1143/5 y 1153/5, respectivamente. En éstas, sostuvieron que la responsabilidad penal de las personas de existencia ideal cuando el hecho ha sido cometido por sus representantes en beneficio de aquélla, resulta aceptada en materia de contrabando, al prever expresamente el ordenamiento legal vigente a la fecha de comisión del suceso sanciones específicas en tal sentido. Más aún, compartieron -al igual que la Cámara- el criterio sustentado por el magistrado de grado inferior, en el sentido que para respetar el principio de legalidad del art. 18 de la Constitución Nacional, la posibilidad de responsabilizar penalmente a la empresa en cuestión depende de la comisión del ilícito y su consecuente sanción por parte de un representante de la misma, circunstancia que no se produce en autos ante la rebeldía decretada contra el mencionado Loussinian. Es necesario puntualizar también, que sin perjuicio de estas consideraciones invocadas por los apelantes en aquella ocasión, éstos circunscribieron su agravio contra la absolución que decidió el juez de primera instancia, postulando la suspensión del proceso con fundamento en los arts. 150 y 152 del Código de Procedimientos en Materia Penal. Posteriormente, con el sobreseimiento definitivo por prescripción de la acción penal de Eduardo Loussinian (fs. 1230 y 1252), ante la suspensión del proceso oportunamente resuelta (fs. 1167/1175, ya citadas), se decidió la situación procesal de la empresa "Sudamericana de Intercambio S.A." (v. fs. 1272/1277), arribándose, en primera instancia, nuevamente, a un pronunciamiento absolutorio, sobre la base de similares argumentos a los invocados en su momento por el entonces titular del juzgado interviniente, Dr. Raúl O. Plée, a fs. 1110/1125. Sin embargo, como ya se señalara en el apartado I del presente, dicha sentencia fue revocada por el a quo ante la apelación deducida por la querella -Administración Nacional de Aduanas- (fs. 1298/9), condenándose a la aludida firma (fs. 1302/1311). La asistencia técnica de ésta, al interponer recurso extraordinario, fundó su apelación en los siguientes agravios: a) En la errónea interpretación que realizó la Cámara de las leyes de aduana y comercio exterior vigentes a la época del hecho, puesto que el real alcance de tales normas impide imponer penas a su representada por un delito sobre el cual no ha recaído condena contra ninguna persona física autora del mismo, teniendo especialmente en cuenta las circunstancias del caso -sobreseimiento definitivo respecto de Eduardo Loussinian, por prescripción de la acción penal-. b) En haber incurrido el a quo en *"reformatio in pejus"*, toda vez que para responsabilizar penalmente a la empresa consideró contrariamente un aspecto ya resuelto con anterioridad en la misma causa, en ocasión de decidir la suspensión del proceso a su respecto, precisamente, ante la imposibilidad de recaer condena contra el supuesto autor material del delito investigado, Eduardo Loussinian, pues se encontraba prófugo. Advierte incluso el recurrente, que habiendo sido sustentada esta postura tanto por el Ministerio Público Fiscal como por la querella, no podía, ahora, existir agravio para esta última, a pesar de lo cual la Cámara resolvió en perjuicio de la firma. c) Finalmente, se pretende cuestionar la falta de tipicidad del hecho sobre el que se funda la condena, al entender el quejoso que no existe un ardid o engaño idóneo para configurar el ilícito que se le reprocha a "Sudamericana de Intercambio S.A.".-III- Debo señalar, ante todo, que comparto el criterio aplicado por el a quo en cuanto a la procedencia formal del recurso extraordinario intentado, pues así lo tiene dicho reiteradamente V.E. en los supuestos en que se discute el alcance o inteligencia de normas de carácter esencialmente federal -art. 187, inc. f de la ley de Aduanas t.o. 1962- y la decisión apelada resuelve el caso en forma adversa al derecho que el apelante funda en ella -art. 14 inc. 3 de la Ley 48- (Fallos: 300:902 ; 304:1109; 307:928, entre muchos otros).En cuanto al fondo de la cuestión, no cabe duda que mi opinión coincide con los sólidos argumentos que vierte en su voto el vocal preopinante en el fallo impugnado, aunque creo oportuno agregar ciertas consideraciones que no hacen más que reforzar la interpretación efectuada de la norma federal, que ha permitido en el sub judice fundar el reproche penal contra la empresa "Sudamericana de Intercambio S.A.". En primer término, resulta del caso destacar -tal como lo apunta el recurrente a fs. 113 vta.- que la técnica empleada en la Ley de Aduanas para sancionar a las personas jurídicas hace necesario recurrir al art. 1027 de las Ordenanzas de Aduana para establecer en qué casos éstas son responsables. Desde antiguo, V.E. ha reconocido la responsabilidad social por los delitos y contravenciones aduaneras, aunque no siempre los presupuestos exigidos para sancionar a la sociedad fueron los mismos, como puede apreciarse en Fallos: 99:225; 126:213; 184:464; 281:293. Ya en el último precedente citado, se dejó expresamente sentado la independencia de las penas que correspondieran a quien cometa el delito de contrabando en beneficio de la empresa respecto de la sanción prevista para ésta por el conocimiento que de la actividad ilícita de aquél pudiera tener el órgano.Pero creo oportuno destacar acerca de la cuestión en debate, que en la tendencia señalada por el Alto Tribunal, se advierte que se ha tomado en cuenta la buena fe como eximente de responsabilidad (Fallos: 284:44 y 355; 291:224), circunstancia que permite basar la sanción a aplicar al ente colectivo no sólo en una imputación objetiva, sino también subjetiva. En efecto, la doctrina elaborada por la Corte Suprema en tal sentido significa, a mi entender, que la aplicación de las penas previstas en la legislación aduanera contra la persona jurídica por los hechos ilícitos cometidos en su beneficio por sus empleados o agentes -asalariados o no-, reconoce como presupuesto de su culpabilidad, aunque sea indirectamente, la falta de vigilancia o inspección del órgano con relación a tales hechos.Es precisamente sobre la base de este razonamiento que el tribunal a quo funda su condena contra "Sudamericana de Intercambio S.A.", al considerar que la sociedad ha actuado directamente en el ilícito que se le imputa, omitiendo adoptar los recaudos destinados a evitar la transgresión de su propio estatuto con motivo de la conducta ilícita asumida por la persona física que obrara en su representación. En el orden de ideas expuesto, considero que las probanzas señaladas en el fallo atacado permiten determinar racionalmente la atribuibilidad del injusto a la empresa imputada, no sólo a través de los beneficios que le trajo aparejado el accionar de Eduardo Loussinian, sino también, por el indudable conocimiento que del hecho tenían sus representantes. En cuanto al resto de los agravios invocados por el recurrente con base en la doctrina de arbitrariedad de sentencias, considero que no deben prosperar. Ello así, por cuanto mal puede sostenerse que en la resolución impugnada se ha incurrido en "reformatio in pejus", en la medida que el a quo tenía habilitada su jurisdicción ante la apelación deducida por la querella contra la absolución decidida por el magistrado de grado inferior a fs. 1272/1277. Al mediar dicho recurso acusatorio, la condena resuelta por la Cámara no menoscaba la garantía prevista en el art. 18 de la Constitución Nacional (conf. Fallos: 301:442; 303:276; 305:47). Por otra parte, considero que el anterior fallo del tribunal de alzada obrante a fojas 1167/1175, en manera alguna implicó pronunciarse sobre el fondo de la cuestión en relación a la mencionada firma. Por el contrario, la suspensión del procedimiento a su respecto, más allá de compartir o no el criterio propuesto, estuvo limitada precisamente a las pretensiones impugnativas del señor fiscal y de la querellante en autos, sin que tal temperamento obste a que, con posterioridad, analizados los hechos que han sido objeto de debate, se adopte el criterio al que se arribó en la sentencia atacada.Por lo demás, la cuestión acerca de la atipicidad del hecho que trae el quejoso como último agravio del remedio federal deducido, no deja de ser una mera discrepancia entre el apelante y lo resuelto por el a quo en cuestiones de hecho, prueba y derecho común, cuya determinación, decidida con argumentos de igual naturaleza, es propia de los jueces de la causa y descarta la tacha de arbitrariedad alegada. Así lo ha sostenido recientemente V.E. en su sentencia del 2 de octubre de 1990, al pronunciarse en los autos B.96.XXIII "Beretervide Lavié, Pedro y Alzaibar Castro, Nelson Rogelio s/ contrabando" -causa N° 28.139-.-IV-Por las razones expuestas en el apartado que antecede, soy de opinión que V.E. debe declarar improcedente el recurso extraordinario en cuanto a la arbitrariedad invocada en el mismo y confirmar el fallo de fs. 1302/1311. Buenos Aires, 14 de febrero de 1991. Oscar Eduardo Roger. Fallo de la Corte Suprema: Buenos Aires, 6 de agosto de 1991.Vistos los autos: "Wakin, Miguel Ángel y otros s/averiguación de contrabando". Considerando: 1°) Que contra la sentencia de la Cámara Nacional de Apelaciones en lo Penal Económico -Sala I-, que condenó a Eduardo Loussinian S.A. y a su continuadora Sudamericana de Intercambio S.A., a las penas de: pérdida de las concesiones, privilegios y prerrogativas de que gozare, retiro de la personería jurídica, comiso irredimible de la mercadería, por considerarla incursa en el delito de contrabando (arts. 187, inc. f; 190, incs. a) y b) y 196, párrafos 1° y 3° de la ley de Aduanas, t.o. 1962), interpuso recurso extraordinario el abogado defensor, que fue concedido (fs. 1302/1311, 1321/1338 y 1356).2°) Que el agravio según el cual las normas aduaneras aplicables autorizarían a concluir en que no es posible la condena penal de una sociedad si por el mismo hecho no fue condenada la persona física que actuó en su representación, no se encuentra precedido de la fundamentación que exigen el art. 15 de la ley 48 y la conocida doctrina de la Corte sobre el particular.En efecto, el recurrente admite que las personas jurídicas puedan ser sujetos del derecho penal y, en consecuencia, pasibles de ser penadas. Lo que cuestiona son los presupuestos que ha tenido la Cámara por suficientes para someterla en el caso concreto a una pena. Pero en su argumentación no ha podido desvirtuar las múltiples razones que el tribunal a quo ha dado en sustento de la autonomía de dichas personas, fundamentos que son coherentes con esa reconocida capacidad de imputación.Por otra parte, el

La Sala Segunda, en autos *"Sotelo, Jorge s/Infracción a la ley 23.771"* (JA 1991-IV, 401) ha fallado que "si el solicitante de la eximición de prisión figura como fundador y actual presidente del directorio de la sociedad anónima cuyas obligaciones tributarias habrían sido el objeto de las maniobras -lo que hace que su eventual responsabilidad penal deba apreciarse en función de la norma que establece el castigo de los directores de personas jurídicas y sociedades (artículo 12 ley 23.771)-, unida a la carencia de estimación del perjuicio fiscal, indican que es inaplicable en el caso la norma del artículo 17 ley 23.771 correspondiendo fijar el importe de la caución real de acuerdo a las pautas indicadas en la ley procesal.

También la Cámara Nacional de Apelaciones en lo Contencioso Administrativo Federal ha acogido parcialmente el criterio de la imputación de las personas jurídicas en la causa *"El Cafetal S.R.L."* al fallar sobre la Ley 11.683 de impuesto a los réditos y la Ley 12.591 sobre agio y especulación[202].

---

recurrente no cuestiona un argumento fundamental del fallo, en el sentido de que "la única forma de evitar la responsabilidad de la sociedad sería que el resto de los órganos societarios impugnara, en su momento, el hecho ilícito que se pretendió o se cometió", ni, menos, todos aquéllos que, sustentados en los hechos y en la prueba reunida, tienden a demostrar que importantes integrantes de la sociedad tuvieron conocimiento de los hechos y adoptaron frente a ellos una actitud pasiva que permitió su consumación. Y, además, en el recurso no se da cuenta acerca de cuál sería el motivo que impediría el juzgamiento del ente societario cuando se hubiere producido la extinción de la acción penal respecto de uno de sus integrantes, es decir, no suministra las razones sobre cuya base les estaba vedado a los jueces conocer de la conducta del beneficiado por la causal extintiva para decidir la situación de la sociedad.3°) Que la existencia de reformatio in pejus denunciada en el recurso debe ser descartada por las razones expuestas por el señor Procurador General en su dictamen, las que esta Corte hace suyas por razón de brevedad.4°) Que la supuesta falta de adecuación de la conducta atribuida a la condenada al tipo de contrabando del art. 187, inc. f) de la Ley de Aduanas, es una cuestión introducida inoportunamente por el apelante. Ello es así, desde que respecto de esa calificación de los hechos se sustanció todo el debate y era previsible que, de prosperar el recurso del querellante, el a quo condenase por dicho delito, lo que obligaba a la acusada a plantear la pretendida cuestión federal en la oportunidad de la que dispuso -y no utilizó- de mejorar los fundamentos del fallo de primera instancia durante el trámite de la apelación libremente concedida.Por ello, y lo concordemente dictaminado por el señor Procurador General, se declara improcedente el recurso extraordinario intentado, con costas. Hágase saber y devuélvase. Ricardo Levene (h) - Carlos S. Fayt - Augusto César Belluscio - Julio S. Nazareno - Eduardo Moliné O'Connor. C.S. "Fallos", Tomo 314, página 775.

[202] El Sumario del fallo de la Cámara Nacional de Apelaciones Civil, Comercial y Penal Especial en lo Contencioso Admnistrativo de la Capital Federal del 14/3/1957 dice: Que en principio, de acuerdo con lo establecido por el art. 43 CC, de conformidad con la máxima "societas delinquere non potest", no se puede ejercer contra las personas jurídicas acciones criminales, ni considerarlas, por ende, sujetas a responsabilidad penal. Que este principio, sin embargo, no significa que existe en todos los casos una imposibilidd ontológica para responsabilziar penalmente a los entes colectivos, y tan es así que la Corte Suprema de Justicia de la Nación la ha admitido por defraudaciones a la renta aduanera en infracción a los arts. 1027 y 1028 de las Ordenanzas de Aduana, reprimidas con pena de multa (ver La Ley, tomo 37, página 281) y la ley 12.906, de monopolio, también en sus arts. 3 y 7, al hacerlos pasibles de las penas de multa, pérdida de privilegios, retiro de personería jurídica y cancelación de inscripción en el Registro Público de Comercio cuando los hechos resultan cumplidos con la ayuda o en beneficio de alguna persona ideal. Que tratándose en el presente caso de una querella promovida ppor usurpación y flasificación de patente, reprimida por el art. 53, ley 111, de patentes de invención, con penas alternativas de multa y prisión, la responsabilidad penal que deriva de tal infracción no puede recaer en la sociedad

A su vez, la Sala V (Grecco, Gallegos Fedriani, Otero) en autos *"Safra C.I.F. -T.F. 7054-A c/ A.N.A."*, Causa n° 46.108/95 el 27/05/96 ha sostenido que "El artículo 910 del Código Aduanero establece que: "Salvo el Estado Nacional, las provincias, las municipalidades y sus respectivas reparticiones centralizadas, las entidades estatales, cualquiera fuere la forma jurídica que adoptaren no gozan de inmunidad alguna en materia de responsabilidad por infracciones aduaneras". El citado artículo prevé la inmunidad de las personas de existencia ideal de derecho público, con excepción de los entes descentralizados que sí son responsables.

La misma Sala se pronunció en una causa sustancialmente análoga *"Safra C.I.F. -TF 7051-A c/ A.N.A."*, del 15/5/96 sosteniendo que "la inmunidad subjetiva establecida en el artículo 910 del Código Aduanero sólo alcanza, como el propio tenor literal de la disposición señala, al Estado Nacional, las provincias, las municipalidades y sus respectivas reparticiones centralizadas, siendo inaplicable al resto de las entidades estatales cualquiera fuere la forma jurídica que adoptaren".

Modernamente, la Cámara Nacional de Casación Penal, Sala 3ª, en la causa *"Peugeot Citroën Argentina S.A. s/recurso de casación"* el 16/11/2001 ha tenido oportunidad de expresarse sobre este tema y ha sostenido que "el derecho económico es el derecho de la economía organizada, planificada, según un imperativo que ningún Estado puede desatender. El Derecho Penal constituye, por otra parte, la ultima ratio con que cuenta el Estado para reforzar el cumplimiento de aquellas normas esenciales para su subsistencia, resultando también aplicable a las normas que hacen al planeamiento de la economía, pues en la medida en que éstas afectan un interés tan primordial como el orden público económico, surge la necesidad estatal de asegurar su correcto acatamiento.

No puede soslayarse que las leyes destinadas a regular los procesos económicos tienen como fin último lograr que éstos se produzcan ordenadamente, signados por la justicia social y para el mayor bien y prosperidad de la comunidad. La comunidad entera posee, pues, un legítimo interés en la marcha armónica de la economía, existiendo en este sentido un orden público económico que no es un fruto que se de naturalmente, sino que requiere de la tutela social en su más alta

---

directamente querellada a fs. 14, no sólo en razón de que la mencionada ley no contiene excepción expresa a la regla general del recordado art. 43 CC, como lo admite la citada ley 12.906, sino porque, además; la naturaleza especial de la pena de prisión obsta, por evidentes razones derivadas de su esencia, a su aplicabilidad a las personas jurídicas, debiendo por ello ejercerse la pertinente acción criminal y responsabilizarse penalmente en el caso a la persona o personas de existencia visible que sean directores, representantes o mandatarios de la respectiva persona jurídica. Jurisprudencia Argentina, 2612-58.

expresión: la sanción penal a quienes atenten contra él. La aparición de intrincadas formas de delincuencia que, recurriendo a entes colectivos de diverso carácter, atentan contra el ordenamiento económico-financiero del Estado, han dado lugar a que éste, en defensa de la sociedad y su seguridad jurídica, afirme la responsabilidad penal de las personas de existencia ideal como medio de impedir la violación de preciados bienes jurídicos por parte de sociedades inalcanzables por las sanciones comunes[203].

---

[203] Voto del Dr. Riggi del 16/11/2001, en la causa "Peugeot Citroën Argentina S.A. s/recurso de casación".

CAPÍTULO V

I. Las legislaciones europeas

Dentro del derecho comparado, las legislaciones penales europeas han ido receptando ciertos principios de imputación penal de las personas jurídicas y adecuándolos con los criterios que rigen la imputación de los actos en el derecho penal y con ciertas limitaciones constitucionales, especialmente en cuanto hace al principio de culpabilidad, que en muchos países opera como un limite constitucional[204].

TIEDEMANN, ha formulado una clasificación pentapartita basada en el análisis de diversas legislaciones nacionales, en atención a los casos y a las bases tradicionales del derecho penal nacional respectivo, Estos cinco modelos diferentes consisten en: a) responsabilidad civil (subsidiaria o acumulativa) de la persona jurídica por los delitos cometidos por sus empleados; b) medidas de seguridad que forman parte del sistema moderno del derecho penal, sin olvidar su procedencia del derecho administrativo e incluso de policía; c) sanciones administrativas (financieras y otras) impuestas por autoridades administrativas, pero profundamente reformadas recientemente en algunos países en diversos aspectos para, finalmente, formar un régimen "casi penal"; d) verdadera responsabilidad criminal, sin desatender en el ámbito del derecho, las diferencias de hecho que existen entre autor físico y persona jurídica; e) medidas mixtas, de carácter penal,

---

[204] Francia ha incorporado la posibilidad de castigar penalmente a las personas jurídicas desde 1994, Holanda desde 1976, Noruega desde 1992, Finlandia desde 1995 y Yugoslavia desde 1978. Dentro de la familia jurídica del "common law" la responsabilidad penal plena de las personas ideales existe en el derecho inglés, escocés, irlandés, norteamericano (comprendiendo el derecho canadiense de estirpe sajona) y australiano, además de dos ordenamientos fuertemente influenciados por el estadounidense como son el japonés y coreano del sur.

administrativo o civil, tales como la disolución de la agrupación o su colocación bajo curatela[205].

En general y según el criterio seguido por nosotros en este trabajo, se han elaborado tres modelos diferentes para dar respuesta al problema. En primer lugar existen sistemas juridicos que niegan la posibilidad de responsabilizar penalmente a las personas juridicas (Bélgica, Grecia, Luxemburgo, Portugal y Suiza), luego otros que postulan su punibilidad a título contravencional trasladando el problema del ámbito del derecho criminal al del derecho penal administrativo, ya sea mediante la utilización de multas (Alemania, Austria, Dinamarca, Italia, Polonia y Suecia), o de medidas de seguridad (España), y finalmente quienes directamente consagran la responsabilidad penal de las personas jurídicas mediante la aplicación de la teoría del delito tradicional en los entes colectivos (Finlandia, Francia, Holanda, Noruega y Yugoslavia)[206].

El análisis de estas legislaciones mencionadas con el agregado de breves referencias de otras solo pretende brindar un panorama acerca del tratamiento que en los diferentes órdenes legislativos se les brinda al problema que nos ocupa, para lo cual, a modo de facilitar su desarrollo hemos elegido, si se quiere arbitrariamente por la información que se tiene y por su vinculación con las fuentes que históricamente han inspirado nuestro ordenamiento, agrupar las legislaciones continentales europeas por subfamilias según la raíz del origen de sus normativas legales en las que se reúnen diferentes modelos legales de los tres tipos de respuestas politico criminales a la cuestión de la responsabilidad de las personas jurídicas que fueran señalados en el párrafo precedente.

II. Países latinos

A. España

1. La persona jurídica en la legislación civil

En la legislación española se esboza una definición legal de las personas jurídicas muy similar a la que rige en nuestro ordenamiento legal y se halla contemplada en el artículo 35° del Código Civil español que textualmente señala que son personas jurídicas: a) las corporaciones, asociaciones y fundaciones de interés público reconocidas por la Ley. Su

---

[205] TIEDEMANN, Klaus; "Responsabilidad penal de las personas juridicas" en *Anuario de Derecho Penal*, Número 1996, Universitas Friburgensis, Friburgo, Suiza, 1996, páginas 60 y siguientes

[206] CESANO, Daniel; *En torno a la denominada responsabilidad penal de la persona jurídica*. Alveroni Ediciones, Córdoba, 1998, *passim*.

personalidad empieza desde el instante mismo en que, con arreglo a Derecho, hubieran quedado válidamente constituidas y b) las asociaciones de interés particular sean civiles, mercantiles o industriales, a las que la Ley concede personalidad propia independientemente de la de cada uno de los asociados.

2. La legislación penal

a. Los ilícitos societarios[207]

En el Código Penal de 1995, los ilícitos societarios están enumerados según se describe a continuación: Artículo 290: el delito de falsedad en documentos sociales[208]. Artículos 291 y 292: los delitos de imposición en

---

[207] Como se advertirá, la materia del presente trabajo no coincide, necesariamente, con el concepto de "delito societario" que desarrollaremos en las comparaciones de los sistemas legislativos objeto de este estudio. Por tal, se ha entendido, a aquellas infracciones que están constituidas por atentados al regular y ordinario desenvolvimiento de las sociedades, generalmente mediante actos de los órganos sociales, aún de hecho (Cfr. Jorge DE LA RÚA, *Los delitos contra la confianza en los negocios*, Universidad Central de Venezuela, Caracas, 1980, páginas 181-182, cit. por CESANO, Daniel, *op. cit.*). Y decimos que no coincide necesariamente por cuanto, por regla, el concepto de "delito societario" se refiere a actos que afectan internamente a la sociedad. Ello no significa negar que, en algunos casos, los intereses en juego resulten distintos a los de la sociedad y no están necesariamente referidos a los socios ya que alcanzan, aún potencialmente a intereses de terceros en general, como ocurre con el incumplimiento de los deberes regístrales que la ley impone en relación a ciertos actos sociales, etcétera.

[208] *Capítulo XIII. De los delitos societarios. Artículo 290:* Los administradores, de hecho, o de derecho, de una sociedad constituida o en formación, que falsearen las cuentas anuales u otros documentos que deban reflejar la situación jurídica o económica de la entidad, de forma idónea para causar un perjuicio económico a la misma, a alguno de sus socios, o a un tercero, serán castigados con la pena de prisión de uno a tres años y multa de seis a doce meses. Si se llegare a causar el perjuicio económico se impondrán las penas en su mitad superior. *Artículo 291:* Los que, prevaliéndose de su situación mayoritaria en la Junta de accionistas o el órgano de administración de cualquier sociedad constituida o en formación, impusieren acuerdos abusivos, con ánimo de lucro propio o ajeno, en perjuicio de los demás socios, y sin que reporten beneficios a la misma, serán castigados con la pena de prisión de seis meses a tres años o multa del tanto al triplo del beneficio obtenido. *Artículo 292:* La misma pena del Artículo anterior se impondrá a los que impusieren o se aprovecharen para sí o para un tercero, en perjuicio de la sociedad o de alguno de sus socios, de un acuerdo lesivo adoptado por una mayoría ficticia, obtenida por abuso de firma en blanco, por atribución indebida del derecho de voto a quienes legalmente carezcan del mismo, por negación ilícita del ejercicio de este derecho a quienes lo tengan reconocido por la Ley, o por cualquier otro medio o procedimiento semejante, y sin perjuicio de castigar el hecho como corresponde si constituyese otro delito. *Artículo 293:* Los administradores de hecho o de derecho de cualquier sociedad constituida o en formación, que sin causa legal negaren o impidieren a un socio el ejercicio de los derechos de información, participación en la gestión o control de la actividad social, o suscripción preferente de acciones reconocidos por las Leyes, serán castigados con la pena de multa de seis a doce meses. *Artículo 294:* Los que, como administradores de hecho o de derecho de cualquier sociedad constituida o en formación, sometida o que actúe en mercados sujetos a supervisión administrativa, negaren o impidieren la actuación de las personas, órganos o entidades inspectoras o supervisoras, serán castigados con la pena de prisión de seis meses a tres años o multa de doce a veinticuatro meses.

Además de las penas previstas en el párrafo anterior, la autoridad judicial podrá decretar algunas de las medidas previstas en el Artículo 129 de este Código. *Artículo 295:* Los administradores de hecho o de derecho o los socios de cualquier sociedad constituida o en formación, que en beneficio propio o de un tercero, con abuso de las funciones propias de su cargo, dispongan fraudulentamente de los bienes de la sociedad o contraigan obligaciones a cargo de ésta causando directamente un perjuicio

acuerdos abusivos mediante prevalimiento de posición mayoritaria real o creación de mayorías ficticias. Artículo 293: conductas contrarias al ejercicio de los derechos de los socios. Artículo 294: conductas contrarias al ejercicio de las facultades de inspección y supervisión de determinadas personas, órganos o entidades y artículo 295: el delito de administración social fraudulenta.

Al interpretar las precitadas normas las mismas nos muestran como bienes jurídicos protegidos al patrimonio y la seguridad del patrimonio de los socios o de terceros en el artículo 290, el patrimonio de los socios en el artículo 291, el patrimonio de los socios y de la sociedad en el artículo 292, ciertos derechos de los socios en el artículo 293, las facultades de control de la Administración sobre las sociedades mercantiles en el artículo 294, y el patrimonio de los socios, los depositantes, los cuentapartícipes o los titulares de bienes, valores o capital administrados por la sociedad, en el artículo 295.

El referente societario en los delitos patrimoniales se encuentra eventualmente en la titularidad del patrimonio afectado (de la sociedad, de los socios o de personas relacionadas con la sociedad) y necesariamente en el modo de ataque al mismo: falsedad en documentos sociales, acuerdos abusivos, acuerdos por mayorías ficticias o administración desleal del patrimonio societario.

Este catálogo de bienes, individuales en su mayor parte, pero también colectivos e institucionales, explica que la perseguibilidad del delito se condicione solo en algunos supuestos, a la denuncia de la persona agraviada o de su representante legal, y que se prevea la eliminación de dicha condición cuando el delito afecte a los intereses generales o a una pluralidad de personas.

b. El articulo 262 y las penas a las personas jurídicas

El Código Penal de 1995[209] ha supuesto una verdadera innovación en la materia que nos ocupa. En el se ha introducido una pena,

---

económicamente evaluable a sus socios, depositarios, cuentapartícipes o titulares de los bienes, valores o capital que administren, serán castigados con la pena de prisión de seis meses a cuatro años, o multa del tanto al triplo del beneficio obtenido. *Artículo 296:* 1. Los hechos descritos en el presente capítulo, sólo serán perseguibles mediante denuncia de la persona agraviada o de su representante legal. Cuando aquélla sea menor de edad, incapaz o una persona desvalida, también podrá denunciar el Ministerio Fiscal. 2. No será precisa la denuncia exigida en el apartado anterior cuando la comisión del delito afecte a los intereses generales o a una pluralidad de personas. *Artículo 297:* A los efectos de este capítulo se entiende por sociedad toda cooperativa, Caja de Ahorros, mutua, entidad financiera o de crédito, fundación, sociedad mercantil o cualquier otra entidad de análoga naturaleza que para el cumplimiento de sus fines participe de modo permanente en el mercado.

[209] El Código Penal Español fue sancionado por la Ley Orgánica 10/1995, del 23 de noviembre de 1995, publicada en el Boletín Oficial Español n° 281 del 24 de noviembre de 1995 y entró en vigor el 24 de mayo de 1996.

llamándolo así expresamente el legislador español, a la persona jurídica. En el supuesto típico contenido en el artículo 262[210] del Código Penal (Capitulo VIII, De la alteración de precios en concursos y subastas públicas) se le impone a la empresa la pena de inhabilitación especial que comprende, en todo caso, el derecho a contratar con las Administraciones Públicas por un período de tres a cinco años. Si bien ello importa una consecuencia accesoria y no una pena en si misma, BACIGALUPO afirma que independientemente del nombre que se les quiera otorgar constituyen verdaderas sanciones represivas impuestas a las personas jurídicas[211].

c. El articulo 129 y las consecuencias accesorias

El mismo Código Penal español ha establecido, por primera vez en la legislación peninsular un catalogo de consecuencias accesorias destinadas a las empresas asociaciones y organizaciones. La novedad reside en la regulación con carácter general y bajo la denominación expresa de consecuencias accesorias, ya que en algunas leyes especiales y varios Códigos y proyectos de Códigos Penales se encontraban algunas de estas medidas.[212] Efectivamente el artículo 129[213] establece, bajo la

---

[210] *Artículo 262. (Artículo modificado por la Ley Orgánica 15/2003, de 25 de noviembre)*1. Los que solicitaren dádivas o promesas para no tomar parte en un concurso o subasta pública; los que intentaren alejar de ella a los postores por medio de amenazas, dádivas, promesas o cualquier otro artificio; los que se concertaren entre sí con el fin de alterar el precio del remate, o los que fraudulentamente quebraren o abandonaren la subasta habiendo obtenido la adjudicación, serán castigados con la pena de prisión de uno a tres años y multa de 12 a 24 meses, así como inhabilitación especial para licitar en subastas judiciales entre tres y cinco años. Si se tratare de un concurso o subasta convocados por las Administraciones o entes públicos, se impondrá además al agente y a la persona o empresa por él representada la pena de inhabilitación especial que comprenderá, en todo caso, el derecho a contratar con las Administraciones públicas por un período de tres a cinco años. 2. El juez o tribunal podrá imponer alguna o algunas de las consecuencias previstas en el artículo 129 si el culpable perteneciere a alguna sociedad, organización o asociación, incluso de carácter transitorio, que se dedicare a la realización de tales actividades.

[211] BACIGALUPO, Silvina; *op. cit.*, páginas 261 y 262.

[212] En cuanto al Código Penal vigente en ese momento se encontraba en los artículos 174,238, 265, 344 bis b), 347 bis, 452 bis c) y d) y 546 bis f) y estaba contemplado en diversos Anteproyectos como el de 1983 (artículo 138), 1992 (artículos 134 y 135), 1994 (artículo 129).

[213] *Artículo 129*: 1. El Juez o Tribunal, en los supuestos previstos en este Código, y previa audiencia de los titulares o de sus representantes legales, podrá imponer, motivadamente, las siguientes consecuencias: a) Clausura de la empresa, sus locales o establecimientos, con carácter temporal o definitivo. La clausura temporal no podrá exceder de cinco años. b) Disolución de la sociedad, asociación o fundación. c) Suspensión de las actividades de la sociedad, empresa, fundación o asociación por un plazo que no podrá exceder de cinco años. d) Prohibición de realizar en el futuro actividades, operaciones mercantiles o negocios de la clase de aquellos en cuyo ejercicio se haya cometido, favorecido o encubierto el delito. Esta prohibición podrá tener carácter temporal o definitivo. Si tuviere carácter temporal, el plazo de prohibición no podrá exceder de cinco años. e) La intervención de la empresa para salvaguardar los derechos de los trabajadores o de los acreedores por el tiempo necesario y sin que exceda de un plazo máximo de cinco años. 2. La clausura temporal prevista en el subapartado a) y la suspensión señalada en el subapartado c) del apartado anterior, podrán ser acordadas por el Juez

modalidad del sistema de *numerus clausus* una serie de consecuencias accesorias a la comisión de un delito que constituyen una suerte de medidas absolutamente independientes de las penas y de las medidas de seguridad, de modo tal que en cualquier supuesto en que no concurran los presupuestos fácticos para la aplicación de una pena o medida de seguridad, se pueda aplicar la consecuencia accesoria de 129, de presentarse sus requisitos.

i. Naturaleza penal de las "consecuencias accesorias"

La naturaleza jurídica de este instituto ha sido y es aún muy debatida en la dogmática española, pronunciándose una parte de la doctrina en el sentido de afirmar que se trata de medidas de seguridad de naturaleza administrativa que otorgan a los jueces o tribunales la posibilidad de su aplicación en el marco de un proceso penal[214], en tanto la posición contraria sostiene que se trata de consecuencias accesorias de la pena, dependiendo su aplicación de la previa sanción penal represiva o la imposición de una medida de seguridad[215].

Para los primeros entre los que se encuentra GRACIA MARTIN el fundamento de su tesis reside en que la persona jurídica no puede ser instrumento de una pena, pero debido a que la prevención del delito requiere de algún tipo de medidas contra tales entes morales, ante la imposibilidad de aplicar otro tipo de consecuencias penales consideran adecuado recurrir al criterio de fundamentación de tales reacciones jurídicas, basándose en el concepto de peligrosidad objetiva.

BACIGALUPO afirma en sentido contrario y sostiene, siguiendo a ZUGALDÍA fue la única calificación posible de las consecuencias accesorias referidas es la de sanciones penales. Por lo tanto, o son penas o son medidas de seguridad. En este sentido, considera las penas como

---

Instructor también durante la tramitación de la causa. 3. Las consecuencias accesorias previstas en este artículo estarán orientadas a prevenir la continuidad en la actividad delictiva y los efectos de la misma.
[214] Cfr. entre otros CORDOBA RODA, *Comentarios al Código Penal I*, Barcelona, España, 1962, página 186, CEREZO MIR, J.; *Derecho Penal-Parte General*, Madrid, 1994, páginas 298 y 315, MIR PUIG, S., *Derecho Penal-Parte General*, Valencia, 1996, página 177; GRACIA MARTÍN, L. *El actuar en nombre de otro en el Derecho Penal*, Madrid, 1996, página 13; y "La cuestión de la responsabilidad penal de las propias personas jurídicas" en *Actualidad Penal* n° 39/1993, páginas 590 y ss, BAJO FERNÁNDEZ, M.; *Derecho Penal Económico*, Madrid, 1978, páginas 118 y 119; BAJO FERNÁNDEZ,M., SUAREZ GONZALEZ,C. y PEREZ MANZANO M.; *Manual de derecho Penal (Parte Especial)*, Madrid, 1993, página 592; cits.en BACIGALUPO, Silvina, *op. cit.*, páginas 281 y 282.
[215] Cfr. entre otros GUINARTE CABANA, G. en Vives Antón, T. (coord.), Comentarios al Código Penal de 1995, volumen I, Valencia, 1995, páginas 665 y 666; MANZANARES SAMANIEGO, J.L. y CREMADES, J.; Comentarios al Nuevo Código Penal, Madrid, 1996, página 624; SILVA SANCHEZ, J.M.; "Responsabilidad penal de las empresas y de sus órganos en el Derecho español", en SILVA SANCHEZ, J.M., SCHÜNEMANN, B. y DE FIGUEREDO DIAS, J. (Coords.); *Fundamentos de un sistema europeo de derecho penal*, cits. en BACIGALUPO, Silvina, op. cit., página 282.

aquellas sanciones penales cuyo presupuesto y limite es el principio de culpabilidad. Por consiguiente, las consecuencias accesorias son autenticas penas toda vez que, como lo ha puesto de manifiesto el Tribunal Constitucional Español, la sanción a una persona jurídica exige su propia acción (al tener capacidad infractora) y su propia culpabilidad[216].

La identidad sustancial entre infracción delictual y administrativa ha sido, también, reconocida en la jurisprudencia española desde antiguo. Así, por ejemplo, en una sentencia del Tribunal Supremo[217], se expresó que "las contravenciones tipificadas (en un reglamento administrativo) se integran en el supraconcepto del ilícito, cuya unidad sustancial es compatible con la existencia de diversas manifestaciones fenoménicas entre las cuales se encuentra tanto el ilícito administrativo como el penal"[218].

ii. Las consecuencias accesorias como sanciones penales

El propio ZUGALDÍA opina que las consecuencias accesorias del artículo 129 son auténticas penas y deduce esta conclusión de cinco argumentos principales que seguidamente desarrollaremos.

El primero de ellos es que evidentemente según lo señala el autor, las consecuencias accesorias previstas en dicho artículo no son instrumentos reparatorios civiles porque no tienden a reparar el daño causado a la víctima como por ejemplo sería la suspensión de la actividad de la empresa responsable del mismo. Además, según la disposición final 6a del Código Penal español, el Título V del libro I - relativo a la responsabilidad civil *ex delicto* - tiene carácter de ley ordinaria y el artículo 129 tiene carácter de ley orgánica. Por otra parte, las consecuencias accesorias no pueden merecer la calificación de sanciones administrativas porque, aunque su aplicación por los órganos de la justicia penal no es un dato determinante de su naturaleza, no dejarían de ser unas "extrañas" sanciones administrativas dado que están previstas por el Código Penal, son impuestas por el Juez penal, como consecuencias de una infracción penal, en el curso de un proceso

---

216 BACIGALUPO, Silvina; *op. cit.*, página 285.

217 TS España, de fecha 9 de febrero 1972 en Repertorio jurídico Aranzadi, Madrid, 1972, página 876

218 En el caso de la doctrina judicial argentina, tal fue el criterio sostenido por nuestra Corte Suprema de Justicia de la Nación que dijo que la distinción entre delito y contravenciones (...) no tiene una base cierta que pueda fundarse en la distinta naturaleza jurídica de cada orden de infracciones para establecer un criterio seguro que permita distinguirlos. Vid en C.S. Fallos, 205:173.

penal y están orientadas a los fines de la pena (artículo 129, 3 del Código Penal)[219].

Las consecuencias accesorias tampoco pueden merecer según continua ZUGALDÍA, la aséptica calificación de consecuencias jurídicas preventivas-reafirmativas desprovistas de la naturaleza de sanción porque de ser así no tendrían por que estar sometidas a las garantías constitucionales exigidas para el Derecho sancionador. En su opinión, tampoco es correcto considerar a las consecuencias accesorias del artículo 129 como sanciones que privan a la persona física condenada del instrumento peligroso que representa en sus manos la persona jurídica.

En primer lugar, porque no es correcto considerar a la persona jurídica como un "objeto" (paralelo a la pistola con la que se mata) ya que tiene su propia personalidad; en segundo lugar, porque, de seguirse la tesis instrumental, la consecuencia accesoria debería afectar sólo a la persona física con sanciones profesionales (por ejemplo, inhabilitación), pero en ningún caso - como ocurre con el decomiso - a terceros (y la persona jurídica es un tercero que responde según su propia culpabilidad). Por consiguiente, y por exclusión, las consecuencias accesorias del artículo 129 deben merecer la consideración de sanciones penales. O se trata de penas o se trata de medidas de seguridad – sin que tenga sentido inventarse un tercer género de sanciones penales cuando pueden ser incluidas en alguno de los dos ya conocidos. Así las cosas, el problema sería ahora, para ZUGALDÍA de definición[220].

Y continúa analizando que, si llamamos penas a las sanciones penales que tienen como presupuesto y límite el principio de culpabilidad (sancionan a los autores culpables) y llamamos medidas de seguridad a las sanciones penales limitadas por el principio de proporcionalidad (ya que operan en ausencia o disminución de la culpabilidad)[221], las consecuencias accesorias del artículo 129 del Código Penal constituyen auténticas penas ya que la sanción a una persona jurídica exige su propia acción (ya que las personas jurídicas tiene capacidad infractora de las normas) y su propia imputabilidad, reprochabilidad o culpabilidad. Dicho de otra forma, si la aplicación de las consecuencias accesorias exige como presupuesto la propia

---

[219] ZUGALDÍA ESPINAR, José Miguel; "Las consecuencias accesorias aplicables como penas a las personas jurídicas en el Código Penal español" *en Anuario de Derecho Penal*, Número 1997-1998, Universitas Friburgensis, Friburgo, Suiza, 1998, página 14.

[220] Ibídem

[221] Refiere aquí ZUGALDIA, y lo expresa en una nota, la número 11, que lo hace por utilizar la generalizada fórmula propuesta por Claus ROXIN en su escrito "Franz von Liszt y la concepción político criminal del Proyecto Alternativo", en *Problemas básicos del Derecho Penal*, traducción de Diego LUZON PEÑA, Madrid, Reus, 1976, páginas 58 y subsiguientes, cit. en ZUGALDÍA ESPINAR, José Miguel; op. cit., página 15.

culpabilidad de la persona jurídica es que esas consecuencias accesorias son penas.

El segundo argumento considerado por el autor español reside en que, para ZUGALDÍA no tiene ningún sentido considerar que las consecuencias accesorias puedan ser medidas de seguridad. En primer lugar, porque las medidas de seguridad no exigen la culpabilidad de quien las sufre y las consecuencias accesorias sí. En segundo término, porque considerar que las consecuencias accesorias son medidas de seguridad obligaría a redefinir, no el concepto de culpabilidad, pero sí el concepto de peligrosidad pasando del biopsicológico de la persona física a otro "objetivo", no recogido en el Código Penal español para la persona jurídica[222].

El tercer fundamento es que las consecuencias accesorias previstas para las personas jurídicas se regulan en el Título VI del Libro I junto al comiso, de cuya naturaleza de pena nadie ha dudado nunca. El cuarto en que en lo que posiblemente pueda constituir, según ZUGALDÍA un *lapsus* del legislador, o una traición del subconsciente, el artículo 262 del Código Penal, que ya vimos como norma especial del régimen general del artículo 129 del Código Penal[223], al sancionar el delito de alteración de precios en concursos y subastas públicas, prevé que "se impondrá a la empresa la pena de inhabilitación especial" (que comprenderá, en todo caso, el derecho a contratar con las Administraciones Públicas)[224].

Como último argumento en sustento de sus conclusiones afirma que la referencia a la prevención especial contenida en el artículo 129, 3 no convierte a las consecuencias accesorias previstas en el precepto en medidas de seguridad ya que también las penas tienen fines preventivo especiales y que lo mismo cabe decir respecto de la previsión de las consecuencias accesorias como "facultativas" (el Juez o Tribunal podrá imponer...) ya que tampoco algunas penas se ejecutan si no resultan necesarias desde el punto de vista preventivo especial (suspensión de la ejecución de la pena)[225].

iii. Las consecuencias accesorias como sanción administrativa

En contra de esta consideración, GRACIA MARTIN razona que las consecuencias accesorias aplicables a las personas jurídicas, en ningún caso, pueden ser mezcladas con las medidas de seguridad del Derecho Penal, porque esto sería técnicamente incorrecto, ya que las

---

[222] Ibidem
[223] Vid punto en este mismo Capítulo.
[224] ZUGALDÍA ESPINAR, José Miguel; *op. cit*, página 15.
[225] Ibídem

corporaciones no pueden ser sujetos del juicio de peligrosidad criminal y, por tanto, no será nunca procedente ni acertado imponerles medidas de seguridad. De este modo, el juicio de peligrosidad criminal sólo será predicable de las personas físicas que actúan bajo aquéllas, que no de las personas jurídicas en sí mismas consideradas.

Esta tesis, según él, ha sido también apoyada por el nuevo Código Penal, que ha dedicado a las consecuencias jurídicas aplicables a las sociedades un título especial, bajo la rúbrica de consecuencias accesorias, a saber, el Título VI del Libro I (artículos 127 a 129). Opina este mismo autor que la inclusión de tales preceptos no supone en modo alguno, como afirmó CEREZO MIR "el reconocimiento de la capacidad de acción de las personas jurídicas", pues estamos más bien ante "medidas para hacer frente a la peligrosidad (*objetiva*) de las asociaciones, empresas o sociedades, puesta de manifiesto por la acción de los directivos, mandatarios o miembros"[226].

Dentro de la misma corriente de opinión pero con algunas diferencias, ya que PEREZ ARROYO considera directamente que las consecuencias accesorias son sanciones administrativas, este autor estima que, si bien las consecuencias jurídicas del delito pueden ser clasificadas a partir de órdenes diversos, el más acogido desde el punto de vista doctrinal nunca, o casi nunca, ha incluido a las consecuencias accesorias dentro de su estudio discursivo, centrándose generalmente en las *consecuencias clásicas*, en terminología de este mismo autor, que serían las penas o las medidas de seguridad. Estas dos primeras son los dos grandes instrumentos de la Política Penal, las consecuencias jurídicas principales y directas del delito y la responsabilidad civil (también principal, pero indirecta, puesto que es una consecuencia del daño civil y no del delito, por lo que sólo se verificará en tanto que exista un daño)[227].

El fundamento y la legitimidad de las consecuencias accesorias no se puede encontrar en un supuesto de hecho al que le son ajenos la culpabilidad y la peligrosidad criminal de un sujeto determinado, puesto que estas consecuencias jurídicas están pensadas para servir como mecanismos accesorios de control y tienen como finalidad la interiorización, por el sujeto infractor, del costo de su comportamiento.

Por tanto, no se puede llegar a la conclusión, con GRACIA MARTÍN, de que las consecuencias accesorias tienen un finalidad y legitimidad totalmente distinta e independiente de las penas y medidas de seguridad

---

[226] GRACIA MARTIN, Luis; "La cuestión de la responsabilidad penal de las propias personas jurídicas", *Revista peruana de Ciencias Penales*, n° 4, julio-diciembre, 1994, páginas 482 a 483.

[227] PEREZ ARROYO, M.R., "Las consecuencias jurídicas del delito en el Derecho Penal peruano", *Derecho y Sociedad*, n° 11, enero-junio, 1996, páginas 227 a 228.

(consecuencias jurídicas directas del delito). Así fundamenta el autor español que para su aplicación no necesariamente han de concurrir todos los presupuestos de la aplicación de una pena o de una medida de seguridad, puesto que, si en dicho supuesto éstos no se dan o simplemente no han podido probarse, nada impide que si, sin embargo, concurren los presupuestos propios y específicos de las consecuencias accesorias, pueda aplicarse la que corresponda[228].

Por el contrario, PÉREZ ARROYO, no encuentra en dichas consecuencias accesorias esa autonomía e independencia tan radical como la que vislumbra GRACIA MARTÍN. Este mismo autor advierte que si nos preguntamos por la razón de la existencia de las consecuencias accesorias, dicho fundamento no sólo ha de encontrarse en una supuesta insuficiencia penal para cumplir con la exigencia de prevención y represión de la criminalidad de empresas, sino que tales consecuencias jurídicas, del mismo modo que las demás, operan como un mecanismo de control social.

De este modo, PÉREZ ARROYO concluye que, las consecuencias jurídicas del delito, dentro del sistema penal español, no intentan únicamente sancionar al sujeto considerado culpable, sino que además echan mano de mecanismos accesorios de control, que tienen como finalidad que "el sujeto infractor de la ley punitiva interiorice el costo de su comportamiento. De este modo, estas consecuencias jurídicas se materializarán no de manera autónoma sino de modo accesorio, buscando siempre que el sujeto infractor de la ley penal interiorice el costo de sus actos: perdiendo los efectos patrimoniales de su acción típica, antijurídica y culpable y ocasionando la limitación en las funciones de la empresa o persona jurídica que le ha servido para sus propósitos"[229].

Diferenciándose de ZUGALDÍA[230] en cuanto a la naturaleza del decomiso, sostiene que el comiso en sí no es ninguna pena, sino una consecuencia jurídica accesoria y su imposición obedece a criterios económicos, que no punitivos. El comiso va a ser aplicado cuando la comisión del delito traiga consigo la existencia de bienes de contenido patrimonial, que sean resultado del delito cometido por el responsable penal, para su aprovechamiento como beneficios económicos, siempre que el titular del bien jurídico sea el Estado. Para su imposición se

---

[228] GRACIA MARTÍN, L., (coordinador) y otros, en op. cit., *Las consecuencias jurídicas del delito en el Nuevo Código Penal Español*, Tirant lo blanch, Valencia, 1996, página 439.
[229] PÉREZ ARROYO, M.R.; *op.cit.*, página 228.
[230] Vid punto en este mismo Capítulo.

requiere a priori una condena por el delito concreto, dada su naturaleza accesoria[231].

El fundamento del comiso de los instrumentos del delito ha de hallarse en la peligrosidad de las cosas, que están a disposición de determinados sujetos y su finalidad radica en un objetivo: conseguir que dichos instrumentos no se utilicen en el futuro para cometer nuevos hechos delictivos, aunque el fundamento y finalidad de esta consecuencia accesoria pueda ser independiente del titular de los objetos decomisables, bajo determinadas condiciones. En todo caso, queda vedada la posibilidad de decomisar dichos instrumentos y ganancias cuando estén bajo la titularidad de un tercero de buena fe no responsable del delito, que los haya adquirido conforme a lo dispuesto legalmente, según se desprende del mismo artículo 127 del Código Penal.

GRACIA MARTÍN, en tanto quiere también ver el fundamento del comiso de los efectos del delito en la peligrosidad de las cosas. Sin embargo, una interpretación correcta del precepto no nos puede llevar a tal conclusión, sino que ha de colocarse junto con el comiso de las ganancias, que viene a ser prácticamente lo mismo y con el que comparte idéntico fundamento, distinto al del comiso de los instrumentos del delito[232].

iv. Características de las consecuencias accesorias

Si bien de todo lo expuesto, surge que, no es unánime la conclusión que el Código Penal español de 1995 ha derogado la fórmula tradicional *societas delinquere no potest* y ha consagrado justamente la contraria (*societas delinquere potest*) el ordenamiento en análisis establece un sistema novedoso y original en cuanto al tratamiento del problema de la responsabilidad de las personas ideales.

Efectivamente, el sistema admite la responsabilidad criminal directa de la persona jurídica que puede ser perseguida u sancionada sin que ello esté condicionado o subordinado a la paralela persecución y sanción de una persona física. Cometido presuntamente un delito de los que se admite responsabilidad criminal de las personas jurídicas, la denuncia o la querella podrá dirigirse indistintamente contra una persona física, contra una persona jurídica o contra ambas y las actuaciones judiciales acordadas durante la tramitación de la causa (artículo 129, 2) podrán recaer sólo sobre la persona jurídica (clausura temporal, suspensión de actividades) aunque todavía no existan indicios racionales de

---

[231] PÉREZ ARROYO, M.R.; *op.cit.*, página 228.
[232] GRACIA MARTÍN, L., op. cit., página 445.

criminalidad respecto de una persona física concreta. Del mismo modo, no podrá acordarse el sobreseimiento provisional de la causa por falta de autor (persona física) conocido si existe una persona jurídica a la que pueda imputarse el delito. Paralelamente, la absolución del imputado (persona física) no impedirá, en su caso, la condena de la persona jurídica (por ejemplo, es posible imponer una consecuencia accesoria a una persona jurídica si el órgano actuante actúa de forma ilícita, pero no culpable, en caso de que la persona jurídica sí haya actuado de forma culpable; es decir, las consecuencias accesorias son "accesorias" en el sentido de la participación criminal)[233].

Se trata de un sistema que opera sobre la base del *numerus clausus*: las consecuencias accesorias establecidas en el artículo 129 son de aplicación solamente "en los supuestos previstos en este Código". Salvo error u omisión, los supuestos previstos en el Código Penal son los siguientes ilícitos que se especifican a continuacioón: delitos de exhibicionismo, pornografía y prostitución (artículo 194)[234]; venta de niños (artículo 221)[235]; delitos contra la propiedad intelectual (artículo 271); delitos contra la propiedad industrial (artículo 276); delitos relativos al mercado y consumidores (artículo 288)[236], delito de

---

[233] ZUGALDÍA ESPINAR, José Miguel; *op. cit*, página 17.

[234] *Artículo 194:* En los supuestos tipificados en los capítulos IV y V de este Título, cuando en la realización de los actos se utilizaren establecimientos o locales, abiertos o no al público, podrá decretarse en la sentencia condenatoria su clausura temporal o definitiva. La clausura temporal, que no podrá exceder de cinco años, podrá adoptarse también con carácter cautelar.

[235] *Artículo 221:* 1. Los que, mediando compensación económica, entreguen a otra persona un hijo, descendiente o cualquier menor aunque no concurra relación de filiación o parentesco, eludiendo los procedimientos legales de la guarda, acogimiento o adopción, con la finalidad de establecer una relación análoga a la de filiación, serán castigados con las penas de prisión de uno a cinco años y de inhabilitación especial para el ejercicio del derecho de la patria potestad, tutela, curatela o guarda por tiempo de cuatro a 10 años. (Apartado redactado de acuerdo con la modificación establecida por la Ley Orgánica 15/2003, de 25 de noviembre). 2. Con la misma pena serán castigados la persona que lo reciba y el intermediario, aunque la entrega del menor se hubiese efectuado en país extranjero. 3. Si los hechos se cometieren utilizando guarderías, colegios u otros locales o establecimientos donde se recojan niños, se impondrá a los culpables la pena de inhabilitación especial para el ejercicio de las referidas actividades por tiempo de dos a seis años y se podrá acordar la clausura temporal o definitiva de los establecimientos. En la clausura temporal, el plazo no podrá exceder de cinco años.

[236] *Artículo 285.* (Artículo modificado por la Ley Orgánica 15/2003, de 25 de noviembre): 1. Quien de forma directa o por persona interpuesta usare de alguna información relevante para la cotización de cualquier clase de valores o instrumentos negociados en algún mercado organizado, oficial o reconocido, a la que haya tenido acceso reservado con ocasión del ejercicio de su actividad profesional o empresarial, o la suministrare obteniendo para sí o para un tercero un beneficio económico superior a 600.000 euros o causando un perjuicio de idéntica cantidad, será castigado con la pena de prisión de uno a cuatro años, multa del tanto al triplo del beneficio obtenido o favorecido e inhabilitación especial para el ejercicio de la profesión o actividad de dos a cinco años. 2. Se aplicará la pena de prisión de cuatro a seis años, la multa del tanto al triplo del beneficio obtenido o favorecido e inhabilitación especial para el ejercicio de la profesión o actividad de dos a cinco años, cuando en las conductas descritas en el apartado anterior concurra alguna de las siguientes circunstancias: 1ª Que los sujetos se dediquen de forma habitual a tales prácticas abusivas. 2ª Que el beneficio obtenido sea de notoria importancia. 3ª Que se cause grave daño a los intereses generales.

resistencia a inspecciones (artículo 294)[237], receptación (artículos 298[238] y 299)[239], delito de lavado de dinero (artículo 302)[240], delitos contra el

---

[237] *Artículo 294:* Los que, como administradores de hecho o de derecho de cualquier sociedad constituida o en formación, sometida o que actúe en mercados sujetos a supervisión administrativa, negaren o impidieren la actuación de las personas, órganos o entidades inspectoras o supervisoras, serán castigados con la pena de prisión de seis meses a tres años o multa de doce a veinticuatro meses. Además de las penas previstas en el párrafo anterior, la autoridad judicial podrá decretar algunas de las medidas previstas en el Artículo 129 de este Código.

[238] *Artículo 298:* 1. El que, con ánimo de lucro y con conocimiento de la comisión de un delito contra el patrimonio o el orden socioeconómico, en el que no haya intervenido ni como autor ni como cómplice, ayude a los responsables a aprovecharse de los efectos del mismo, o reciba, adquiera u oculte tales efectos, será castigado con la pena de prisión de seis meses a dos años. 2. Esta pena se impondrá en su mitad superior a quien reciba, adquiera u oculte los efectos del delito para traficar con ellos. Si el tráfico se realizase utilizando un establecimiento o local comercial o industrial, se impondrá, además, la pena de multa de doce a veinticuatro meses. En estos casos los Jueces o Tribunales, atendiendo a la gravedad del hecho y a las circunstancias personales del delincuente, podrán imponer también a éste la pena de inhabilitación especial para el ejercicio de su profesión o industria, por tiempo de dos a cinco años, y acordar la medida de clausura temporal o definitiva del establecimiento o local. Si la clausura fuese temporal, su duración no podrá exceder de cinco años. 3. En ningún caso podrá imponerse pena privativa de libertad que exceda de la señalada al delito encubierto. Si éste estuviese castigado con pena de otra naturaleza, la pena privativa de libertad será sustituida por la de multa de 12 a 24 meses, salvo que el delito encubierto tenga asignada pena igual o inferior a ésta; en tal caso, se impondrá al culpable la pena de aquel delito en su mitad inferior. (Párrafo modificado por la Ley Orgánica 15/2003, de 25 de noviembre).

[239] *Artículo 299.* (Artículo modificado por la Ley Orgánica 15/2003, de 25 de noviembre en su mitad inferior. 1. El que con ánimo de lucro y con conocimiento de la comisión de hechos constitutivos de falta contra la propiedad, habitualmente se aprovechara o auxiliara a los culpables para que se beneficien de los efectos de las mismas, será castigado con la pena de prisión de seis meses a un año. 2. Si los efectos los recibiere o adquiriere para traficar con ellos, se impondrá la pena en su mitad superior y, si se realizaran los hechos en local abierto al público, se impondrá, además, la multa de 12 a 24 meses. En estos casos los jueces o tribunales, atendiendo a la gravedad del hecho y a las circunstancias personales del delincuente, podrán imponer también a éste la pena de inhabilitación especial para el ejercicio de su profesión o industria por tiempo de uno a tres años, y acordar la medida de clausura temporal o definitiva del establecimiento o local. Si la clausura fuese temporal, su duración no podrá exceder de cinco años

[240] *Artículo 301:* 1. El que adquiera, convierta o transmita bienes, sabiendo que éstos tienen su origen en un delito, o realice cualquier otro acto para ocultar o encubrir su origen ilícito, o para ayudar a la persona que haya participado en la infracción o infracciones a eludir las consecuencias legales de sus actos, será castigado con la pena de prisión de seis meses a seis años y multa del tanto al triplo del valor de los bienes. En estos casos, los jueces o tribunales, atendiendo a la gravedad del hecho y a las circunstancias personales del delincuente, podrán imponer también a éste la pena de inhabilitación especial para el ejercicio de su profesión o industria por tiempo de uno a tres años, y acordar la medida de clausura temporal o definitiva del establecimiento o local. Si la clausura fuese temporal, su duración no podrá exceder de cinco años. La pena se impondrá en su mitad superior cuando los bienes tengan su origen en alguno de los delitos relacionados con el tráfico de drogas tóxicas, estupefacientes o sustancias psicotrópicas descritos en los artículos 368 a 372 de este Código. En estos supuestos se aplicarán las disposiciones contenidas en el artículo 374 de este Código. (Párrafo modificado por la Ley Orgánica 15/2003, de 25 de noviembre). 2. Con las mismas penas se sancionará, según los casos, la ocultación o encubrimiento de la verdadera naturaleza, origen, ubicación, destino, movimiento o derechos sobre los bienes o propiedad de los mismos, a sabiendas de que proceden de alguno de los delitos expresados en el apartado anterior o de un acto de participación en ellos. 3. Si los hechos se realizasen por imprudencia grave, la pena será de prisión de seis meses a dos años y multa del tanto al triplo. 4. El culpable será igualmente castigado, aunque el delito del que provinieren los bienes, o los actos penados en los apartados anteriores hubiesen sido cometidos, total o parcialmente, en el extranjero. 5. Si el culpable hubiera obtenido ganancias, serán decomisadas conforme a las reglas del artículo 127 de este Código. (Párrafo añadido por la Ley Orgánica 15/2003, de 25 de noviembre). *Artículo 302.* (Artículo modificado por la Ley Orgánica 15/2003, de 25 de noviembre): 1. En los supuestos previstos en el artículo anterior

medio ambiente (artículo 327)[241], delitos de fraudes alimentarios (artículo 366)[242], delito de tráfico de drogas (artículos 370 y 371), tráfico

---

se impondrán las penas privativas de libertad en su mitad superior a las personas que pertenezca a una organización dedicada a los fines señalados en los mismos, y la pena superior en grado a los jefes, administradores o encargados de las referidas organizaciones. 2. En tales casos, los jueces o tribunales impondrán, además de las penas correspondientes, la de inhabilitación especial del reo para el ejercicio de su profesión o industria por tiempo de tres a seis años, el comiso de los bienes objeto del delito y de los productos y beneficios obtenidos directa o indirectamente del acto delictivo, y podrán decretar, así mismo, alguna de las medidas siguientes: a) La aplicación de cualquiera de las medidas previstas en el artículo 129 de este Código. b) La pérdida de la posibilidad de obtener subvenciones o ayudas públicas y del derecho a gozar de beneficios o incentivos fiscales o de la Seguridad Social, durante el tiempo que dure la mayor de las penas privativas de libertad impuesta.

[241] *Artículo 325*. (Artículo modificado por la Ley Orgánica 15/2003, de 25 de noviembre): 1. Será castigado con las penas de prisión de seis meses a cuatro años, multa de ocho a 24 meses e inhabilitación especial para profesión u oficio por tiempo de uno a tres años el que, contraviniendo las leyes u otras disposiciones de carácter general protectoras del medio ambiente, provoque o realice directa o indirectamente emisiones, vertidos, radiaciones, extracciones o excavaciones, aterramientos, ruidos, vibraciones, inyecciones o depósitos, en la atmósfera, el suelo, el subsuelo o las aguas terrestres, marítimas o subterráneas, con incidencia, incluso, en los espacios transfronterizos, así como las captaciones de aguas que puedan perjudicar gravemente el equilibrio de los sistemas naturales. Si el riesgo de grave perjuicio fuese para la salud de las personas, la pena de prisión se impondrá en su mitad superior. 2. El que dolosamente libere, emita o introduzca radiaciones ionizantes u otras sustancias en el aire, tierra o aguas marítimas, continentales, superficiales o subterráneas, en cantidad que produzca en alguna persona la muerte o enfermedad que, además de una primera asistencia facultativa, requiera tratamiento médico o quirúrgico o produzca secuelas irreversibles, será castigado, además de con la pena que corresponda por el daño causado a las personas, con la prisión de dos a cuatro años. *Artículo 326*: Se impondrá la pena superior en grado, sin perjuicio de las que puedan corresponder con arreglo a otros preceptos de este Código, cuando en la comisión de cualquiera de los hechos descritos en el Artículo anterior concurra alguna de las circunstancias siguientes: a) Que la industria o actividad funcione clandestinamente, sin haber obtenido la preceptiva autorización o aprobación administrativa de sus instalaciones. b) Que se hayan desobedecido las órdenes expresas de la autoridad administrativa de corrección o suspensión de las actividades tipificadas en el Artículo anterior. c) Que se haya falseado u ocultado información sobre los aspectos ambientales de la misma. d) Que se haya obstaculizado la actividad inspectora de la Administración. e) Que se haya producido un riesgo de deterioro irreversible o catastrófico. f) Que se produzca una extracción ilegal de aguas en período de restricciones. *Artículo 327*: En todos los casos previstos en los dos Artículos anteriores, el Juez o Tribunal podrá acordar alguna de las medidas previstas en las letras a) o e) del Artículo 129 de este Código.

[242] *Artículo 364*: 1. El que adulterare con aditivos u otros agentes no autorizados susceptibles de causar daños a la salud de las personas los alimentos, sustancias o bebidas destinadas al comercio alimentario, será castigado con las penas del Artículo anterior. Si el reo fuera el propietario o el responsable de producción de una fábrica de productos alimenticios, se le impondrá, además, la pena de inhabilitación especial para profesión, oficio, industria o comercio de seis a diez años. 2. Se impondrá la misma pena al que realice cualquiera de las siguientes conductas: 1.º Administrar a los animales cuyas carnes o productos se destinen al consumo humano sustancias no permitidas que generen riesgo para la salud de las personas, o en dosis superiores o para fines distintos a los autorizados. 2.º Sacrificar animales de abasto o destinar sus productos al consumo humano, sabiendo que se les ha administrado las sustancias mencionadas en el número anterior. 3.º Sacrificar animales de abasto a los que se hayan aplicado tratamientos terapéuticos mediante sustancias de las referidas en el apartado 1.º 4.º Despachar al consumo público las carnes o productos de los animales de abasto sin respetar los períodos de espera en su caso reglamentariamente previstos. *Artículo 369*. (Artículo modificado por la Ley Orgánica 15/2003, de 25 de noviembre): 1. Se impondrán las penas superiores en grado a las señaladas en el artículo anterior y multa del tanto al cuádruplo cuando concurran alguna de las siguientes circunstancias: 1ª El culpable fuere autoridad, funcionario público, facultativo, trabajador social, docente o educador y obrase en el ejercicio de su cargo, profesión u oficio. 2ª El culpable perteneciere a una organización o asociación, incluso de carácter transitorio, que tuviese como finalidad difundir tales sustancias o productos aun de modo ocasional. 3ª El culpable participare en otras actividades organizadas o cuya ejecución se vea facilitada por la comisión del delito. 4ª Los hechos fueren realizados

de influencias (artículo 430)[243] y delito de asociación ilícita (artículo 520)[244]. ZUGALDÍA afirma que se trata de trece supuestos entre los que no se han incluido - sin que alcance a encontrarle al dato explicación alguna - ni los delitos contra la Hacienda Pública y la Seguridad Social (artículos 305 y siguientes) ni los delitos contra los derechos de los trabajadores (artículos 311 y siguientes). Por lo demás, el artículo 318, dada la interpretación que debe mantenerse del artículo 31 del Código Penal, resulta absolutamente superfluo[245].

Estamos, afirma ZUGALDÍA, frente a un sistema pobre en lo relativo al catálogo de sanciones ya que en el artículo 129 del Código Penal se echan en falta sanciones cuya efectividad en la lucha contra la delincuencia económica y cuya utilización en los sistemas jurídicos de otros países debió ser valorada por el legislador español, y se refiere a sanciones tales como la pérdida de beneficios fiscales, la pena de multa, la amonestación pública o privada, la caución de buena conducta, la aplicación de beneficios económicos a fines sociales, la publicación de la sentencia, la prohibición de contratar con empresas públicas, etcétera. El

---

en establecimientos abiertos al público por los responsables o empleados de los mismos. 5ª Las sustancias a que se refiere el artículo anterior se faciliten a menores de 18 años, a disminuidos psíquicos o a personas sometidas a tratamiento de deshabituación o rehabilitación. 6ª Fuere de notoria importancia la cantidad de las citadas sustancias objeto de las conductas a que se refiere el artículo anterior. 7ª Las referidas sustancias se adulteren, manipulen o mezclen entre sí o con otras, incrementando el posible daño a la salud. 8ª Las conductas descritas en el artículo anterior tengan lugar en centros docentes, en centros, establecimientos o unidades militares, en establecimientos penitenciarios o en centros de deshabituación o rehabilitación, o en sus proximidades. 9ª El culpable empleare violencia o exhibiere o hiciese uso de armas para cometer el hecho. 10ª El culpable introdujera o sacare ilegalmente las referidas sustancias o productos del territorio nacional, o favoreciese la realización de tales conductas. 2. En los supuestos previstos en las circunstancias 2ª, 3ª y 4ª del apartado anterior de este artículo, se impondrá a la organización, asociación o persona titular del establecimiento una multa del tanto al triplo del valor de la droga objeto del delito, el comiso de los bienes objeto del delito y de los productos y beneficios obtenidos directa o indirectamente del acto delictivo y, además, la autoridad judicial podrá decretar alguna de las siguientes medidas: 1ª La pérdida de la posibilidad de obtener subvenciones o ayudas públicas y del derecho a gozar de beneficios o incentivos fiscales o de la Seguridad Social, durante el tiempo que dure la mayor de las penas privativas de libertad impuesta. 2ª La aplicación de las medidas previstas en el artículo 129 de este Código.

[243] *Artículo 429*: El particular que influyere en un funcionario público o autoridad prevaliéndose de cualquier situación derivada de su relación personal con éste o con otro funcionario público o autoridad para conseguir una resolución que le pueda generar, directa o indirectamente, un beneficio económico para sí o para un tercero, será castigado con las penas de prisión de seis meses a un año, y multa del tanto al duplo del beneficio perseguido u obtenido. Si obtuviere el beneficio perseguido se impondrán las penas en su mitad superior. *Artículo 430*: Los que, ofreciéndose a realizar las conductas descritas en los Artículos anteriores, solicitaren de terceras dádivas, presentes o cualquier otra remuneración, o aceptaren ofrecimiento o promesa, serán castigados con la pena de prisión de seis meses a un año. En cualquiera de los supuestos a que se refiere este Artículo, la autoridad judicial podrá imponer también la suspensión de las actividades de la sociedad, empresa, organización o despacho y la clausura de sus dependencias abiertas al público por tiempo de seis meses a tres años.

[244] *Artículo 520*: Los Jueces o Tribunales, en los supuestos previstos en el Artículo 515, acordarán la disolución de la asociación ilícita y, en su caso, cualquier otra de las consecuencias accesorias del Artículo 129 de este Código.

[245] ZUGALDÍA ESPINAR, José Miguel; *op. cit*, página 17.

establecimiento de este catálogo de sanciones para que pudieran ser elegidas por el Juez o Tribunal hubiera enriquecido notablemente el artículo 129 y facilitado los fines de prevención especial que con el mismo se pretenden[246].

d. Análisis de las medidas previstas en artículo 129

El artículo 129 del Código Penal español contempla la posible aplicación de una serie de consecuencias accesorias que el Juez o Tribunal, en los supuestos previstos en el código, y previa audiencia de los titulares o de sus representantes legales, podrá imponer, motivadamente, a las personas jurídicas.

a) Clausura de la empresa, sus locales o establecimientos, con carácter temporal o definitivo. La clausura temporal no podrá exceder de cinco años. Esta es la consecuencia accesoria contemplada con mayor frecuencia en los artículos de la parte especial ya que se encuentra prevista para caso de delitos contra el patrimonio y el orden socioeconómico, delitos relativos a la propiedad intelectual e industrial en su artículo 271 b) donde establece que se podrá decretar el cierre temporal o definitivo de la industria, o establecimiento del condenado.

En ese mismo titulo, pero en la sección segunda del Capitulo XI sobre los delitos relativos a la propiedad industrial, el artículo 276.2 también prevé el cierre temporal o definitivo de la industria o establecimiento del condenado. Por ultimo, dentro de este Capítulo XI, la sección cuarta, relativa a las disposiciones comunes de dicho capítulo, se establece en el artículo 288 que se podrán acordar las medidas previstas en el artículo 129 del Código Penal.

En dicho titulo, el Capítulo XIII relativo a los delitos societarios contempla en el tipo del artículo 294.2 la aplicación de alguna de las medidas del artículo 129. En el Capitulo XIV sobre la receptación y otras conductas afines, los artículos 298.2, 299.2 y 302 b) en relación con el supuesto típico del artículo 301 también revén la posibilidad de adoptar la clausura temporal o definitiva del establecimiento o local. En este sentido, se debe resaltar que el artículo 300 de dicho capítulo establece una importante regla de carácter procesal, según la cual las disposiciones de dicho capítulo se aplicarán aun cuando el autor o cómplice del hecho de que prevengan los efectos aprovechas fueran irresponsables o estuvieren personalmente exentos de pena[247].

---

[246] Ibidem.
[247] BACIGALUPO, Silvina; *op. cit.*, páginas 300 a 305.

En el Título XVI de los delitos relativos a la ordenación del territorio y la protección del patrimonio histórico y del medio ambiente, capítulo III sobre los delitos contra los recursos naturales y del medio ambiente, el artículo 327 prevé para las conductas típicas de los artículos 325 y 326 la posibilidad de acordar la clausura del artículo 129.

En el Titulo XVII de los delitos contra la seguridad colectiva, el Capítulo III sobre los delitos contra la salud pública, el artículo 366 establece que se podrá imponer para las conductas tipificadas en los artículos 359-365 la clausura temporal del establecimiento, fábrica, laboratorio o local y en los casos de extrema gravedad, se podrá decretar el cierre definitivo conforme a lo establecido en el artículo 129. En este mismo capítulo el artículo 370, también prevé esta consecuencia accesoria para los casos tipificados en los artículos 369.2, 369.6 y 371 del Código Penal.

En algunos de los supuestos en que se contempla la clausura se los denomina cierre apreciándose también cambios en las denominaciones relativas al establecimiento o local, llamándoselos alternativamente fábrica, laboratorio o dependencias abiertas al público. La clausura impuesta, como reza el propio articulado, puede ser definitiva o temporal en cuyo caso no podrá exceder los cinco años[248].

b) Disolución de la sociedad, asociación o fundación: La disolución de la sociedad y el retiro de su personería jurídica es sin lugar a duda la consecuencia más grave que se puede imponer a una persona jurídica, pues supone la muerte civil de la misma. Esta consecuencia aparece singularmente prevista en los artículos 288, 294.2 y 520 por su remisión general a cualquiera de las medidas del artículo 129 y en los artículos 302 y 370.a[249].

c) Suspensión de las actividades de la sociedad, empresa, fundación o asociación por un plazo que no podrá exceder de cinco años. La Suspensión de las actividades de la persona jurídica es una consecuencia de carácter temporal. Su duración, una vez más no podrá superar los cinco años y aparece contemplada con diferentes matices en los artículos 288, 294.2 y 520 por su remisión general al propio 129 y específicamente en los artículos 302.b, 370 b y 430.

d)Prohibición de realizar en el futuro actividades, operaciones mercantiles o negocios de la clase de aquellos en cuyo ejercicio se haya cometido, favorecido o encubierto el delito. Esta prohibición podrá tener carácter temporal o definitivo. Si tuviere carácter temporal, el plazo de prohibición no podrá exceder de cinco años. La prohibición de realizar

---

[248] Ibídem
[249] Ibídem

actividades operaciones o negocios determinados puede oponerse de manera definitiva o temporal en cuyo caso no podrá exceder de los cinco años. Esta contemplada en los artículos 288, 294.2 y 520 por su remisión general al propio 129 y específicamente en los artículos 302.c y 370 c. En el contexto de este inciso postula BACIGALUPO debería haberse incluido la pena de inhabilitación contemplada en el artículo 262 ya comentado[250].

e) La intervención de la empresa para salvaguardar los derechos de los trabajadores o de los acreedores por el tiempo necesario sin que exceda de un plazo mínimo de cinco años. La intervención de la empresa es una consecuencia que a diferencia de las anteriores opera mas como medida cautelar que como consecuencia accesoria en si misma independientemente de la naturaleza que se le atribuya a las mismas. La intervención se podrá imponer como consecuencia única o simultáneamente con otras cuya aplicación no resulte excluida[251].

e. El artículo 31 y la figura del administrador de hecho

En el Código de 1983, inspirado en la legislación alemana, se introdujo el concepto de "administrador de hecho", el que fue absorbido por el articulo 31 del vigente Código Penal que estipula que "el que actúe como administrador de hecho o de derecho de una persona jurídica, o en nombre o representación legal o voluntaria de otro, responderá personalmente, aunque no concurran en el las condiciones, cualidades o relaciones que la correspondiente figura de delito o falta requiera para poder ser sujeto activo del mismo, si tales circunstancias se dan en la entidad o persona en cuyo nombre o representación obre".

Estos preceptos han de entenderse, sin embargo, limitados a la tipicidad de la conducta, sin despreciar las reglas de la imputación en calidad de autor, ni las garantías del principio de culpabilidad, de modo que habrá de indagarse, para considerarlo autor, quien es la persona o personas que controlan la decisión y pueden dar lugar a ella o a detenerla.

f. El artículo 15 bis y la figura del actuar en nombre de otro

También contemplada en el ordenamiento penal español, la figura del actuar por otro se encuentra legislada en el artículo 15 bis del Código Penal español. Al referirse al mismo, Enrique BACIGALUPO, afirma que "se trata de una disposición que tiene la finalidad de eliminar las lagunas

---

[250] Vid punto en este mismo Capítulo.
[251] BACIGALUPO, Silvina; *op. cit.*, páginas 300 a 305.

de impunidad que se generarían de aplicar las reglas generales de participación y la tipicidad a los casos en que el deber especial incumbe a una persona jurídica, pero no a su representante, quien, sin embargo, es el que realiza el comportamiento necesario para infringir tal deber"[252].

B. Francia

En Francia, la ley de sociedades del 24 de julio de 1966[253], en el título II, sancionaba los ilícitos societarios, aplicando primordialmente un criterio de responsabilidad objetiva. A partir de la sanción del *Nouveau Code Pénal*, que entró en vigencia el 1º de marzo de 1994, se incluyó en esta última normativa la responsabilidad penal de las personas jurídicas por su actuar ilícito, modificándose la anterior normativa, a fin de poder aplicarlo a esos "delincuentes de un género nuevo" que eran las sociedades ya que, hasta ese momento, para la legislación penal sólo eran responsables las personas físicas[254].

El reconocimiento de esta responsabilidad se asienta en el hecho de que, siendo las personas jurídicas, un aspecto esencial de la vida económica actual, no se puede negar ese dato de la realidad descartando *a priori* su responsabilidad penal y ello es así reflejado tanto en su ordenamiento civil y comercial como en el penal.

1. La legislación comercial

Desde la ley de sociedades de 1867, pasando por sus numerosas modificaciones dentro de las que merece destacarse el estatuto integral contenido en la ley de 1966 (un verdadero "*Code des Sociétés*"[255]), y su posterior incorporación al *Code de Commerce*, la legislación gala en la materia fue considerada como la legislación más minuciosa sobre el

---

[252] BACIGALUPO, Enrique; "Responsabilidad penal de órganos, directivos y representantes de una persona jurídica (el actuar en nombre de otro)", en *Comentarios a la legislación penal,* op. cit.; volúmen V, página 371.

[253] A su vez la Ley 78-9 del 4 de enero de 1978 modifico la disciplina soceitaria instituída por el Código Civil de Francia en el Título IX, del Libro III: "Del contrato de sociedad", artículos 1832 a 1872 reflejando su incidencia en el régimen establecido por la ley del 24 de julio de 1966 aunque solo regula específicamente la sociedad civil y la sociedad en participación.

[254] HEREDIA, Florencia: "Ilícitos societarios. Tendencias en el derecho comparado y situación en la República Argentina", en *Revista del Derecho Comercial y de las Obligaciones*, Año 1997, número 113, Buenos Aires, 1997, Sección Doctrina, página 7.

[255] Ley del 24 de julio de 1966 fue posteriormente modificadas por diversas normas muchas de las cuales abrogaron gran parte de su articulado. Lo propio acontecio con el Decreto del 23 de marzo de 1967 (Décret n° 67-236 du 23 mars 1967. "Décret sur les sociétés commerciales) que continua en vigencia junto al Libro II "De las sociedades mercantiles y de las agrupaciones de interés económico" del Còdigo de Comercio de Francia.

particular constituyendo una fuente importante tanto para nuestra ley de sociedades como para su reforma del año 1983.

Actualmente la normativa penal societaria se encuentra comprendida en el Titulo IV del *Code de Commerce* (Disposiciones penales) y abarca ocho capítulos: Capítulo a) de las infracciones que afectan a las sociedades de responsabilidad limitada[256]; Capítulo b) a las sociedades anónimas[257]; Capítulo c) a las sociedades en comandita por

---

[256] Artículo L. 241-1. Los socios de una sociedad de responsabilidad limitada serán castigados con la pena de seis meses de prisión y con multa de 60.000 F por el hecho de realizar en el acta de la sociedad una declaración falsa relativa al reparto de las participaciones sociales entre todos los socios, al reembolso de las participaciones o al depósito de los fondos, o por omitir esta declaración. Las disposiciones del presente artículo serán aplicables en caso de ampliación de capital. *Artículo L. 241-2:* Los gerentes serán castigados con la pena de seis meses de prisión y con multa de 60.000 F por el hecho de emitir, directamente o por persona interpuesta, cualquier tipo de valores mobiliarios por cuenta de la sociedad. *Artículo L. 241-3:* Se castigará con la pena de cinco años de prisión y una multa de 2.500.000 F: 1° A cualquier persona que atribuya fraudulentamente a una aportación en especie una valoración superior a su valor real; 2° A los gerentes que efectúen entre los socios el reparto de dividendos ficticios, en ausencia de inventario o por medio de inventarios fraudulentos; 3° A los gerentes que hayan presentado a los socios, incluso en ausencia de todo reparto de dividendos, cuentas anuales que no den una imagen fiel del resultado de las operaciones del ejercicio, de la situación financiera y tras la expiración de este período, del patrimonio, con el fin de ocultar la verdadera situación de la sociedad; 4° A los gerentes por hacer un uso de los bienes o del crédito de la sociedad de mala fe con pleno conocimiento de que es contrario al interés de ésta, con fines personales o para favorecer a otra sociedad en la que estén interesados directa o indirectamente; 5° A los gerentes por hacer uso, de mala fe, de los poderes que poseen o de los votos de los que disponen con pleno conocimiento de que es contrario a los intereses de la sociedad, para fines personales o para favorecer a otra sociedad o a otra empresa en la que estén directa o indirectamente interesados. *Artículo L. 241-4:* (Ley n° 2001-420 del 15 de mayo de 2001 Artículo 122 2° Diario Oficial del 16 de mayo de 2001) Se castigará con multa de 60.000 F: 1° A los gerentes que no realicen el inventario, elaboren las cuentas anuales ni un informe de gestión en cada ejercicio; 2° y 3° (suprimidos). *Artículo L. 241-5:* Los gerentes serán castigados con pena de seis meses de prisión y con multa de 60.000 F por no proceder a convocar la reunión de la junta de los socios en los seis meses posteriores al cierre del ejercicio o, en caso de prórroga, en el plazo determinado por resolución judicial, o por no someter a la aprobación de dicha junta o del socio único los documentos previstos en el apartado 1° del artículo L.241-4. *Artículo L. 241-6.* Los gerentes serán castigados con pena de seis meses de prisión y con multa de 30.000 F en el caso de que los fondos propios de la sociedad llegaran a ser inferiores a la mitad del capital social a causa de las pérdidas constatadas en los documentos contables, siempre y cuando: 1° No consultasen a los socios en los cuatro meses posteriores a la aprobación de las cuentas en que se hubieran detectado estas pérdidas, con el fin de decidir si procedería la disolución anticipada de la sociedad; 2° No depositasen en la secretaría del *Tribunal de commerce* , ni inscribiesen en el Registro de Comercio y de Sociedades, ni publicasen en un periódico de anuncios legales, la decisión adoptada por los socios. *Artículo L. 241-7.* Los gerentes de una sociedad de responsabilidad limitada serán castigados con una multa de 25.000 F por el hecho de omitir mencionar en todas las actas o en todos los documentos de la sociedad y destinados a terceros, la indicación de su denominación social, precedida o seguida inmediatamente de las palabras "Sociedad de Responsabilidad Limitada" o de las iniciales "SARL" y de la declaración del capital social. *Artículo L. 241-9.* Las disposiciones de los artículos L. 241-2 al L. 241-7 serán aplicables a toda persona que, directamente o por persona interpuesta, haya ejercido de hecho la gestión de una sociedad de responsabilidad limitada al amparo o en sustitución de su gerente legal.

[257] Sección 1. De las infracciones relativas a la constitución. *Artículo L. 242-1.* Se castigará con multa de 60.000 F a los fundadores, al presidente, los administradores o los directores generales de una sociedad anónima, por emitir acciones o partes de acciones o bien antes de la inscripción de dicha sociedad en el Registro de Comercio y de Sociedades, o bien en cualquier momento si la inscripción hubiera sido realizada por fraude, o bien sin haber cumplido con los requisitos formales de constitución. Se podrá imponer, además, una pena de un año de prisión en el caso de que las acciones o las partes de acciones se hubieran emitido sin que las acciones por suscripción dineraria hubieran sido desembolsadas al

menos en una cuarta parte o sin que las acciones de aportación hubieran sido íntegramente desembolsadas antes de la inscripción de la sociedad en el Registro de Comercio y de Sociedades. Se aplicarán las penas previstas en el párrafo precedente a las personas citadas en el primer párrafo, por no mantener las acciones dinerarias en la forma nominativa hasta su completa liberación. Las penas previstas en el presente artículo podrán ser aumentadas al doble, cuando se trate de sociedades anónimas que hagan llamamiento público al ahorro. *Artículo L. 242-2. (Ley n° 2001-420 del 15 de mayo de 2001 Artículo 122 2° Diario Oficial del 16 de mayo de 2001)* Será castigada con pena de cinco años de prisión y con multa de 60.000 F toda persona: 1°, 2° y 3° (suprimidos); 4° Que hubiese atribuido fraudulentamente a una aportación en especie una valoración muy superior a su valor real. *Artículo L. 242-3. (Ley n° 2001-420 del 15 de mayo de 2001 Artículo 122 2° Diario Oficial del 16 de mayo de 2001)* Serán castigados con pena de un año de prisión y con multa de 60.000 F los fundadores, el presidente del consejo de administración, los administradores o los directores generales de una sociedad anónima, así como los titulares o poseedores de acciones, por el hecho de negociar: 1° Acciones dinerarias que no se hubieran mantenido en forma nominativa hasta su entera liberación. 2° Acciones dinerarias para las cuales no se hubiera efectuado el pago de la cuarta parte; 3° (suprimido). *Artículo L. 242-4.* Será castigada con las penas previstas en el artículo L. 242-3 toda persona que hubiese o bien participado en las negociaciones, o bien realizado o publicado la valoración de las acciones o promesas de acciones citadas en dicho artículo. *Artículo L. 242-5:* Será castigado con pena de seis meses de prisión y con multa de 60.000 F el hecho de aceptar o de conservar las funciones de auditor de cuentas a pesar de las incompatibilidades o de las prohibiciones legales. Sección 2 De las infracciones relativas a la dirección y a la administración. *Artículo L. 242-6:* Se castigará con pena de cinco años de prisión y con multa de 2.500.000 F, el hecho de que: 1° El presidente, los administradores o los directores generales de una sociedad anónima efectúen entre los accionistas el reparto de dividendos ficticios en ausencia de inventario o por medio de inventarios fraudulentos; 2° El presidente, los administradores o los directores generales de una sociedad anónima publiquen o presenten a los accionistas, incluso en ausencia de reparto de dividendos, cuentas anuales que no diesen, para cada ejercicio, una imagen fidedigna del resultado de las operaciones del ejercicio, de la situación financiera y del patrimonio, tras la expiración de este período, con vistas a ocultar la verdadera situación de la sociedad; 3° El presidente, los administradores o los directores generales de una sociedad anónima hiciesen de los bienes o del crédito de la sociedad, de mala fe, un uso contrario al interés de ésta, con pleno conocimiento de ello, para fines personales o para favorecer a otra sociedad o empresa en la que estén interesados directa o indirectamente; 4° El presidente, los administradores o los directores generales de una sociedad anónima hicieran de mala fe un uso contrario a los intereses de la sociedad de los poderes que poseen o de los votos de los que disponen por su condición, con pleno conocimiento de ello, para fines personales o para favorecer a otra sociedad o empresa en la que ellos estuvieran interesados, directa o indirectamente. *Artículo L. 242-7:* Será sancionado con multa de 25.000 F el presidente o el administrador presidente de la sesión que no hiciera constar en actas las deliberaciones del consejo de administración con las que tendría que formar un registro especial depositado en el domicilio social. *Artículo L. 242-8:* Serán sancionados con multa de 60.000 F el presidente, los administradores o los directores generales de una sociedad anónima, que no hagan inventario ni elaboren las cuentas anuales ni un informe de gestión para cada ejercicio. Sección 3. De las infracciones relativas a las juntas de accionistas. *Artículo L. 242-9:* Se castigará con pena de dos años de prisión y con multa de 60.000 F: 1° El hecho de impedir a un accionista que participe en una junta de accionistas; 2° El hecho de participar en la votación en una junta de accionistas, directamente o por persona interpuesta, presentándose falsamente como propietario de acciones o de partes de acciones; 3° El hecho de hacerse conceder, garantizar o prometer beneficios por votar en un determinado sentido o por no participar en la votación, así como el hecho de conceder, garantizar o prometer esos beneficios. *Artículo L. 242-10:* Se castigará con pena de seis meses de prisión y con multa de 60.000 F al presidente o a los administradores de una sociedad anónima, que no convocasen la reunión de la junta general ordinaria en los seis meses posteriores al cierre del ejercicio o, en caso de prórroga, en el plazo concedido por resolución judicial o que no sometieran a la aprobación de dicha junta las cuentas anuales ni el informe de gestión previstos en el artículo L. 232-1. *Artículo L. 242-11:* Se castigará con multa de 60.000 F, al presidente o a los administradores de una sociedad anónima, que no convocasen a las juntas, en el plazo legal, a los accionistas titulares de títulos nominativos desde al menos un mes antes, o bien por carta ordinaria, o bien, si los estatutos lo prevén o si los interesados lo solicitan, por carta certificada costeada por ellos. *Artículo L. 242-12:* Se castigará con multa de 30.000 F, al presidente de una sociedad anónima, que no dé a conocer a los accionistas, en las condiciones determinadas por decreto adoptado en *Conseil d'Etat*, las informaciones exigidas por dicho decreto para la convocatoria de juntas. *Artículo L. 242-13:* Se castigará con multa de 25.000 F al presidente, los administradores o los directores generales de una sociedad anónima, que no envíen a los accionistas que lo solicita un modelo de poder conforme a las prescripciones determinadas por decreto adoptado en *Conseil d'Etat*, así como: 1º La lista de los administradores en ejercicio; 2º El texto y la exposición de los motivos de los proyectos de resolución inscritos en el orden del día; 3º Eventualmente, una reseña sobre los candidatos al consejo de administración; 4º Los informes del consejo de administración o de los auditores de cuentas que tengan que ser sometidos a la junta para su aprobación; 5º Si se tratase de la junta general ordinaria anual, las cuentas anuales. *Artículo L. 242-15:* Se castigará con multa de 25.000 F al presidente o los administradores de una sociedad anónima: 1º Que no cumplimenten una lista de asistencia firmada al margen por los accionistas asistentes y los mandatarios en cada reunión de la junta de accionistas, certificada como exacta por la mesa de la junta, y que contenga: a) Los apellidos, nombre de pila y domicilio de cada accionista asistente y el número de acciones de los que fuera titular, así como el número de votos vinculado a estas acciones; b) Los apellidos, nombre de pila y domicilio de cada mandatario y el número de acciones de sus mandantes, así como el número de votos vinculado a estas acciones; c) Los apellidos, nombre de pila y domicilio de cada accionista representado y el número de acciones de los que fuera titular, así como el número de votos vinculado a estas acciones o, en ausencia de estas anotaciones, el número de poderes dados a cada mandatario; 2º Que no adjunte a la lista de asistencia los poderes dados a cada mandatario; 3º Que no proceda a la certificación de las decisiones de las junta de accionista por un acta firmada por los miembros de la mesa, conservada en el domicilio social en un libro especial y que mencione: la fecha y el lugar de la reunión, el modo de convocatoria, el orden del día, la composición de la mesa, el número de acciones que participaron en la votación y el quórum alcanzado, los documentos e informes sometidos a la junta, un resumen de los debates, el texto de las resoluciones sometidas a votación y los resultados de las mismas. *Artículo L. 242-16*: Se castigará con las penas previstas en el artículo L. 242-15 al presidente de la sesión y los miembros de la mesa de la junta, que no respetaran en las juntas de accionistas las disposiciones que regulan los derechos de voto vinculados a las acciones. Sección 4. De las infracciones relativas a las modificaciones del capital social. Subsección 1. Del aumento de capital. *Artículo L. 242-17:* I. - Se castigará con multa de 60.000 F al presidente, los administradores o los directores generales de una sociedad anónima, que emitan, en un aumento de capital, acciones o partes de acciones: 1º O bien antes de que el depositario expida el certificado, o de que el contrato de garantía previsto en el artículo L.225-145 esté firmado; 2º O bien sin que se hubiesen cumplido regularmente los requisitos formales previos al aumento de capital. II.- Podrá ser condenado, además, a un año de prisión, si las acciones o las partes de acciones fueran emitidas sin que el capital de la sociedad anteriormente suscrito hubiera sido íntegramente desembolsado, o sin que las nuevas acciones de aportación hubieran sido íntegramente desembolsadas antes de la inscripción modificativa en el Registro de Comercio y de Sociedades, o incluso, sin que las acciones dinerarias nuevas hubieran sido desembolsadas, en el momento de la suscripción, en al menos un cuarto de su valor nominal y, en su caso, de la totalidad de la prima de emisión. III.- Se impondrán penas de sanción pecuniaria y de prisión previstas en los apartados I y II para las mismas personas, por no mantener las acciones dinerarias en la forma nominativa hasta su completa liberación. IV.- Las penas previstas en el presente artículo podrán ser aumentadas al doble, cuando se trate de sociedades que hagan llamamiento público al ahorro. V.- Las disposiciones del presente artículo no serán aplicables ni a las acciones que hubieran sido regularmente emitidas por conversión de obligaciones convertibles permanentemente, o por utilización de los bonos de suscripción, ni a las acciones emitidas en las condiciones previstas en los artículos L.232-18 al 232-20. *Artículo L. 242-18*: Sin perjuicio de las disposiciones de los artículos L. 225-133 al L. 225-138, se castigará con multa de 120.000 F al presidente, a los administradores o a los directores generales de una sociedad anónima, en un aumento de capital por el hecho: 1º De no proceder a beneficiar a los accionistas de un derecho preferencial para la suscripción de acciones dinerarias proporcional al importe de sus acciones; 2º De no reservar a los accionistas el plazo previsto por el párrafo primero del artículo L.225-141, para el ejercicio de su derecho de suscripción; 3º De no atribuir las acciones disponibles, a falta de un número de suscriptores a título preferente, a los accionistas que hubieran suscrito libremente un número de acciones superior al que podían suscribir a título preferencial, proporcionalmente a los derechos de los que dispusieran, en los casos en que la junta general lo hubiera decidido de manera expresa; 4º En caso de emisión anterior de obligaciones con bonos de suscripción o de obligaciones convertibles en acciones, de no reservar los derechos de los titulares de bonos de suscripción que ejercieran su derecho de suscripción o los derechos de los obligacionistas que optaran por la conversión; 5º En caso de emisión anterior de obligaciones con bonos de suscripción o de obligaciones convertibles en acciones, de amortizar el capital, o de modificar el reparto de beneficios o de distribuir reservas, mientras existieran bonos de suscripción válidos o de las obligaciones convertibles, sin haber tomado las medidas

acciones[258]; Capítulo d) a las sociedades por acciones simples[259]; Capítulo e) relativas a los valores mobiliarios transmitidos por las sociedades por

---

necesarias para preservar los derechos de los titulares o de los poseedores de bonos de suscripción o, según el caso, de los obligacionistas que hubieran optado por la conversión; 6º En caso de emisión anterior de obligaciones canjeables contra acciones, de amortizar el capital o de modificar el reparto de los beneficios antes de que todas esas obligaciones hubieran sido canjeadas o llamadas a reembolso. *Artículo L. 242-19*: Será castigado con pena de cinco años de prisión y con multa de 500.000 F el hecho de haber cometido las infracciones previstas en el artículo L.242-18, para privar a los accionistas o a algunos de ellos, o a los titulares o poseedores de bonos de suscripción o de obligaciones convertibles o canjeables, o a algunos de ellos, de una parte, de sus derechos en el patrimonio de la sociedad. *Artículo L. 242-20:* Se castigará con pena de dos años de prisión y con multa de 120.000 F al presidente, a los administradores o a los auditores de cuentas de una sociedad anónima, que dieran o confirmaran indicaciones inexactas en los informes presentados a la junta general convocada para decidir la supresión del derecho preferencial de suscripción de los accionistas. *Artículo L. 242-21:* Las disposiciones de los artículos L.242-2 al L.242-5 relativas a la constitución de sociedades anónimas serán aplicables en caso de aumento de capital. Subsección 3. De la reducción del capital. *Artículo L. 242-23:* Se sancionará con multa de 60.000 F al presidente o los administradores de una sociedad anónima, que procedan a una reducción de capital social: 1º Sin respetar la igualdad de los accionistas; 2º Sin proporcionar publicidad a la decisión de reducción de capital en el Registro de Comercio y de Sociedades y en un periódico habilitado para recibir los anuncios legales. *Artículo L. 242-24:* Se sancionará con la pena prevista en el artículo L.242-23, al presidente, a los administradores o a los directores generales de una sociedad anónima, por el hecho de suscribir, adquirir, tomar en prenda, conservar o vender, en nombre de la sociedad, acciones emitidas por ésta infringiendo las disposiciones de los artículos L.225-206 al L.225-215. Estará sujeto a la misma pena el hecho, para el presidente, los administradores o los directores generales, de utilizar acciones compradas por la sociedad, en aplicación del artículo L.225-208, con fines distintos a los previstos en dicho artículo. Estará sujeto a la misma pena el hecho, para el presidente, los administradores o los directores generales de una sociedad anónima, de efectuar, en nombre de ésta, las operaciones prohibidas por el párrafo primero del artículo L.225-216. Sección 6. De las infracciones relativas a la disolución. *Artículo L. 242-29:* Se castigará con pena de seis meses de prisión y multa de 30.000 F, al presidente o los administradores de una sociedad anónima, cuando los fondos propios de la sociedad llegaran a ser inferiores a la mitad del capital social por causa de pérdidas constatadas en los documentos contables, siempre y cuando: 1º No convocaran la junta general extraordinaria, en los cuatro meses siguientes a la aprobación de las cuentas que hubieran detectado las pérdidas, con el fin de decidir si procedería la disolución anticipada de la sociedad; 2º No depositaran en la secretaría del *Tribunal de commerce* , ni inscribieran en el Registro de Comercio y de Sociedades ni publicaran en un periódico de anuncios legales el acuerdo adoptado por la junta general. Sección 7. De las infracciones relativas a las sociedades anónimas dotadas de directorio y de consejo de supervisión. *Artículo L. 242-30:* Serán aplicables las sanciones previstas por los artículos L.242-6 al L.242-29 y L.246-1 a los presidentes, los directores generales y los administradores de las sociedades anónimas, según sus respectivas atribuciones, a los miembros del directorio y a los miembros del consejo de supervisión de las sociedades anónimas reguladas por las disposiciones de los artículos L.225-57 al L.225-93. Sección 8. De las infracciones relativas a las sociedades anónimas laborales. *Artículo L. 242-31:* Se sancionará con multa de 25.000 F, al presidente, los administradores o los directores generales de una sociedad anónima laboral que en uso de su facultad para emitir acciones laborales, no mencionaran esta circunstancia por la adición de las palabras "laboral" en todas las actas o en todos los documentos emitidos por la sociedad y destinados a terceros.

[258] Artículo L. 243-1: Los artículos L. 242-1 al L. 242-29 se aplicarán a las sociedades comanditarias por acciones. Las penas previstas para los presidentes, los administradores o los directores generales de las sociedades anónimas se aplicarán, en lo que concierne a sus atribuciones, a los gerentes de las sociedades comandiarias por acciones.

[259] *Artículo L. 244-1:* Los artículos L. 242-1 al L. 242-6, L. 242-8, L. 242-17 al L. 242-29 se aplicarán a las sociedades por acciones simples. Las penas previstas para el presidente, los administradores o los directores generales de las sociedades anónimas serán aplicables al presidente y a los dirigentes de las sociedades por acciones simples. Los artículos L.242-20, L.242-26 y L.242-27 se aplicarán a los auditores de cuentas de las sociedades por acciones simples. *Artículo L. 244-2:* (Ley nº 2001-420 del 15 de mayo de 2001 Artículo 128 Diario Oficial del 16 de mayo de 2001). Se sancionará con una multa de 25.000 F al presidente de una sociedad por acciones simple, que omita mencionar, en todas las actas y en todos los

acciones; Capítulo f) de las infracciones comunes a las diversas formas de sociedades por acciones[260], g) de las infracciones comunes a las diferentes formas de sociedades mercantiles[261] y   h)   disposiciones

---

documentos emitidos por la sociedad y destinados a terceros, la indicación de la denominación social, precedida o seguida inmediatamente de las palabras "sociedad por acciones simple" o de las iniciales "SAS" y de la declaración del capital social. Se castigará con pena de 6 meses de prisión y con multa de 50.000 F al presidente o dirigente de una sociedad por acciones simple que no consultara a los socios en las condiciones previstas en los estatutos, en caso de aumento, amortización o reducción de capital, de fusión, de escisión, de disolución o de transformación en una sociedad con otra forma jurídica, de nombramiento de auditor de cuentas, de aprobación de las cuentas anuales y de reparto de beneficios. *Artículo L. 244-3:* Se sancionará con una multa de 120.000 F a los dirigentes de una sociedad por acciones simple que hicieran llamamiento público al ahorro. *Artículo L. 244-4:* Las disposiciones de los artículos L. 244-1, L. 244-2 y L. 244-3 serán aplicables a toda persona que, directamente o por persona interpuesta, haya ejercido de hecho la dirección de una sociedad por acciones simple bajo el amparo o en sustitución del presidente y de los dirigentes de esta sociedad.

[260] *Artículo L. 246-1:* Se sancionará con multa de 25.000 F, al presidente, los administradores, los directores generales o los gerentes de una sociedad por acciones, por el hecho de omitir mencionar, en cualquiera de las actas o documentos que emanen de la sociedad y destinados a terceros, la indicación de la denominación social, precedida o seguida inmediatamente de las palabras: "sociedad anónima", de las iniciales: "S.A.", o de las palabras: "sociedad comanditaria por acciones" y de la declaración del capital social. *Artículo L. 246-2:* Las disposiciones de los artículos L.242-1 al L.242-29 y de los artículos L.243-1, L.243-2 referidos al presidente, los administradores o los directores generales de las sociedades anónimas y a los gerentes de las sociedades comanditarias por acciones, se aplicarán a toda persona que, directamente o por persona interpuesta, haya ejercido, de hecho, la dirección, la administración o la gestión de dichas sociedades al amparo o en sustitución de sus representantes legales.

[261] Sección 1. De las infracciones relativas a las filiales, a las participaciones y a las sociedades controladas. *Artículo L. 247-1:* I. - Se castigará con pena de dos años de prisión y con multa de 60.000 F a los presidentes, los administradores, los directores generales o los gerentes de toda sociedad, por el hecho de: 1° No hacer mención en el informe anual, presentado a los socios sobre las operaciones del ejercicio, de una adquisición de participación en una sociedad con sede en el territorio de la República francesa que represente más de la veinteava, de la décima, de la quinta, de la tercera parte, de la mitad o de los dos tercios de capital o de los derechos de voto en las juntas generales de esta sociedad o de la toma de control de dicha sociedad; 2° No dar cuenta, en el mismo informe, de la actividad y de los resultados del conjunto de la sociedad, de las filiales de la sociedad y de las sociedades que controle por sector de actividad; 3° No adjuntar al balance de la sociedad el cuadro previsto en el artículo L.233-15 y que aporta las informaciones que muestran la situación de dichas filiales y participaciones. II.- Se castigará con multa de 60.000 F a los miembros del directorio, del consejo de administración o los gerentes de las sociedades citadas en el artículo L.233-16, sin perjuicio de las excepciones en su aplicación previstas en el artículo L.233-17, por no elaborar y enviar las cuentas consolidadas a los accionistas o socios en los plazos previstos por la ley. El Tribunal podrá además ordenar la inserción de la sentencia, por cuenta del sancionado, en uno o varios periódicos. III.- Se castigará con las penas mencionadas en el epígrafe I al auditor de cuentas que no incluya en su informe las menciones citadas en el apartado 1° del epígrafe I del presente artículo. *Artículo L. 247-2:* I.- Se castigará con multa de 120.000 F a los presidentes, los administradores, los miembros del directorio, los gerentes o los directores de las personas jurídicas, así como a toda persona física, por no cumplir con las obligaciones relativas a las informaciones a las que estas personas están obligadas en razón de las participaciones que posean, en aplicación del artículo L.233-7. II.- Se sancionará con la misma pena a los presidentes, los administradores, los miembros del directorio, los gerentes o los directores generales de una sociedad, por no proceder a efectuar las notificaciones a las que esta sociedad esté obligada en aplicación del artículo L233-12 en razón de las participaciones que posea en la sociedad por acciones que la controla. III.- Se castigará con la misma pena a los presidentes, los administradores, los miembros del directorio, los gerentes o los directores generales de una sociedad, por el hecho de omitir, en el informe presentado a los accionistas sobre las operaciones del ejercicio, la mención de la identidad de las personas que poseen participaciones significativas en esta sociedad, de las modificaciones producidas en el curso del ejercicio, del nombre de las sociedades controladas y de la parte del capital de la sociedad que estas sociedades posean, en las condiciones previstas por el artículo L.233-13. IV.- Se sancionará con la misma pena al auditor de cuentas, por omitir en su informe las menciones previstas en el epígrafe III. V.- Para

relativas a los directores generales delegados de las sociedades anónimas[262]. Como se desprende de la lectura de su extenso articulado y

---

las sociedades que hagan llamamiento público al ahorro, se emprenderán las acciones judiciales tras haber solicitado el dictamen de la Comisión de operaciones bursátiles. *Artículo L. 247-3:* Se sancionará con multa de 120.000 F a los presidentes, los administradores, los miembros del directorio, los directores generales o los gerentes de sociedades que hayan infringido las disposiciones de los artículos L.233-29 al L.233-31. Para las sociedades que hagan llamamiento público al ahorro, las acciones judiciales por infracción de las disposiciones del artículo L.233-31 se iniciarán tras haber solicitado el dictamen de la Comisión de operaciones bursátiles. Sección 2. De las infracciones relativas a la publicidad. *Artículo L. 247-4:* Se sancionará con multa de 60.000 F a toda persona que no cumpliese con las obligaciones que se derivan del artículo L.225-109 en el plazo y de acuerdo a las condiciones determinadas por decreto adoptado en *Conseil d'Etat.* Sección 3. De las infracciones relativas a la liquidación. *Artículo L. 247-5:* Se castigará con pena de dos años de prisión y con multa de 60.000 F el hecho de infringir la prohibición de ejercer las funciones de liquidador. Toda persona sancionada por la aplicación del párrafo precedente no podrá ser empleada, sea en el concepto que fuere, por la sociedad en la que haya ejercido las funciones prohibidas. En caso de infracción a esta prohibición, la persona condenada y su empresario, si este último hubiese tenido conocimiento de ello, serán castigados con las penas previstas en dicho párrafo. *Artículo L. 247-6:* Será castigado con pena de seis meses de prisión y con multa de 60.000 F el liquidador de una sociedad que: 1° No publicase en el plazo de un mes a partir de su nombramiento, el acta que lo hubiera nombrado liquidador en un periódico de anuncios legales en el Departamento del domicilio social, ni presentara en el Registro de Comercio y de Sociedades las resoluciones que hubieran dictado la disolución; 2° No convocara a los socios al final de la liquidación, para decidir sobre la cuenta definitiva, sobre el finiquito de su gestión, el fin de su mandato ni hiciera constar el cierre de la liquidación y no depositara, en el caso previsto en el artículo L.237-10, sus cuentas en la secretaría del Tribunal ni solicitara judicialmente la aprobación de las mismas. *Artículo L. 247-7:* (Ley n° 2001-420 del 15 de mayo de 2001 Artículo 122 2° Diario Oficial del 16 de mayo de 2001). Se castigará con las penas previstas en el artículo L.247-6, en el caso de que la liquidación de una sociedad se produjera de acuerdo a las disposiciones de los artículos L.237-14 al L.237-31 al liquidador por el hecho: 1° De no presentar en los seis meses siguientes a su nombramiento, un informe sobre la situación activa y pasiva, sobre la continuación de las operaciones de liquidación, ni solicitar las autorizaciones necesarias para concluirlas; 2° De no realizar las cuentas anuales a la vista del inventario y un informe escrito en el que diera cuenta de las operaciones de liquidación a lo largo del ejercicio transcurrido, en los tres meses siguientes al cierre de cada ejercicio; 3° (suprimido). 4° De no convocar al menos una vez al año a los socios para presentarles las cuentas anuales, en caso de continuidad de la explotación social; 5° De continuar ejerciendo sus funciones tras la expiración de su mandato, sin solicitar su renovación; 6° De no depositar en una cuenta abierta en un establecimiento de crédito a nombre de la sociedad en liquidación, en el plazo de quince días contados a partir de la decisión del reparto, las cantidades correspondientes a los repartos entre los socios y los acreedores, o no depositar en la Caja de Depósitos y Consignaciones, en el plazo de un año contado a partir del cierre de la liquidación, las cantidades adjudicadas a los acreedores o a los socios que no hubieran sido reclamadas por ellos. *Artículo L. 247-8* : Se castigará con pena de cinco años de prisión y con multa de 60.000 F al liquidador de mala fe, por el hecho: 1° De hacer un uso de los bienes o del crédito de la sociedad en liquidación, a sabiendas del perjuicio que causa a los intereses de ésta, con fines personales o para favorecer a otra sociedad o empresa en la que él estuviera directa o indirectamente interesado; 2° De ceder todo o parte del activo de la sociedad en liquidación contraviniendo las disposiciones de los artículos L.237-6 y L.237-7. Sección 4. De las infracciones relativas a las sociedades anónimas dotadas de un directorio y un consejo de supervisión. *Artículo L. 247-9:* Las sanciones previstas por los artículos L.247-1 al L.247-4 para los presidentes, los directores generales y los administradores de sociedades anónimas, serán aplicables, según sus respectivas atribuciones, a los miembros del directorio y a los miembros del consejo de supervisión de las sociedades anónimas reguladas por las disposiciones de los artículos L.225-57 al L.225-93. Sección 5. De las infracciones relativas a las sociedades de capital variable. *Artículo L. 247-10:* Se sancionará con multa de 25.000 F al presidente, al gerente o, de modo general, al dirigente de una sociedad que hiciera uso de la facultad prevista en el artículo L.231-1 por el hecho de no mencionar esta circunstancia añadiendo las palabras "de capital variable" en todas las actas y documentos emitidos por la sociedad y destinados a terceros.

[262] *Artículo L.248-1:* (Introducido por la Ley n° 2001-420 del 15 de mayo de 2001 Artículo 107 5° Diario Oficial del 16 de mayo de 2001)Las disposiciones del presente título referidas a los directores generales

del texto transcripto en las notas[263], puede observarse que, en general campea la orientación objetiva.

---

de las sociedades anónimas se aplicarán, según sus respectivas atribuciones, a los directores generales delegados.

[263] Sección 1. De las infracciones relativas a las acciones. *Artículo L. 245-3:* Serán castigados con pena de seis meses de prisión y multa de 40.000 F, el presidente y los administradores, los directores generales, los miembros del directorio y del consejo de supervisión de una sociedad anónima, los gerentes de una sociedad comanditaria por acciones: 1° Cuya sociedad emita acciones de dividendo preferente sin derecho a voto que sobrepase el porcentaje determinado por el artículo L.228-12; 2° Que obstaculicen el nombramiento de los mandatarios que representen a los titulares de acciones de dividendo preferente sin derecho a voto y el ejercicio de su mandato; 3° Que omitan consultar, en las condiciones previstas en los artículos L. 228-15, L. 228-16 y L. 228-19, a una junta especial de los titulares de acciones de dividendo preferente sin derecho a voto; 4° En la que la sociedad procediera a la amortización del capital cuando la totalidad de acciones de dividendo preferencial sin derecho a voto no hubieran sido íntegramente rescatadas o anuladas; 5° Cuya sociedad, en caso de reducción del capital no motivada por pérdidas y realizada según las condiciones previstas en el artículo L.225-207, no rescatase para su anulación las acciones de dividendo preferente sin derecho a voto antes de las acciones ordinarias. *Artículo L. 245-4:* Serán castigados con las penas previstas en el artículo L.245-3, el presidente y los administradores, los directores generales, los miembros del directorio y del consejo de supervisión de una sociedad anónima, los gerentes de las sociedades comanditarias por acciones, que posean, directa o indirectamente, en las condiciones previstas por el artículo L.228-17, acciones de dividendo preferente sin derecho a voto de la sociedad que dirigen. *Artículo L. 245-5:* Se castigará con seis meses de prisión y con multa de 40.000 F al liquidador de una sociedad, que no respetara las disposiciones del artículo L.237-30. Sección 3. De las infracciones relativas a las obligaciones. *Artículo L. 245-9:* Se sancionará con multa de 60.000 F al presidente, los administradores, los directores generales o los gerentes de una sociedad por acciones, por el hecho: 1° De emitir, por cuenta de esta sociedad, obligaciones negociables que, en una misma emisión no confiriesen los mismos derechos de crédito para un mismo valor nominal; 2° De emitir, por cuenta de esta sociedad, obligaciones negociables cuyo valor nominal fuera inferior al mínimo legal. *Artículo L. 245-10:* Se castigará con pena de seis meses de prisión y con multa de 40.000 F al presidente, los administradores, los directores generales o los gerentes de una sociedad por acciones, que emitieran por cuenta de esta sociedad, obligaciones por sorteo sin autorización. *Artículo L. 245-11:* Se castigará con pena de dos años de prisión y con multa de 60.000 F el hecho de: 1° Impedir a un obligacionista que participe en una junta general de obligacionistas; 2° Participar en la votación en una junta general de obligacionistas, directamente o por persona interpuesta, presentándose falsamente como propietario de obligaciones; 3° Hacerse otorgar, garantizar o prometer beneficios especiales por votar en un cierto sentido o por no participar en la votación, así como el hecho de otorgar, garantizar o prometer estos beneficios especiales. *Artículo L. 245-12:* Se sancionará con multa de 40.000 F: 1° Al presidente, los administradores, los directores generales, los gerentes, los auditores de cuentas, los miembros del consejo de supervisión o los empleados de la sociedad deudora o de la sociedad garante de todo o de parte de las obligaciones de la sociedad deudora así como para sus ascendientes, descendientes o cónyuges, por el hecho de representar obligacionistas en su junta general, o de aceptar ser los representantes del sindicato de obligacionistas; 2° A las personas a las que les esté prohibido el ejercicio de la profesión bancaria o el derecho a gestionar o administrar una sociedad en el concepto que sea, por el hecho de representar a los obligacionistas en la junta de obligacionistas o de aceptar ser los representantes del sindicato de los obligacionistas; 3° A los poseedores de obligaciones amortizadas o reembolsadas, por el hecho de tomar parte en la junta de los obligacionistas; 4° A los poseedores de obligaciones amortizadas y no reembolsadas, por el hecho de tomar parte en la junta de obligacionistas sin poder invocar, por la ausencia de reembolso, la mora de la sociedad o un litigio relativo a las condiciones de reembolso; 5° Al presidente, los administradores, los directores generales o los gerentes de una sociedad por acciones, por el hecho de tomar parte en la junta de los obligacionistas en razón de las obligaciones emitidas por esta sociedad y rescatadas por ella; 6° Al presidente, los administradores, los directores generales o los gerentes de sociedades que posean al menos un 10% del capital de las sociedades deudoras, por tomar parte en la junta general de los obligacionistas en razón de las obligaciones poseídas por estas sociedades. *Artículo L. 245-13:* Se sancionará con una multa de 30.000 F al presidente de la junta general de obligacionistas, por no hacer constar en acta los acuerdos de cualquier junta general de obligacionistas, y transcribirla a un registro especial depositado en la sede social y que mencione la fecha y el lugar de la reunión, la forma de convocatoria, el orden del día, la

En lo que respecta a los concursos y quiebras, en el otro gran capítulo del ordenamiento comercial vinculado con estos temas; a partir de la ley concursal de 1985 se modificaron una serie de institutos y con su incorporación al *Code de Commerce* en el Título II "de la suspensión de pagos y de la liquidación judicial de las empresas", del delito de bancarrota y se introdujeron dos reformas conceptuales: a) se amplió notablemente el espectro de las personas que pueden ser inculpadas por ilícitos societarios, ya que puede ser considerado sujeto activo toda persona que directa o indirectamente -de hecho o de derecho- hubiera dirigido o liquidado o contribuido a la bancarrota a una persona jurídica de derecho privado con actividad económica, y las personas físicas representantes permanentes de personas jurídicas dirigentes de las sociedades[264]; y b) paralelamente se dio una vuelta de tuerca hacia el

---

composición de la mesa, el número de obligacionistas participantes en la votación y el quórum alcanzado, los documentos e informes sometidos a la junta, un resumen de los debates, el texto de las resoluciones sometidas a votación y el resultado de las mismas. *Artículo L. 245-14.:* Se sancionará con multa de 120.000 F: 1° Al presidente, los administradores o los gerentes de una sociedad por acciones, por el hecho de ofrecer o de pagar a los representantes del sindicato de los obligacionistas una remuneración superior a la que les ha sido pagada por la junta o por resolución judicial; 2° A cualquier representante del sindicato de obligacionistas, que acepte una remuneración superior a la que le hubiera sido pagada por la junta o por resolución judicial, sin perjuicio de la obligación de restituir a la sociedad la cantidad abonada. *Artículo L. 245-15 :* Las infracciones previstas en los apartados 1° y 2° del artículo L.245-9 y en los artículos L.245-12, L.245-13 y L. 245-14 serán castigadas con la pena de cinco años de prisión y con multa de 120.000 F cuando hubieran sido cometidas fraudulentamente con vistas a privar a los obligacionistas o a algunos de ellos de una parte de los derechos vinculados a su título de crédito. Sección 4. Disposiciones comunes. *Artículo L. 245-16:* Las disposiciones del presente capítulo referidas al presidente, los administradores, los directores generales y los gerentes de sociedades por acciones serán aplicables a toda persona que, directamente o por persona interpuesta, haya ejercido, de hecho, la dirección, la administración o la gestión de dichas sociedades bajo el amparo o en sustitución de sus representantes legales. Sección 5. De las infracciones relativas a las sociedades anónimas dotadas de un directorio y un consejo de supervisión. *Artículo L. 245-17:* Las penas previstas por los artículos L.245-1 al L.245-15 para los presidentes, los directores generales y los administradores de las sociedades anónimas serán aplicables, según sus respectivas atribuciones, a los miembros del directorio y a los miembros del consejo de supervisión de las sociedades anónimas reguladas por las disposiciones de los artículos L.225-57 al L.225-93. Las disposiciones del artículo L.245-16 serán aplicables además a las sociedades anónimas reguladas por los artículos L.225-57 al L.225-93.

[264] Capítulo VI De la bancarrota y otras infracciones. Sección 1 De la bancarrota *Artículo L. 626-1.:* Las disposiciones de la presente sección serán aplicables: 1° A todo comerciante, agricultor o persona inscrita en el Registro Central de Artesanos. 2° A cualquier persona que haya dirigido o liquidado una persona jurídica de derecho privado con una actividad económica, directa o indirectamente, de hecho o de derecho; 3° A las personas físicas representantes permanentes de personas jurídicas dirigentes de las personas jurídicas definidas en el apartado 2° anterior. *Artículo L. 626-2.* En caso de apertura de un procedimiento de suspensión de pagos judicial o de liquidación judicial, serán culpables de bancarrota las personas mencionadas en el artículo L.626-1 a las que se les pueda acusar de los hechos siguientes: 1° Haber realizado compras para una reventa por debajo de su precio o empleado métodos ruinosos para procurarse fondos, con la intención de evitar o retrasar la apertura del procedimiento de suspensión de pagos; 2° Haber desviado o disimulado todo o parte del activo del deudor; 3° Haber aumentado fraudulentamente el pasivo del deudor; 4° Haber llevado una contabilidad ficticia o hecho desaparecer documentos contables de la empresa o de la persona jurídica o haberse abstenido de llevar todo tipo de contabilidad cuando la ley obligase a ello; 5° Haber llevado una contabilidad manifiestamente incompleta o irregular con respecto a las disposiciones legales. *Artículo L. 626-3:* La bancarrota será castigada con pena de cinco años de prisión y multa de 500.000 F. Estarán sujetos a la

misma pena los cómplices de bancarrota, aunque no tengan la condición de comerciante, de agricultor o de artesano o que no dirijan, directa o indirectamente, de hecho o de derecho, una persona jurídica de derecho privado que realice una actividad económica. *Artículo L. 626-4:* Cuando el autor o el cómplice de la bancarrota sea un dirigente de una empresa prestataria de servicios de inversión, las penas serán aumentadas a siete años de prisión y 700.000 F de multa. *Artículo L. 626-5:* Las personas físicas que infrinjan los artículos L.626-3 y L.626-4 estarán también sujetas a las penas complementarias siguientes: 1° La prohibición de los derechos cívicos, civiles y de familia, según las condiciones del artículo 131-26 del Código Penal; 2° La prohibición de ejercer durante un período máximo de cinco años, una función pública o de ejercer la actividad profesional o social en cuyo ejercicio o en ocasión de la cual se haya cometido dicha infracción; 3° La exclusión de los mercados públicos por un período de cinco años como máximo; 4° La prohibición, por un período de cinco años como máximo, de emitir cheques salvo los que permitan la retirada de fondos por parte del librador ante el librado o los que sean certificados; 5° La publicación mediante edictos o la difusión de la resolución pronunciada en las condiciones previstas por el artículo 131-35 del Código Penal. *Artículo L. 626-6:* La jurisdicción penal que reconozca culpable de bancarrota a una de las personas mencionadas en el artículo L.626-1 podrá pronunciar además la quiebra personal de ésta, o la prohibición prevista en el artículo L. 625-8. Cuando una jurisdicción penal y una jurisdicción civil o mercantil hayan pronunciado la quiebra personal por medio de sentencias definitivas con relación a una persona o la prohibición prevista en el artículo L.625-8 en ocasión de los mismos hechos, sólo será ejecutada la medida ordenada por la jurisdicción penal. *Artículo L. 626-7:* I. – Las personas jurídicas podrán ser declaradas responsables penalmente de las infracciones previstas por los artículos L.626-3 y L.626-4, en las condiciones previstas por el artículo 121-2 del Código Penal. II.- Las penas a las que se someterán las personas jurídicas serán: 1° La multa, en las condiciones previstas por el artículo 131-38 del Código Penal; 2° Las penas mencionadas en el artículo 131-39 del Código Penal. III.- La prohibición mencionada en el apartado 2° del artículo 131-39 del Código Penal se aplicará a la actividad en el ejercicio o en ocasión de cuyo ejercicio se ha cometido la infracción. Sección 2 De otras infracciones. *Artículo L. 626-8:* Se castigará con pena de dos años de prisión y con multa de 200.000 F: 1° Al comerciante, a toda persona inscrita en el Registro Central de Artesanos, a todo agricultor o a todo dirigente de hecho o de derecho, remunerado o no, de una persona jurídica, por el hecho de suscribir una hipoteca o una pignoración o de realizar un acto de disposición sin la autorización prevista en el artículo L.621-24 o de pagar, en todo o en parte, un crédito contraído antes de la resolución de apertura del procedimiento, todo ello durante el período de observación; 2° A todo comerciante, a cualquier persona inscrita en el Registro Central de Artesanos, cualquier agricultor o cualquier dirigente, de hecho o de derecho, remunerado o no, de una persona jurídica por efectuar un pago infringiendo las condiciones de pago del pasivo previstas en el plan de continuidad o de realizar un acto de disposición sin la autorización prevista por el artículo L.621-72; 3° A cualquier persona, durante el período de observación o el de ejecución del plan de continuación, que conociendo la situación del deudor, concertase con éste alguno de los actos mencionados en los apartados 1° y 2° anteriores o reciba por ellos un pago irregular. *Artículo L. 626-9:* Se castigará con las penas previstas por los artículos L. 626-3 al L. 626-5: 1° El sustraer, ocultar o disimular por el interés de las personas mencionadas en el artículo L.626-1, todo o parte de los bienes, muebles o inmuebles de éstas, todo ello sin perjuicio de la aplicación del artículo 121-7 del Código Penal; 2° A toda persona por declarar fraudulentamente créditos supuestos en el procedimiento de suspensión de pagos o de liquidación judicial, tanto en su nombre como por persona interpuesta; 3° A toda persona que ejerza una actividad comercial, artesanal o agrícola bajo nombre ajeno o nombre supuesto, y ser culpable de uno de los hechos previstos en el artículo L.626-14. *Artículo L. 626-10:* Se castigará con las penas previstas por el artículo 341-1 del Código Penal, al cónyuge, a los descendientes o los ascendientes o los colaterales o parientes por afinidad de las personas mencionadas en el artículo L.626-1, por el hecho de desviar, apartar, ocultar efectos que dependan del activo del deudor sometido a un procedimiento de suspensión de pagos. *Artículo L. 626-11:* En los casos previstos por los artículos precedentes, la jurisdicción que conociere resolverá, aunque hubiera sobreseimiento: 1° De oficio, sobre la reintegración en el patrimonio del deudor de todos los bienes, derechos o acciones que hubieran sido fraudulentamente sustraídos; 2° Sobre las indemnizaciones de daños y perjuicios que fueran solicitadas. *Artículo L. 626-12:* I. – Se castigará con las penas previstas por el artículo 314-2 del Código Penal a todo administrador, representante de los acreedores, liquidador o auditor para la ejecución del plan por el hecho: 1° De perjudicar voluntariamente los intereses de los acreedores o del deudor utilizando en su propio beneficio cantidades percibidas en ocasión del cumplimiento de su misión, o haciéndose atribuir ventas sabiendo que no le correspondían. 2° De hacer uso de los poderes de los que disponía, para su propio interés conociendo que contrariaba los de los acreedores o los del deudor. II. – Se castigará con las mismas penas a todo administrador, representante

sistema subjetivo, reclamando, por lo general, la presencia de cierto grado de intención en el agente[265].

Pese a la anotada circunstancia de que Francia tiene una tradición secular en esta materia, HEREDIA considera que la legislación vigente es extremadamente minuciosa e inadecuada a la finalidad perseguida y que el exceso de casuismo ha desnaturalizado el carácter sancionatorio de las normas, desconociéndose que sólo es dable recurrir a tal tipo de incriminación cuando los medios de que se sirve el derecho privado son reconocidamente insuficientes para tutelar un interés al que se le asigna particular importancia[266].

2. El Código Penal

El derecho francés admite en el Código Penal de 1994 lo que antes en general en ese derecho se rechazaba. Los autores invocaban la voluntad del legislador, ya que los redactores del Código de Napoleón (1810) no habían previsto dicha forma de responsabilidad, además de la consideración de argumentos extralegales de diversa índole para negar la responsabilidad penal de las personas jurídicas y afirmar la vigencia del principio *"societas delinquere non potest"*[267].

Según el artículo 121-2 del Código Penal[268], "las personas morales, con exclusión del Estado, son responsables penalmente ... en los casos

---

de los acreedores, liquidador, auditor para la ejecución del plan o de cualquier otra persona, exceptuando los supervisores y representantes de los trabajadores, por el hecho de adquirir por su cuenta, directa o indirectamente, bienes del deudor o utilizarlos para su propio beneficio, de participar en dichos hechos, sea en el concepto que fuere. La jurisdicción competente pronunciará la nulidad de la compra y decidirá sobre la indemnización correspondiente por daños y perjuicios. *Artículo L. 626-13:* Se castigará con las penas previstas por el artículo 314-1 del Código Penal al acreedor por el hecho de concluir un contrato que conlleve una ventaja particular con relación al deudor tras la resolución que abre el procedimiento de suspensión de pagos judicial o de liquidación judicial. La jurisdicción competente pronunciará la nulidad de dicho contrato.

Artículo L. 626-14: Se castigará con las penas previstas en los artículos L. 626-3 al L. 626-5 a las personas mencionadas en los apartados 2° y 3° del artículo L.621-6 por el hecho de desviar o disimular o intentar desviar o disimular, todo o parte de sus bienes, o de hacerse reconocer de modo fraudulento deudora de cantidades falseadas con la intención de sustraer todo o parte de su patrimonio a las reclamaciones de la persona jurídica que hubiera sido objeto de una resolución de apertura de suspensión de pagos o de liquidación judicial o a las de los socios o acreedores de la persona jurídica.

[265] HEREDIA, Silvina; *op. cit,* página 7

[266] Ibidem.

[267] No obstante ello, también es cierto que la responsabilidad penal de las corporaciones ya estuvo presente en el Proyecto de revisión del Código Penal elaborado en 1934 por la Comisión "Matter" presentado en 1938, y figuró también en los Proyectos de 1978 y 1983 (este último conocido como Proyecto "Badinter"). Cfr. PONCELA, Pierette; "Nouveau Code Pénal: Livre I. Dispositions Générales", *Revue de Science Criminelle et de Droit Pénal Comparé,* N° 3, julio-setiembre de 1993, p. 457, nota 2, cit, por CESANO, José Daniel, op. cit. página 9.

[268] *Artículo 121-1:* Nadie será penalmente responsable sino de sus propios actos. *Artículo 121-2:* (Ley n° 2000-647 de 10 de julio de 2000 artículo 8 Diario Oficial de 11 de julio de 2000). Las personas jurídicas, con excepción del Estado, serán penalmente responsables de las infracciones cometidas, por su cuenta, por sus órganos o representantes, conforme a los artículos 121-4 a 121-7, y en los casos previstos por la

previstos por ley o reglamento, de las infracciones (delitos) cometidos en su nombre (*par leur compte*) por sus órganos o representantes". Las penas que establece no son corporales[269] y no obstante el carácter general de su texto existen algunos límites que veremos a continuación.

---

ley o el reglamento. Sin embargo, los entes territoriales y sus agrupaciones sólo serán responsables penalmente de las infracciones cometidas en el ejercicio de actividades susceptibles de ser objeto de convenios de delegación de servicio público. Sin perjuicio de lo dispuesto por el párrafo cuarto del artículo 121-3, la responsabilidad penal de las personas jurídicas no excluirá la de las personas físicas autoras o cómplices de los mismos hechos. *Artículo 121-3:* (Ley n° 96-393 de 13 de mayo de 1996 art 1 Diario Oficial de 14 de mayo de 1996) (Ley n° 2000-647 de 10 de julio de 2000 art 1 Diario Oficial de 11 de julio de 2000) No hay crimen ni delito sin intención de cometerlo. Sin embargo, cuando la ley lo prevea, habrá delito en caso de puesta en peligro deliberada de la persona ajena. Asimismo, habrá delito, cuando la ley lo prevea, en caso de imprudencia, de negligencia o de incumplimiento de una obligación de prudencia o de seguridad prevista por la ley o por el reglamento, si se prueba que el autor de los hechos no observó la normal diligencia, a la vista, en su caso, de la naturaleza de su misión o de sus funciones, de sus competencias, así como de las facultades y de los medios a su alcance. En el caso previsto en el párrafo anterior, las personas físicas que no hayan causado directamente el daño, pero que hayan creado o contribuido a crear la situación que haya permitido su realización, o que no hayan adoptado las medidas que hubieran permitido evitarlo, serán responsables penalmente si se prueba que, o bien violaron de forma manifiestamente deliberada una obligación especial de prudencia o de seguridad prevista por la ley o por el reglamento, o bien incurrieron en culpa cualificada y que expuso a otro a un riesgo de especial gravedad que no podían ignorar. No hay falta en caso de fuerza mayor. *Artículo 121-4:* Es autor de la infracción quien : 1° Comete los hechos penados por la ley ; 2° Intenta cometer un crimen o, en los casos previstos por la ley, un delito. *Artículo 121-5:* Hay tentativa desde el momento en que, habiéndose dado comienzo a la ejecución, ésta se ve suspendida o deja de causar sus efectos por circunstancias ajenas a la voluntad de su autor. *Artículo 121-6:* Será castigado como autor el cómplice de la infracción en el sentido del artículo 121-7. *Artículo 121-7:* Es cómplice de un crimen o de un delito quien, a sabiendas, con su ayuda o con su asistencia, haya facilitado su preparación o consumación. También es cómplice quien por dádiva, promesa, amenaza, orden, abuso de autoridad o de poder haya provocado a cometer una infracción o dado las instrucciones para su comisión.

[269]Code Penal (Partie Législative) Chapitre Ier : Dispositions générales: *Article 121-1* : Nul n'est responsable pénalement que de son propre fait. *Article 121-2* (Loi n° 2000-647 du 10 juillet 2000 artículo 8 Journal Officiel du 11 juillet 2000) : Les personnes morales, à l'exclusion de l'Etat, sont responsables pénalement, selon les distinctions des articles 121-4 à 121-7 et dans les cas prévus par la loi ou le règlement, des infractions commises, pour leur compte, par leurs organes ou représentants. Toutefois, les collectivités territoriales et leurs groupements ne sont responsables pénalement que des infractions commises dans l'exercice d'activités susceptibles de faire l'objet de conventions de délégation de service public. La responsabilité pénale des personnes morales n'exclut pas celle des personnes physiques auteurs ou complices des mêmes faits, sous réserve des dispositions du quatrième alinéa de l'article 121-3. *Article 121-3* (Loi n° 96-393 du 13 mai 1996 artículo 1 Journal Officiel du 14 mai 1996) : (Loi n° 2000-647 du 10 juillet 2000 artículo 1 Journal Officiel du 11 juillet 2000) : Il n'y a point de crime ou de délit sans intention de le commettre. Toutefois, lorsque la loi le prévoit, il y a délit en cas de mise en danger délibérée de la personne d'autrui. Il y a également délit, lorsque la loi le prévoit, en cas de faute d'imprudence, de négligence ou de manquement à une obligation de prudence ou de sécurité prévue par la loi ou le règlement, s'il est établi que l'auteur des faits n'a pas accompli les diligences normales compte tenu, le cas échéant, de la nature de ses missions ou de ses fonctions, de ses compétences ainsi que du pouvoir et des moyens dont il disposait. Dans le cas prévu par l'alinéa qui précède, les personnes physiques qui n'ont pas causé directement le dommage, mais qui ont créé ou contribué à créer la situation qui a permis la réalisation du dommage ou qui n'ont pas pris les mesures permettant de l'éviter, sont responsables pénalement s'il est établi qu'elles ont, soit violé de façon manifestement délibérée une obligation particulière de prudence ou de sécurité prévue par la loi ou le règlement, soit commis une faute caractérisée et qui exposait autrui à un risque d'une particulière gravité qu'elles ne pouvaient ignorer. Il n'y a point de contravention en cas de force majeure. *Article 121-4:* Est auteur de l'infraction la personne qui : 1° Commet les faits incriminés ; 2° Tente de commettre un crime ou, dans les cas prévus par la loi, un délit. *Article 121-5* La tentative est constituée dès lors que, manifestée par un commencement d'exécution, elle n'a été suspendue ou n'a manqué son effet qu'en raison de

a. Entidades comprendidas

En primer lugar, el artículo 121-2 del Código Penal habla únicamente de "personas jurídicas". En consecuencia, toda agrupación que esté desprovista de personalidad jurídica no puede ser sujeto de condena. Tal el caso de las sociedades de hecho *("sociétés de fait")* y de las sociedades de participación reguladas en los artículos 1871 y 1873 del Código Civil[270] según la posición mayoritaria expresada por Pradel y Larguier entre otros[271].

En segundo lugar, entre las personas jurídicas hay que mencionar algunas pocas excepciones que se encuentran excluidas. En principio, el artículo 121-2, inciso 1 Código Penal, excluye al Estado ya que, teniendo el monopolio del derecho de penar, éste no se puede castigarse a sí mismo. Lo propio ocurre con las colectividades territoriales y sus agrupaciones[272]. Sin embargo, cesa su irresponsabilidad cuando se trata de infracciones cometidas en el marco de las actividades que pueden ser objeto de convenciones de delegación de un servicio público (artículo 121-2, inciso 2 Código Penal)[273].

Esta limitación es importante en la práctica, puesto que es frecuente que las comunas exploten mediante concesiones un servicio de transporte escolar, la recolección de residuos o la distribución del agua. En tales casos tanto la comuna como la sociedad concesionaria pueden ser responsables. Dicho esto, y contemplando las excepciones reseñadas toda otra persona jurídica puede ser responsable, ya que no presenta

---

circonstances indépendantes de la volonté de son auteur. *Article 121-6 :* Sera puni comme auteur le complice de l'infraction, au sens de l'article 121-7. *Article 121-7 :* Est complice d'un crime ou d'un délit la personne qui sciemment, par aide ou assistance, en a facilité la préparation ou la consommation. Est également complice la personne qui par don, promesse, menace, ordre, abus d'autorité ou de pouvoir aura provoqué à une infraction ou donné des instructions pour la commettre.

[270] *Article 1871*: Les associés peuvent convenir que la société ne sera point immatriculée. La société est dite alors "société en participation". Elle n'est pas une personne morale et n'est pas soumise à publicité. Elle peut être prouvée par tous moyens. Les associés conviennent librement de l'objet, du fonctionnement et des conditions de la société en participation, sous réserve de ne pas déroger aux dispositions impératives des articles 1832, 1832-1, 1833, 1836 (2 ème alinéa), 1841, 1844 (1er alinéa) et 1844-1 (2ème alinéa). *Article 1873*: Les dispositions du présent chapitre sont applicables aux sociétés créées de fait.

[271] PRADEL Jean; *"Le nouveau Code Pénal (Partie Générale)"*, Recueil Dalloz, Actualité Legislative Dalloz 1993, Commentaires Législatifs, p. 163 y ss., expresa : "(...) tout groupement dénué de la personnalité morale ne saurait être poursuivi. Tel est le cas des sociétés créées de fait (...) : ces sociétés ne sont pas immatriculées et donc n'ont pas la personnalité morale". Igual criterio LARGUIER, Jean; *Droit pénal général*, Dalloz, 1995, p. 90. En contra de ambos se expresa PONCELA, op, cit., p. 458

[272] Según el artículo 72 de la Constitución francesa de 1958, las "colectividades territoriales" (unidad básica de la división política territorial) de la República son: los municipios, los departamentos y los territorios de ultramar. Según el mismo texto constitucional, queda reservada a una ley la creación de cualquier nueva "colectividad" no comprendida entre las enumeradas precedentemente.

[273] PRADEL, Jean: "La responsabilidad de la persona moral", en *Anuario de Derecho Penal*, Número 1996, Universitas Friburgensis, Friburgo, Suiza, 1996, página 20.

dudas la posibilidad de responsabilizar penalmente a las personas jurídicas privadas extranjeras establecidas en Francia. Ello es una consecuencia directa del reconocimiento del principio de territorialidad recogido en el artículo 113-2 del *Nouveau Code Pénal* que considera que un delito ha sido cometido en Francia, cuando allí se haya realizado un elemento del tipo ya sea la acción o el resultado[274].

b. Tipo de infracciones

Mientras que, con relación a las personas jurídicas, el legislador adoptó el principio de generalidad mediante el uso de la fórmula "todas son responsables, salvo", respecto a las infracciones consagró el principio de especialidad. Las personas morales sólo pueden ser declaradas responsables por las infracciones previstas expresamente en la ley. En este sentido, el artículo 121-2, inciso 1 Código Penal. establece que "las personas morales ... son responsables penalmente ... en los casos previstos por la ley o el reglamento, de las infracciones cometidas". Ahora bien, sucede que el legislador ha previsto con bastante frecuencia, con relación a esas infracciones, que la persona moral sea responsable[275].

En cuanto a los delitos, el nuevo Código Penal prevé la responsabilidad de las personas morales en relación con el genocidio, el homicidio y las heridas involuntarias (pero curiosamente no para las voluntarias), el tráfico de estupefacientes y el blanqueo de dinero, la puesta en peligro de muerte, las discriminaciones, el proxenetismo, el atentado a la vida privada, el hurto, la extorsión, el chantaje, la estafa, las malversaciones (como el abuso de confianza), la receptación, los daños, la traición, el espionaje, el atentado, el complot, la participación en un movimiento insurreccional, la corrupción, el tráfico de influencia, la usurpación de funciones o de título, la falsificación de documentos y de moneda, los actos de terrorismo, etcétera.

La responsabilidad es también admitida de manera amplia en el ámbito de las contravenciones. El nuevo Código la estatuye, por ejemplo, en el caso de los atentados involuntarios a la integridad de la persona, la difusión de mensajes indecentes, las amenazas de destrucción que entrañan un daño ligero, los atentados contra la moneda, la utilización de pesos y medidas diferentes a los establecidos por la ley[276].

---

[274] Sin embargo, antes de poder proceder contra una persona jurídica extranjera, el juez deberá comprobar si de acuerdo con el derecho extranjero en cuestión se le reconoce a la empresa capacidad jurídica. Cfr. BACIGALUPO, Silvina op. cit., p. 327 nota n° 50 y LARGUIER, op. cit. página 90, citados por CESANO, José Daniel; op. cit.

[275] Ibidem

[276] Ibidem

c. Requisitos de fondo para la responsabilidad

Según el artículo 121-2, inciso 1 del Código Penal, "las personas morales... son responsables penalmente... de las infracciones cometidas a su nombre, por los órganos o representantes". De acuerdo con esto, se puede establecer la consecuencia de que la infracción debe ser cometida por un órgano o representante de la persona moral. Esta primera condición significa que una empresa o sociedad es responsable sólo si la infracción ha sido realizada por un individuo. El acto de este último es la condición necesaria para la existencia de la responsabilidad de la persona jurídica.

DONNEDIEU DE VABRES habla del *substratum humano*, necesario en la responsabilidad de las personas jurídicas. Y este substratum es un "órgano" o un "representante" de la persona moral. Los órganos en Francia son la Asamblea General, el Consejo de Administración, el Consejo de Vigilancia (inclusive el Consejo Municipal) y el Directorio que, según el artículo 124 de la ley del 24 de julio de 1966 antes mencionada[277], se encuentra investido "de amplios poderes para actuar, en toda circunstancia, en nombre de la sociedad"[278].

En cuanto a los "representantes" son individuos determinados como el director general, el gerente o el alcalde. Por el contrario, un subalterno no comprometerá a la persona jurídica a no ser que haya obtenido una delegación del superior jerárquico y siempre que sean cumplidas las condiciones de la delegación.

Entre las dificultades que pueden presentarse PRADEL señala tres fundamentales. Primero, ¿se puede asimilar el directivo de hecho a un representante de derecho? Sabemos que el administrador de hecho es aquel que posee realmente el poder sin tener el título para tal función (en tanto que el falso gerente u hombre de paja tiene el título, pero no el poder). En una Ordenanza del 5 de mayo de 1945[279] sobre las empresas de comunicación que hubieran colaborado con el enemigo, se previó que el gerente no podía generar la responsabilidad de la persona moral, si no había sido nombrado de acuerdo con la ley y a los estatutos[280].

En la actualidad, el Código no dice nada al respecto. Aunque parece que corresponde dar la misma respuesta, puesto que el gerente no ha recibido ninguna investidura de la persona moral, la cual se encuentra

---

[277] *Vid* punto en este mismo Capítulo.

[278] DONNEDIEU DE VABRES, cit por PRADEL, Jean en op. cit. página 22.

[279] Ordonnance n° 45-918 du 5 mai 1945, Ordonnance relative aux infractions à la police des services de transport public de voyageurs

[280] Ver sin embargo Paris, 21 de diciembre de 1949, D. 1950, 434, nota de DONNEDIEU DE VABRES, sentencia en la que se decidió en sentido contrario.

obligada y colocada como víctima, a menos que los socios de la persona jurídica no hubieran reclutado de hecho al administrador.

Segundo, ¿qué sucede si el gerente en la terminología francesa, o administrador entre nosotros, sobrepasa el límite de sus atribuciones? Parece ser que la responsabilidad de la persona moral resulta comprometida. En efecto, el representante es nombrado (hipotéticamente) de manera regular por la persona jurídica. El principio de la responsabilidad de la persona moral perdería todo interés si se limitase la aplicación a los actos que no impliquen ningún exceso. PRADEL agrega en favor de esta solución un argumento de carácter legal que se deduce del artículo 131-39 del Código Penal. Este artículo, al prever la posibilidad de pronunciar la disolución de la persona ideal cuando ésta haya sido desviada de su razón social a efecto de cometer una infracción, supone un exceso de atribuciones por parte de sus órganos o representantes[281].

Finalmente, se pregunta PRADEL, como la tercera dificultad que puede presentarse ¿es responsable la persona moral si la persona física del representante ha actuado bajo coacción? Debido a que el artículo 121-2 del Código Penal, habla de "infracciones cometidas", se puede dudar entre dos alternativas: de un lado, una concepción materialista estrecha que incluye únicamente en el concepto de infracción a los actos materiales y, de otro lado, una concepción sicológica amplia que incluye además las actitudes mentales del agente. Aun si en general la primera perspectiva es la más justa, la segunda es, en este caso, la mejor, afirma PRADEL. En efecto, si la responsabilidad personal del dirigente es una condición previa de la responsabilidad de la persona jurídica y la coacción la excluye, entonces la responsabilidad de la persona moral desaparece igualmente. Del mismo modo, el dirigente que ha actuado bajo coacción, por ejemplo, bajo una presión irresistible de otra sociedad, no compromete a la persona jurídica.

Si la responsabilidad de la persona ideal presupone la de los individuos que la conforman, es lógico que estos últimos puedan ser igualmente perseguidos penalmente. Esta es la posición adoptada en el artículo 121-2, inciso 3 del Código Penal: "La responsabilidad penal de las personas morales no excluye la de las personas físicas autoras o cómplices de los mismos hechos". La cuestión fue sin embargo objeto de discusión a nivel parlamentario. Pero finalmente fueron previstas las dos formas de responsabilidad[282].

---

[281] PRADEL, Jean; *op cit*, passim
[282] idem

d. Las leyes especiales

Si bien como vimos, el Código Penal prevé numerosas hipótesis de responsabilidad penal de las personas jurídicas deben mencionarse asimismo diversas leyes especiales, algunas anteriores y otras posteriores al nuevo Código Penal que han consagrado dicha responsabilidad. Citando algunos ejemplos podemos encontrar en primer lugar, la ley de adecuación del 16 de diciembre de 1992 prevé frecuentemente la responsabilidad de las personas morales[283]. Es el caso de los atentados a los intereses fundamentales de la nación en tiempos de guerra, las infracciones al derecho minero y al derecho de autor, la quiebra y las infracciones ambientales[284].

La ley del 29 de enero de 1993[285], prevé la responsabilidad penal de las personas jurídicas para determinadas infracciones en materia de precios (Ordenanza del primero de diciembre de 1986 modificada en su artículo 31 sobre la facturación y en su artículo 33 sobre la no comunicación de las condiciones de venta por el mayorista)[286].

Otra ley del 20 de diciembre de 1993[287], la ha previsto en materia de derecho laboral, no de manera general sino para determinados delitos relativos al trabajo ilegal (artículo 152-3-1, 362-6 y 364-10 del Código del trabajo). Una ley del 4 de enero de 1994 la consagra en materia de control del Estado sobre las empresas de seguros (artículo 310-27 y 28 del Código de seguros) donde se nota la adecuación a las directivas n° 92-49 y n° 92-96 del 18 de junio y 10 de noviembre de 1992 del Consejo de Comunidades Europeas[288]. Otra ley del 2 de febrero de 1995[289], sobre la protección del medio ambiente, la ha previsto para determinadas infracciones tratadas en el libro II del nuevo Código Penal (preservación de los medios acuáticos y protección de patrimonio piscícola), en el Decreto del 9 de enero de 1852 sobre la pesca marina[290], en la ley del 7 de

---

[283] Loi n° 92-1336 du 16 décembre 1992, Loi relative à l'entrée en vigueur du nouveau code pénal et à la modification de certaines dispositions de droit pénal et de procédure pénale rendue nécessaire par cette entrée en vigueur.

[284] Ver PRADEL Jean, *Le nouveau Code pénal*. Partie générale, A.L.D., París, página 190 y siguientes.

[285] Loi n° 93-122 du 29 janvier 1993, Loi relative à la prévention de la corruption et à la transparence de la vie économique et des procédures publiques

[286] Ordonnance n° 86-1243 du 1er décembre 1986, Ordonnance relative à la liberté des prix et de la concurrence.

[287] Loi quinquennale n° 93-1313 du 20 décembre 1993, Loi quinquennale relative au travail, à l'emploi et à la formation professionnelle.

[288] Loi n° 94-5 du 4 janvier 1994, Loi modifiant le code des assurances (partie Législative).

[289] Loi n° 95-101 du 2 février 1995, Loi relative au renforcement de la protection de l'environnement .

[290] Décret du 9 janvier 1852, Décret sur l'exercice de la pêche maritime

julio de 1976 sobre la polución marina y en otra ley de la misma fecha sobre la polución del mar por actos de incineración (artículo 81)[291].

Una ley del 13 de mayo de 1996 prevé la responsabilidad de las personas morales en caso de blanqueo de dinero (artículo 324-9 del Código Penal)[292], etcétera. Así, el legislador se decidió por la modalidad casuística, sin adoptar una política general basada en criterios precisos. Actúa por tanto como lo hace cuando otorga a determinadas asociaciones el derecho de ejercer, por ejemplo, la acción civil.

En efecto, muchos dominios escapan a la responsabilidad de las personas morales, como es el caso del derecho tributario o aduanero, el derecho de sociedades comerciales, el derecho del consumidor[293] y la mayor parte del derecho laboral (sólo pueden ser imputados a una persona jurídica el empleo de mano de obra extranjera y el albergue colectivo irregular, el trabajo clandestino, el *marchandage*, y las discriminaciones ilícitas). Esta actitud del legislador podría conducir, según PRADEL, sobre todo teóricamente, a los jueces deseosos de castigar a una persona jurídica a elegir una calificación que prevea la responsabilidad de las personas morales y no una calificación próxima que no lo haga (por ejemplo, abuso de confianza y no abuso de los bienes sociales; puesta en peligro de una persona y no violación por el empleador de las reglas de higiene y seguridad)[294].

e. Penas aplicables en materia criminal y correccional. Jerarquía

Según el artículo 131-37 del Código Penal[295], las penas criminales y correccionales imponibles a las personas jurídicas son la multa y, en los casos previstos por la ley, las penas enumeradas en el artículo 131-39 del Cógido Penal[296].

---

[291] Loi n° 76-600 du 7 juillet 1976, Loi relative à la prévention et à la répression de la pollution de la mer par les opérations d'incinération.

[292] Loi n° 96-392 du 13 mai 1996, Loi relative à la lutte contre le blanchiment et le trafic des stupéfiants et à la coopération internationale en matière de saisie et de confiscation des produits du crime.

[293] Crim. del 30 de octubre de 1995, B.C., n. 336.

[294] PRADEL, Jean; *op. cit.* página 22.

[295] *Artículo 131-37:* Las penas criminales o correccionales que pueden imponerse a las personas jurídicas son: 1° La multa; 2° En los casos previstos por la ley, las penas enumeradas en el artículo 131-39.

[296] *Artículo 131-9:* (Ley n° 2001-504 de 12 de junio de 2001 artículo 14 Diario Oficial de 13 de junio de 2001) Cuando la ley lo prevea para las personas jurídicas, los crímenes o delitos podrán ser sancionados con una o varias de las penas siguientes: 1° La disolución, cuando la persona jurídica haya sido creada para cometer los hechos incriminados o, si se trata de un crimen o delito castigado para las personas físicas con una pena de prisión igual o superior a tres años, cuando se haya desviado de su objeto social para cometer los hechos incriminados; 2° La prohibición, a título definitivo o por un periodo de hasta cinco años, de ejercer directa o indirectamente una o varias actividades profesionales o sociales; 3° El sometimiento, por un periodo de hasta cinco años, a vigilancia judicial; 4° La clausura definitiva o por un periodo de hasta cinco años de los establecimientos o de uno o varios de los locales de la empresa que hayan servido para cometer los hechos incriminados; 5° La exclusión de la contratación pública a

i. La multa como pena principal

Mientras que las demás penas son impuestas, según los términos del artículo 131-37 "en los casos previstos por la ley ", la multa no está sujeta a esta restricción. De esto resulta que esta pena es sistemáticamente impuesta una vez que la persona jurídica es responsabilizada penalmente, aun cuando la multa no hubiera sido establecida expresamente[297].

Sin embargo, por razones de claridad, el legislador ha preferido mencionar la posibilidad de imponer una multa en los textos especiales que, como vimos[298], establecen la responsabilidad penal de las personas jurídicas. Pero, contrariamente a otras penas, ésta es siempre prevista de acuerdo con la intención expresada por el legislador en el artículo 131-37.

La multa aparece entonces, si no como una pena principal, puesto que no existen penas complementarias o alternativas, al menos como pena sistemática a la que se puede recurrir ampliamente en materia criminal y correccional[299].

ii. Monto de la multa

Según el artículo 131-38 del Código Penal[300], el monto de la multa es igual al quíntuplo previsto por la ley para las personas físicas. Resulta por tanto inútil precisar el monto de la multa en las disposiciones especiales que establecen penas para las personas jurídicas. La técnica

---

título definitivo o por un periodo de hasta cinco años; 6° La prohibición, a título definitivo o por un periodo de hasta cinco años, de hacer llamamiento público al ahorro; 7° La prohibición, por un periodo de hasta cinco años, de emitir otros cheques salvo los que permitan la retirada de fondos por el librador contra el librado o los que estén conformados, o de utilizar tarjetas de pago; 8° El comiso de la cosa que haya servido o estaba destinada a cometer la infracción o del producto de la misma; 9° La publicación de la resolución adoptada o su difusión a través de la prensa escrita o por cualquier medio de comunicación audiovisual. Las penas definidas en los apartados 1° y 3° anteriores no se aplicarán a las personas jurídicas de derecho público susceptibles de responsabilidad penal. No se aplicarán a los partidos o agrupaciones políticas ni a los sindicatos profesionales. La pena definida en el apartado 1° no se aplicará a las instituciones representativas del personal.

[297] Cf. sobre las modalidades de aplicación, artículo R *131-36 Código Penal*: "Cuando en el seno de una persona moral, citada a comparecer ante una jurisdicción, existen representantes del personal, el Ministerio Público les hace saber la fecha y el objeto de la audiencia, mediante carta recomendada, enviada diez días antes de la fecha de audiencia. Cuando el personal de esta persona moral se rige por las disposiciones del Código de Trabajo, respecto a la representación de los asalariados, el aviso mencionado en el primer párrafo es enviado al secretario del comité central de la empresa y, a falta de comités, a los delegados del personal nombrado".

[298] Vid punto en este mismo Capítulo.

[299] DESPORTES, Fréderic y LE GUNEHEC, Francis: "Las penas aplicables a las personas juridicas" *en Anuario de Derecho Penal*, Número 1997-1998, Universitas Friburgensis, Friburgo, Suiza, 1998, página 4.

[300] *Artículo 131-38:* La cuantía máxima de la multa aplicable a las personas jurídicas será igual al quíntuplo de lo previsto para las personas físicas por la ley que castigue la infracción.

utilizada tiene el inconveniente de excluir la posibilidad de aplicar una pena de multa a una persona jurídica en tanto ésta no esté prevista respecto de las personas naturales. En la práctica, sin embargo, los crímenes y delitos pasibles únicamente de una pena privativa de libertad son raros, al menos en el Código Penal y no son tampoco susceptibles de generar la responsabilidad penal de las personas jurídicas, por ejemplo, atentados dolosos contra la vida, tortura, violencias criminales, etcétera[301].

iii. Las otras penas

Como se puede apreciar de las otras penas previstas por el artículo 131-39 del Código Penal, muchas de ellas pueden ser impuestas a las personas naturales. Excepto la disolución, el legislador ha hecho un amplio uso de cada una de ellas, como se evidencia a través de una lectura rápida de los libros II al V del Código Penal. Es de señalar finalmente que no puede deducirse ninguna consecuencia del orden establecido en el artículo 131-39 del Código Penal, pues no establece una escala de penas.

DESPORTES y LE GUNEHEC entienden que la lista establecida en el artículo 131-39 del Código Penal no es exhaustiva y que el legislador se reserva el derecho de establecer, en las disposiciones de la parte especial, penas que no figuran en esta lista. Por ejemplo, las personas jurídicas son pasibles de la confiscación general de sus bienes en materia de crímenes contra la humanidad y de tráfico de estupefacientes (artículos 213-3, 222-49 del Código Penal) y del retiro de la licencia de venta de bebidas o de funcionamiento de restaurante en el caso de tráfico de estupefacientes y de proxenetismo (artículos 222-50 y 225-22).

iv. Identidad de las penas criminales y correccionales

Como ya se mencionó[302], las disposiciones aplicables a las personas jurídicas presentan la particularidad de no hacer ninguna diferencia entre las penas criminales y correccionales. Por tanto, es imposible saber, en función de las penas impuestas a las personas jurídicas, si la infracción concernida es un crimen o un delito. Su calificación debe ser hecha con relación a las penas previstas para las personas naturales[303].

---

[301] Ibidem
[302] Vid punto en este mismo Capítulo.
[303] DESPORTES, Fréderic y LE GUNEHEC, Francis; *op. cit.*, página 6.

v. Ausencia de penas complementarias y alternativas

Hemos visto igualmente que en materia criminal y correccional las penas a imponerse a las personas jurídicas están situadas en el mismo plano. No existe ni pena alternativa ni complementaria. Todas las penas son en cierto modo penas principales que el juez puede libremente combinarlas. La fuerza de la costumbre, siendo más fuerte que la nueva lógica, ha llevado al legislador a clasificar, en los libros especiales del Código Penal, a las penas que no estaban comprendidas en la lista del artículo 131-39, bajo el título llamado "penas complementarias". Sin embargo, esta clasificación no tiene ninguna consecuencia jurídica. Las penas llamadas complementarias son, en Francia respecto de las personas morales, tan penas como las otras, al menos en materia criminal y correccional. Se les llama complementarias en el sentido común del término; vale decir, que "completan" la lista establecida en el artículo 131-39[304].

vi. Penas aplicables en materia de contravenciones

La lista de penas aplicables a las personas jurídicas en materia de contravenciones figura en el artículo 131-40 del Código Penal[305]. Este artículo menciona la multa y las penas privativas o restrictivas de derechos previstos en el artículo 131-42[306], precisando que éstas no son exclusivas de una o varias de las penas complementarias previstas en el artículo 131-43[307]. El legislador, como vimos, ha conservado en materia de contravenciones la distinción entre penas principales, alternativas y complementarias, sin duda para encuadrar el poder reglamentario dentro de límites más estrechos. La multa puede entonces ser considerada en este caso pena principal con relación a las otras penas[308].

---

[304] Ibidem

[305] *Artículo 131-40*: Las penas por faltas susceptibles de imposición a las personas jurídicas son: 1° La multa; 2° Las penas privativas o restrictivas de derechos previstas en el artículo 131-42. Estas penas no excluirán la aplicación de una o varias de las penas accesorias previstas en el artículo 131-43.

[306] *Artículo 131-42:* Para todas las faltas de 5ª clase, la pena de multa podrá sustituirse por una o varias penas privativas o restrictivas de los derechos siguientes: 1° La prohibición, por un periodo de hasta un año, de emitir cheques, salvo los que permitan la retirada de fondos por el librador contra el librado o los que estén conformados, o de utilizar tarjetas de pago; 2° El comiso de la cosa que haya servido o estaba destinada a cometer la infracción o del producto de la misma.

[307] *Artículo 131-43:* El reglamento que castigue una falta podrá prever, cuando el culpable sea una persona jurídica, la pena accesoria mencionada en el párrafo 5° del artículo 131-16. Para las faltas de 5ª clase, el reglamento podrá prever, además, la pena accesoria mencionada en el primer párrafo del artículo 131-17.

[308] DESPORTES, Fréderic y LE GUNEHEC, Francis; *op. cit.*, página 8.

vii. La multa, pena principal

Siendo la única pena en materia de contravenciones, la multa ha sido siempre impuesta, en este ámbito, a las personas jurídicas. Su monto es fijado en el artículo 131-41 del Código Penal. Equivale al quíntuplo de la multa sufrida por las personas naturales. El modo de cálculo es en consecuencia el mismo que en materia criminal y correccional.

Habiéndose fijado en el artículo 131-41[309] el máximo de la multa imponible a las personas físicas para cada clase de contravención es fácil deducir el monto máximo de las multas aplicables a las personas jurídicas[310].

viii. Penas alternativas

El legislador ha establecido en materia de contravenciones penas alternativas a la multa. El artículo 131-42, más explícito que en las disposiciones correspondientes aplicables a las personas naturales, dispone claramente que las jurisdicciones penales pueden siempre reemplazar la multa impuesta, tratándose de una contravención de quinta clase, por una de las dos penas privativas o restrictivas de derecho siguientes: 1° La interdicción, por un año o más, de emitir cheques o de utilizar cartas de crédito; 2° La confiscación de la cosa vinculada a la comisión de la infracción[311].

ix. Penas complementarias

El número de penas complementarias susceptibles de ser impuestas a las personas jurídicas es bastante reducido. De acuerdo con el artículo 131-43 del Código Penal, sólo la confiscación puede ser dispuesta cualesquiera que sea la clase de contravención. Tratándose de las contravenciones de quinta clase, el reglamento puede prever, además, a título complementario, la prohibición de emitir cheques por una

---

[309] *Artículo 131-41*: La cuantía máxima de la multa aplicable a las personas jurídicas será igual al quíntuplo de lo previsto para las personas físicas en el reglamento que castigue la infracción.

[310] Esto es: 1,250 francos para las contravenciones de primera clase (por ejemplo, daño ligero - *dégradation legère* - R. 631-1 Código Penal), 5,000 francos para las contravenciones de segunda clase (por ejemplo, inobservancia de una obligación de seguridad o de prudencia que no haya provocado una incapacidad de trabajo, artículo 622-1 Código Penal), 15,000 francos para las contravenciones de tercera clase (por ejemplo, usurpación de símbolos reservados a la autoridad pública, R. 643-1 Código Penal), 25,000 francos para las contravenciones de cuarta clase (por ejemplo, injuria o difamación no pública de carácter racista o discriminatorio, artículo 624-6 Código Penal), 50,000 francos para las contravenciones de quinta clase y 100,000 francos en caso de reincidencia (por ejemplo, atentados involuntarios a la integridad de la persona, R. 625-5 Código Penal.

[311] DESPORTES, Fréderic y LE GUNEHEC, Francis; *op. cit.*, página 8.

duración de tres años o más. El legislador ha omitido manifiestamente de mencionar la interdicción de utilizar las cartas de crédito. El artículo 133-44 del Código Penal[312] estipula que estas penas pueden ser siempre pronunciadas a título principal[313].

f. Penas propias a las personas jurídicas

En definitiva, sólo tres penas son verdaderamente privativas de las personas jurídicas: la disolución, la colocación bajo vigilancia judicial y la prohibición de incitar públicamente al ahorro. Estas penas son, como habíamos señalado, exclusivamente aplicables en materia criminal y correccional[314].

i. La disolución

La disolución es frecuentemente presentada, de manera un poco dramática, como la pena de muerte aplicada a las personas jurídicas. Está prevista como vimos en el inc. 1 del artículo 131-39. Su gravedad explica por qué su ámbito de aplicación es limitado y sus condiciones son de aplicación rigurosa. Sus modalidades de ejecución no presentan, por el contrario, particularidades.

La disolución ha sido prevista sólo "para las infracciones muy graves o que presentan una peligrosidad particular cuando son cometidas por una persona jurídica". Entre las infracciones previstas por el Código Penal, la disolución es aplicable a las modalidades ya vistas en el apartado 2 del presente punto V, en tanto entre las infracciones previstas por otros textos que se reprimen con la disolución las mismas fueron reseñadas en el apartado 4 a donde nos remitimos.

ii. La colocación bajo vigilancia judicial

La colocación bajo vigilancia judicial es la más original de las penas aplicables a las personas jurídicas. La novedad misma explica sin duda algunas imperfecciones del dispositivo instituído por la norma prevista en el artículo 131-39 del Código Penal que no puede compararse ni con el veedor, ni con el informante ni con el interventor contemplados por diversas leyes de nuestro sistema en la materia.

---

[312] *Artículo 131-44:* Cuando una falta sea castigada con una o varias penas accesorias previstas en el artículo 131-43, el órgano jurisdiccional podrá imponer sólo la pena accesoria o una o varias de las penas accesorias susceptibles de aplicación.

[313] DESPORTES, Fréderic y LE GUNEHEC, Francis; *op. cit.*, página 9.

[314] Ibídem

Esta pena puede analizarse, mas bien, como equivalente a la suspensión condicional de la pena aplicable a las personas físicas. Permite controlar el comportamiento de una persona jurídica para prevenir la reincidencia, asegurando la conformidad de las instalaciones defectuosas de una empresa con las reglas de higiene y de seguridad.

iii. La prohibición de recurrir públicamente al ahorro

Según el artículo 131-47 del Código Penal, el hecho de prohibir recurrir públicamente al ahorro comprende la prohibición de colocar cualquier tipo de títulos; de acudir tanto a los establecimientos de crédito, establecimientos financieros o sociedades de bolsa, así como a cualquier forma de publicidad.

Esta pena puede ser prevista a título definitivo o por un lapso de cinco años o más. No concierne, por su fin mismo, más que a un número limitado de personas jurídicas como son las sociedades por acciones[315] y las sociedades civiles de inversión inmobiliaria[316].

C. Italia

1. La legislación civil y comercial

Inmediatamente después de la entrada en vigor del Código Civil italiano, formuló RENDE el concepto de delito colegial, como categoría autónoma. Tal delito sería aquel que se realiza no por personas que se unan con el fin de cometer delitos, sino por personas que estando ya constituídas según la ley en colegio como órgano de una persona jurídica, pública o privada, cometen delitos en el ejercicio de sus funciones. Quedarían al margen de tal categoría conceptual, pues, los actos que son ajenos a las funciones del órgano colegiado, aunque se cometan por sus miembros con ocasión de hallarse reunidos, y los hechos que, para su realización, no exigen según la ley intervención de dicho órgano colegiado.

La configuración del delito colegial ha encontrado, con razón, fuerte oposición en la doctrina penal. La unidad orgánica de las deliberaciones y decisiones sociales puede tener efectos en el marco de la responsabilidad civil, pero no puede derogar el principio fundamental

---

[315] Ley del 24 de julio de 1966, artículo 72 respecto a las sociedades anónimas.

[316] Ley 93-6 del 4 de enero de 1993, artículo 1. Sobre la noción de incitación pública al ahorro, ver GUYON, Yves, " Droit des affaires ", en *Economica*, n° 219 y 282 ; GARNIER, "La notion d'appel public à l'épargne ", en *Revue des sociétés*, 1992, página 687 cit. por DESPORTES, Fréderic y LE GUNEHEC, Francis; *op. cit.*, página 10.

de que la responsabilidad penal es estrictamente personal. Lo cual quiere decir que no todos los miembros del órgano han de responder necesariamente por los delitos cometidos mediante decisiones colegiadas y que, en su caso, tampoco tienen por qué responder necesariamente en idéntica medida, pudiendo aparecer unos como autores y otros como cómplices o encubridores[317].

En el Código Civil de 1942, dedica a diferentes ilícitos societarios el título XI, libro V (Del trabajo), denominado: "Disposiciones penales en materia de sociedades y consorcios". Los delitos allí previstos constituyen un complejo normativo ordenado sobre la base de un criterio absolutamente casuístico.

Se contemplan como infracciones autónomas: a) la falsa comunicación, o, mejor dicho, la falsedad ideológica en los actos sociales; b) la distribución ilegal de utilidades; c) la divulgación de noticias sociales reservadas; d) violación de las obligaciones que incumben a los administradores; e) préstamos y garantías de la sociedad; f) violación de las obligaciones inherentes a los liquidadores; g) omisión o ejecución tardía o incompleta de denuncias, comunicaciones y depósitos; h) omisión de las indicaciones obligatorias.

El capítulo II está dedicado a las disposiciones especiales en lo referente a las sociedades por acciones, en comandita por acciones, de responsabilidad limitada y cooperativas. Contempla como delitos específicos: a) maniobras fraudulentas sobre títulos de la sociedad; b) valuación exagerada de los aportes en especie; c) violación de las obligaciones que incumben a los administradores; d) conflictos de intereses; e) violación de las obligaciones que incumben a los síndicos; f) irregularidad de los títulos de acciones y obligaciones; g) omisión de la inscripción del representante de los accionistas en el respectivo registro[318].

A su vez, el capítulo III se refiere a los consorcios y el IV a los administradores judiciales y a los consorcios gubernamentales. El capítulo V, bajo el título de "disposiciones comunes", trata de las circunstancias agravantes, de las penas accesorias y de la comunicación de la sentencia de condena. No obstante, este régimen abarcatorio de un sinnúmero de supuestos, la doctrina italiana ha hecho fundadas críticas a la legislación referida. Por su trascendencia, debemos destacar las siguientes críticas: a) que los redactores de la ley, apartándose del criterio de generalización normativa, en armonía con los principios fundamentales del derecho penal, utilizaron una técnica propia del

---

[317] HEREDIA, Florencia, *op. cit.*
[318] Ibidem

164

derecho privado; b) con olvido de los principios propios del derecho penal, adoptaron el criterio simple de reforzar con una sanción penal algunas reglas propias del derecho privado; c) en contraste con una minuciosa reglamentación, cabe consignar que situaciones de suma importancia (v.gr., el abuso de confianza o infidelidad patrimonial de los administradores) han sido reglados en forma harto deficiente; d) en muchos casos las sanciones no se adecuan a la naturaleza del hecho incriminado aplicándose graves sanciones restrictivas de la libertad a comportamientos para los cuales sólo cabría imponer sanciones pecuniarias[319].

2. La doctrina del *ultra vires*

Fue DE MARSICO quien trastocó verdaderamente la doctrina de la especialidad del fin elaboradapor la doctrina tradicional peninsular para defender la irresponsabilidad de la persona jurídica[320]. Esta concepción del ultra vires parte de la afirmación que las personas jurídicas reciben de la ley la facultad de lograr un fin determinado. De ahí, se deduce que todo lo que se realiza fuera de este ámbito de atribución - que constituye lo específico de la agrupación - es nulo, porque ha sido efectuado por un sujeto inexistente para el ordenamiento jurídico. En otras palabras, las agrupaciones obran por intermedio de sus órganos y responden por sus actos sólo cuando realizan actos en relación con los fines específicos de su objeto social. Fuera de estos límites, sólo hay lugar para la responsabilidad individual.

DE MARSICO llega, por el contrario, a conclusiones opuestas. Puesto que la voluntad de la persona jurídica no es creada por el legislador, sino sólo reconocida porque ya existe en la realidad, el criterio de la especialidad desempeña sólo una función de límite: ninguna persona jurídica puede ser responsable - tanto en derecho penal como en derecho civil - por violaciones cometidas "en materia no correspondientes al fin de la agrupación". Es decir, "el fin no limita la responsabilidad a los comportamientos aprobados o tolerados por el ordenamiento. El fin individualiza, como actividad corporativa, toda esta actividad tolerada o aprobada e, igualmente, la prohibida. Actividad que, por sus objetivos, se vincula a los fines de la agrupación mediante una relación causal"[321].

---

[319] HEREDIA, Florencia, *op. cit.*

[320] DE MARSICO, "La difesa sociale contro le nuove forme di delitto collettivo", *Studi di Diritto Penale*, Napoli, 1930, página 65.

[321] Idem, página 88.

3. Interpretación del principio constitucional de culpabilidad

En Italia, pero no sólo en este país, las más recientes actividades de la criminalidad organizada, desarrolladas en el ámbito de la delincuencia mafiosa en sus cuatro mas conocidas, y de la criminalidad económica (entendida como una red de intereses de empresarios, políticos y administradores públicos relacionados delictuosamente en el más amplio fenómeno de corrupción). La historia reciente del crimen organizado en estas sociedades ha demostrado el papel central de las agrupaciones (*holdings* y sociedades por acciones) en el avance de la criminalidad más grave y "clásica"[322].

Si bien la base jurídica para negar la responsabilidad penal a las personas jurídicas se encuentra fundamentada en el artículo 27 de la Constitución italiana de 1948, según el cual la responsabilidad penal es siempre personal, como así también hace un reconocimiento al principio de culpabilidad. También es sabido que el *Progetto preliminare di riforma del codice penale – parte generale*[323], prevé la responsabilidad penal de las personas colectivas, aunque en la práctica, ese proyecto perdió fuerza después de las elecciones legislativas, tras la victoria de la nueva mayoría y la constitución del gobierno formado por Silvio BERLUSCONI.

Sin desestimar la importancia que tiene el hecho que la Constitución, en su artículo 27, inc. 1, disponga que «la responsabilidad penal es personal» y con la necesidad de abandonar el proverbio *societas delinquere non potest* y justificar la responsabilidad de las agrupaciones y su compatibilidad con la Constitución ya a fines de la década del 70, la doctrina especializada se inclinó por dos variantes para ello, una parte ha propuesto una interpretación restringida del artículo 27, inc. 1. En tanto la otra parte de la doctrina condujo a dar una nueva interpretación del principio de personalidad (artículo 27, inc. 1, de la Constitución)[324].

Según la primera vertiente (nueva interpretación), el Constituyente habría querido prohibir solamente la responsabilidad por el hecho de otro. En efecto, la aceptación de la teoría "organicista" salvaguarda, «con respecto a las relaciones entre sociedad y administradores, el principio de la responsabilidad por el hecho propio a pesar de la duplicidad entre

---

[322] PALIERO, Carlo Enrico; "Problemas y perspectivas de la responsabilidad penal de la persona jurídica en el derecho italiano" en *Anuario de Derecho Penal*, Número 1996, Universitas Friburgensis, Friburgo, Suiza, 1996, página 45

[323] Este Proyecto es conocido también como *progetto Grosso*, originario del nombre del profesor Carlo Federico Grosso, que presidió la Comissione per la Riforma del Codice Penale, instituida por el Decreto Ministerial del 1 de octubre de 1998), revisado a raíz de los debates académicos promovidos de noviembre de 2000 a mayo de 2001 y aprobado por la Comissione Ministeriale per la Riforma del Codice Penale en la sesión de 26 de mayo de 2001.

[324] PALIERO, Carlo Enrico; op. cit., página 46.

ejecutor material de la conducta y sujeto representado»[325]. Además, en el pasado, no han faltado autores que, para sostener la responsabilidad penal de las agrupaciones, han destacado los casos en los que el sistema admite la responsabilidad sin culpa aún de las personas físicas[326].

Por último, se ha considerado en este contexto que, si el delito es el fruto de la política de la empresa, la responsabilidad penal «contradice tan poco el artículo 27, inc. 1, de la Constitución, como la responsabilidad del instigador por el hecho material cometido por el instigado»[327].

En tanto la doctrina dedicada a dar una nueva interpretación del principio de personalidad (artículo 27, inc. 1, de la Constitución) estuvo encabezada por PECORELLA, quien sostenía que no es exacto que esta disposición haya sido establecida sólo en relación con las personas físicas: el constituyente no ha querido excluir la responsabilidad de las personas jurídicas; sólo ha subrayado lo ya regulado por la ley ordinaria. El principio regulado en ese artículo significa que «el titular de la obligación penalmente sancionada y el destinatario de la sanción deben ser la misma persona, física o jurídica»[328]

En esta perspectiva, las posibilidades de responsabilizar a las agrupaciones son ante todo examinados, de lege lata, en los términos siguientes: a) modelos «tradicionales» al interior del sistema penal (art 197 CP); b) modelo general de responsabilidad de las agrupaciones introducido en el sistema penal administrativo por la ley n. 689 de 1981 y c) «nuevos» modelos de responsabilidad de las agrupaciones surgidos últimamente en la legislación especial en materia económica[329].

4. El Código Penal

Parte de la doctrina ha tratado de revalorizar, recientemente, el alcance y el significado del artículo 197 del Código Penal[330], relativo a la garantía impuesta «a los entes poseedores de personalidad jurídica» para el pago de la pena pecuniaria impuesta a su representante, administrador o dependiente, en caso de insolvencia de éstos. Sobre todo

---

[325] BRICOLA, "Il costo del principio «societas delinquere non potest» nell'attuale dimensione del fenomeno societario", *in Rivista italiana di diritto e procedura penale*, 1970, página 1011.

[326] CICALA, "Sulla responsabilità delle persone giuridiche dal punto di vista interno", *in Rassegna penale*, 1929, p. 633.

[327] BRICOLA, Il costo, p. 1011.

[328] PECORELLA, "Societas delinquere non postest", *in Rivista giuridica lavorale*, 1977, IV, p. 357 a 367.

[329] PALIERO, Carlo Enrico; *op. cit.*, página 45.

[330] *Artícolo 197*: "Gli enti forniti di personalitá giuridica, eccetuati lo Stato, le región, le province ed i comuni, qualora sea pronunciata condanna per reato contro che ne abbia la rappresentanza, o amministrazione, o sia con essi in rapporto di dependenza, e si tratti di reato che costituisca violazione degli obblighi inerenti alla qualitá rivestita dal colpevole, ovvero sia commesso nell´interesse della persona giuridica, sono obbligati al pagamento, in caso di insolvibilitá".

después de la reforma por la Ley 689 de 1981, en la que el legislador, introduciendo el criterio de los intereses, ha mostrado la intención de valorizar esta forma de responsabilidad solidaria de la persona jurídica con la formula que se asemeja al actuar en lugar de otro[331].

Como ha sido destacado, el campo de aplicación de esta medida es sobre todo el de la sociedad. La índole de la responsabilidad de la persona jurídica es meramente objetiva, fundada sobre el sólo nexo existente entre autor del hecho y ente. La perplejidad que surge en cuanto la racionalidad del instituto, denunciada por parte de la doctrina[332], se acentúa cuando se examinan las implicaciones político-criminales del modelo adoptado: la solidaridad en el ámbito de una estructura subsidiaria de responsabilidad. A cargo de la persona jurídica, se trata de una mera obligación de tipo solidario con "el derecho de revertir contra el autor de la violación"[333].

Además, la co-responsabilidad de la persona jurídica no interviene sino «en segundo plano», una vez constatada la insolvencia del obligado principal (persona física). El ente desempeña por tanto sólo una función de garantía por el pago de la pena pecuniaria. Por esto, estamos lejos de un modelo de co-responsabilidad directa de la persona jurídica que sea una presión en términos de intimidación sobre las decisiones económicas o de gestión de la empresa[334].

a. El "administrador de hecho"

Otro instrumento político criminal para enfrentar la responsabilidad penal dentro de las estructuras empresarias en Italia es la utilización de la figura del "administrador de hecho". Esta figura busca individualizar al verdadero responsable de la dirección de la empresa más allá de la estructura formal de la misma. Un ejemplo de esto podría serlo el artículo 32 bis del Código Penal italiano donde se habla de la interdicción de *"ogni altro ufficio con potere di rappresentanza della persona giuridica o dell'imprenditore"*.

---

[331] ALESSANDRI, *Reati d'imprese e modelli sanzionatori*, Milano, 1984, cit. por PALIERO, Carlo Enrico; op. cit., página 47.

[332] ALESSANDRI, *Reati d'imprese e modelli sanzionatori*, Milano, 1984, página 180.

[333] PALIERO, Carlo Enrico; *op. cit.*, página 47.

[334] Ibidem.

5. El modelo general de responsabilidad en derecho penal administrativo

En el ordenamiento italiano, los principios y la estructura del ilícito administrativo están anclados - desde la Ley n. 689 de 1981 - al modelo parapenal que tiene como prototipo moderno la ya analizada ley sobre las infracciones de orden (*Ordungswidrigkeit*) alemana.

El principio de legalidad ha sido establecido en el artículo 1 de la mencionada ley sobre los ilícitos administrativos con la misma amplitud y el mismo rigor previsto que en materia penal (artículo 25, inc. II de la Constitución y arts. 1 y 2 del Código Penal). Las normas referentes a la imputabilidad (artículo 2 de la ley 689/1981), a la responsabilidad dolosa o culposa (artículo 3, inc. I de la Ley n. 689/1981), al error (artículo 3, inc. II de la ley 689/1981), no transferencia de las sanciones (artículo 7) y a la individualización de la sanción (artículo 11), instituyen en el sistema el principio de culpabilidad con contenidos no muy diferentes a los del mismo principio en materia penal.

El artículo 4 de la Ley n. 689/1981 establece expresamente las eximentes del cumplimiento de un deber, el ejercicio de un derecho, la legítima defensa y el estado de necesidad, que excluyen el carácter ilícito del comportamiento típico conforme a la norma sancionadora administrativa.

En particular, son establecidas formalidades precisas de confirmación y garantía del principio *audietur altera* para en la etapa procesal de competencia de la administración pública, y la plena garantía jurisdiccional en la fase (aunque sea eventual y a pedido del inculpado) que se desarrolla ante el pretor, según el rito y las garantías constitucionales del juicio civil[335].

a. Responsabilidad penal administrativa de la persona jurídica

La notable aceleración del proceso de asimilación entre el modelo penal y el modelo sancionador administrativo, del cual la Ley n. 689/1981 ha sido, en Italia, una etapa decisiva, ha tenido como consecuencia paradójica la renuncia a fijar de manera general una responsabilidad directa de la persona jurídica; al menos en cuanto a las sanciones administrativas respecto a las cuales el principio del artículo 27, inc. 1, de la Constitución no puede regir de manera absoluta («la responsabilidad penal es personal»).

---

[335] Ibidem

Por el contrario, el legislador italiano de 1981 ha seguido en este campo, a ultranza, una vía «panpenalista» en la construcción del modelo sancionador administrativo. Con elevados costos en el plano de la política jurídica y de eficacia en el control de la *corporate behaviour*[336].

Configurando con relación a la *societas* una simple obligación solidaria (aún no de tipo subsidiario y «con derecho de reversión total frente al autor de la violación», artículo 6, inc. 4 de la Ley n. 689/1981), se limita a imponer al ente la mera garantía por el pago de la sanción pecuniaria. Con relación al orden jurídico italiano, se puede muy bien decir que el tipo delictivo previsto en el artículo 6, inc. 3, se limita a reproducir, con exclusión de la subsidiariedad, el instituto de la «obligación civil por el pago de la multa [administrativa]» y «de la multa [penal]», prevista en el artículo 197 del Código Penal[337].

Hay autores que sostienen que el esquema de responsabilidad estatuido por el legislador de 1981 no tendrá un poder disuasivo eficaz respecto a la persona jurídica, tanto por su misma naturaleza (solidaria), como por sus notorias carencias respecto a los criterios de imputación y de individualización[338].

b. Uso de tipos penales de peligro y de comisión por omisión

En los primeros, el legislador se vale de formulas que adelantan la intervención penal y en los segundos, donde el legislador se vale de la responsabilidad de ciertos garantes.

Con esta decisión el legislador italiano busca proteger como bienes jurídicos autónomos lo que en realidad resultan ser un instrumento o condición para la vigencia de otros bienes ulteriores. Los autores ponen como ejemplo el artículo 4 l., 17 aprile 1986, n°114 que tutela *"l´esercizio delle funzioni di vigilanza della Banca d´Italia sule condizioni economiche delle aziende di credito, reprimendo le false comunicación dei gestori delle aziende"*[339].

6. Las leyes especiales

a. Características

Varias leyes especiales conforman en Italia los que dio en llamarse «nuevos» modelos de responsabilidad directa de la persona jurídica por

---

[336] Ibidem

[337] Ibidem

[338] PALIERO, Carlo Enrico y TRAVI, *La sanzione amministrativa*, Milano 1983, páginas 210 y siguientes.

[339] MARINUCCI, Giorgio y DOLCINI, Emilio; *"Corso di Diritto Penale"*, seconda edizione, Milano, 1999, página 396.

cuanto establecen la responsabilidad penal de las agrupaciones por su actividad ilícita.

En este contexto, de exclusión general de las hipótesis de una corresponsabilidad de las agrupaciones por los «ilícitos de la empresa», una sola espiral evolutiva parece abrirse, sostiene PALIERO, y concierne los sectores más sofisticados de la disciplina jurídica del mercado económico -financiero: legislación sobre la concurrencia (*antitrust*), telecomunicaciones, mercado mobiliario.

En estos sectores, las más recientes leyes han introducido - de manera independiente y sin coordinación general - tres modelos autónomos de responsabilidad directa de la persona jurídica por ilícitos cometidos en el ámbito de actividad de la empresa, o de cualquier actividad económica concerniente al ente (sociedad de personas, sociedad de capitales, consorcios, o cooperativas, dotadas de personalidad jurídica).

Son características comunes de estas formas de responsabilidad de reciente creación: a) su inserción en el sistema sancionador administrativo (en el derecho penal administrativo), b) su carácter de excepción respecto a la regla general de la solidaridad estatuida por el artículo 6, inc. 3, de la ley n. 689/1981 y c) la competencia específica del órgano designado para la imposición de la sanción, que, en los tres casos, corresponde al modelo de las «autoridades administrativas independientes».

b. El modelo sancionador de la ley *antitrust*

La Ley n. 287 del 10 octubre de 1990 (Normas para la tutela de la competencia y del mercado) en su artículo 19, establece que si las empresas (sin distinción en razón a su forma jurídica, incluyendo por tanto a la sociedad de capitales) violan las reglas destinadas a impedir los fenómenos de concentración y de monopolio, la Autoridad garante (esto es la A.A.I., especí-ficamente competente en materia de concurrencia) puede infligirles sanciones administrativas pecuniarias «no inferiores al uno por ciento y no superiores al diez por ciento» de lo facturado por la actividad de la empresa objeto de la concentración.

c. Responsabilidad en la legislación sobre el *insider trading*

La Ley n. 157 del 17 de mayo de 1991, relativa al delito de divulgar información (artículo 7) ha atribuido a la autoridad de contralor

(CONSOB[340]) el poder de completar directamente los propios reglamentos, en base a las diversas formas de publicidad del mercado mobiliario, con dos tipos autónomos de sanciones: una para - disciplinaria (la denominada *"richiamo"*) y otra de índole pecuniaria administrativa (la sanción pecuniaria diez millones de liras a dos cientos cincuenta millones). Ambas sanciones son directamente aplicables al sujeto jurídico a quien se imputa el ilícito, esto la persona física o la sociedad.

d. Responsabilidad en materia de telecomunicaciones

La llamada «Ley Mammi» (ley n. 223 del 6 de agosto de 1990), en materia de telecomunicaciones y transmisiones de televisión[341], no sólo prevé la directa represión de la conducta antijurídica de la sociedad dedicadas a la gestión de network (redes), mediante sanciones de contenido pecuniario y sanciones de contenido prohibitivo, de naturaleza confiscadora como la desactivación, sino que también configura (artículo 33) un tipo sancionador ad hoc que parece exclusivamente pensado para la sociedad de capitales: «la venta forzada de la sociedad, de las participaciones o cuotas ; en otros términos hasta la liquidación (*scorporo*) y la venta obligatoria de actividades ejercitadas por sociedades «controladas». El punto de apoyo de la imputación penal administrativa aparece siendo el sujeto jurídico representado por la sociedad holding que normalmente administra la actividad de la empresa en este sector tan delicado como complejo de la economía moderna.

D. Portugal

1. La legislación penal

En materia penal, en Portugal no se acepta la responsabilidad criminal de las personas jurídicas ya que el Código Penal portugués[342], dentro del Título II *"Do facto"* del Capítulo I *"Pressupostos da punição"*, en su artículo 11 establece que sólo las personas físicas son susceptibles de responsabilidad penal, salvo disposición en contrario[343].

---

[340] Commissione Nazionale per le Società e la Borsa.

[341] FIORAVANTI, *Statuti penali dell'attività televisiva*, Milano 1985, páginas 172 y siguientes

[342] Aprobado por el Decreto Ley 400/82, de 23 de septiembre de 1982 y modificado por el Decreto Ley 48/95, de 15 de marzo de 1995 (autorizado por la Ley 35/94, de 15 de septiembre de 1194), y por la Ley 65/98, de 2 de septiembre de 1998.

[343] *Artigo 11° "Carácter pessoal da responsabilidade":* Salvo disposição em contrário, só as pessoas singulares são susceptíveis de responsabilidade criminal.

En el anterior Código Penal portugués (que se mantuvo en vigor durante casi un siglo), imperaba absolutamente el principio de individualidad de la responsabilidad penal[344] conjugado, además, con el principio de culpa[345] y con el principio de personalidad de las penas[346], en tanto que en el nuevo ordenamiento criminal el legislador portugués ha incorporado desde 1998[347], principios como la comisión por omisión y la actuación en nombre de otro[348].

Si bien podría decirse que el legislador portugués admite, pues, la responsabilidad penal de las personas jurídicas a través de situaciones especialmente previstas en la ley, no existe en realidad ningún caso de responsabilidad de las personas jurídicas por hechos punibles tipificados en la parte especial del Código Penal pese a contener dicho libro del cuerpo legal numerosos hechos punibles de contenido económico como delitos contra intereses sociales supraindividuales de la vida económica, delitos especiales de empresarios y delitos de abuso de modernos instrumentos de la vida económica, que proliferan dentro del Código Penal portugués, en lugar de estar únicamente recogidos en la legislación penal especial sin que en ninguno de ellos se incrimine penalmente a una persona jurídica de existencia ideal.

Son ejemplo de lo dicho la estafa relativa a seguros (*devassa relativa a seguros*) [actual artículo 219][349], la frustración de créditos (*frustraçao de*

---

[344] Artículo 28 del CP 1886: "A responsabilidade criminal recáe única e individualmente nos agentes de crimes ou de contravenções".

[345] Artículo 26 del CP 1886: Sómente podem ser criminosos os individuos que têm a necessaria intelligencia e liberdade.

[346] Artículo 123 del CP 1886 "*Pessoalidade das penas*": As penas não passarão, em caso algum, da pessoa do delinquente; después artículo 113 del Código Penal modificado por el Decreto Ley 184/72, de 31 de mayo).

[347] Lei nº 65/98, de 2 de Setembro de 1998

[348] *Artigo 10º "Comissão por acção e por omissão":* 1 - Quando um tipo legal de crime compreender um certo resultado, o facto abrange não só a acção adequada a produzi-lo como a omissão da acção adequada a evitá-lo, salvo se outra for a intenção da lei. 2 - A comissão de um resultado por omissão só é punível quando sobre o omitente recair um dever jurídico que pessoalmente o obrigue a evitar esse resultado. 3 - No caso previsto no número anterior, a pena pode ser especialmente atenuada. *Artigo 12º: "Actuação em nome de outrem":* 1 - É punível quem age voluntariamente como titular de um órgão de uma pessoa colectiva, sociedade ou mera associação de facto, ou em representação legal ou voluntária de outrem, mesmo quando o respectivo tipo de crime exigir: a) Determinados elementos pessoais e estes só se verificarem na pessoa do representado; ou b) Que o agente pratique o facto no seu próprio interesse e o representante actue no interesse do representado. 2 - A ineficácia do acto que serve de fundamento à representação não impede a aplicação do disposto no número anterior.

[349] *Artigo 219º. "Burla relativa a seguros":* 1 - Quem receber ou fizer com que outra pessoa receba valor total ou parcialmente seguro: a) Provocando ou agravando sensivelmente resultado causado por acidente cujo risco estava coberto; ou b) Causando, a si próprio ou a outra pessoa, lesão da integridade física ou agravando as consequências de lesão da integridade física provocada por acidente cujo risco esteja coberto; é punido com pena de prisão até 3 anos ou com pena de multa. 2 - A tentativa é punível. 3 - O procedimento criminal depende de queixa. 4 - Se o prejuízo patrimonial provocado for: a) De valor elevado, o agente é punido com pena de prisão até 5 anos ou com pena de multa até 600 dias; b) De valor consideravelmente elevado, o agente é punido com pena de prisão de 2 a 8 anos. 5 - É correspondentemente aplicável o disposto no artigo 206º.

créditos)[350], quiebra dolosa y por imprudencia (*falença dolosa e por negligencia*) [actuales artículos 227 y 228][351], el favorecimiento de acreedores en perjuicio de otros (*favorecimento de creedores*) [actual artículo 229[352]], la administración dañosa en unidades económicas del sector público o cooperativo (*administraçao danosa em unidade económica do sector público o cooperativo*) [actual artículo 235][353], así como gran parte de los delitos de peligro, con especial relevancia para los que atentan contra la protección del medio ambiente y contra los intereses de los

---

[350] Derogado por el artículo 9 del Decreto ley 132/93, de 23 de abril, que aprobó el Código dos Processos Especiais de Recuperação da Empresa e de Falência

[351] *Capítulo IV. Dos crimes contra direitos patrimoniais. Artigo 227°. "Insolvência dolosa"*: 1 - O devedor que com intenção de prejudicar os credores: a) Destruir, danificar, inutilizar ou fizer desaparecer parte do seu património; b) Diminuir ficticiamente o seu activo, dissimulando coisas, invocando dívidas supostas, reconhecendo créditos fictícios, incitando terceiros a apresentá-los, ou simulando, por qualquer outra forma, uma situação patrimonial inferior à realidade, nomeadamente por meio de contabilidade inexacta, falso balanço, destruição ou ocultação de documentos contabilísticos ou não organizando a contabilidade apesar de devida; c) Criar ou agravar artificialmente prejuízos ou reduzir lucros; ou d) Para retardar falência, comprar mercadorias a crédito, com o fim de as vender ou utilizar em pagamento por preço sensivelmente inferior ao corrente; é punido, se ocorrer a situação de insolvência e esta vier a ser reconhecida judicialmente, com pena de prisão até 3 anos ou com pena de multa. 2 - Se a falência vier a ser declarada em consequência da prática de qualquer dos factos descritos no número anterior, o devedor é punido com pena de prisão até 5 anos ou com pena de multa até 600 dias. 3 - O terceiro que praticar algum dos factos descritos no n° 1 deste artigo, com o conhecimento do devedor ou em benefício deste, é punido com a pena prevista nos números anteriores, conforme os casos, especialmente atenuada. 4 - O concordatado que não justificar a regular aplicação dada aos valores do activo existentes à data da providência, é punido com a pena prevista no n° 1. 5 - Sem prejuízo do disposto no artigo 12° é punível nos termos dos n°s 1 e 2 deste artigo, no caso de o devedor ser pessoa colectiva, sociedade ou mera associação de facto, quem tiver exercido de facto a respectiva gestão ou direcção efectiva e houver praticado algum dos factos previstos no n° 1. (Redacção da Lei n° 65/98, de 2 de Setembro). *Artigo 228°. "Insolvência negligente"*: 1 - O devedor que: a) Por grave incúria ou imprudência, prodigalidade ou despesas manifestamente exageradas, especulações ruinosas, ou grave negligência no exercício da sua actividade, criar um estado de insolvência; ou b) Tendo conhecimento das dificuldades económicas e financeiras da sua empresa, não requerer em tempo nenhum providência de recuperação; é punido, se ocorrer a situação de insolvência e esta vier a ser reconhecida judicialmente, com pena de prisão até 6 meses ou com pena de multa até 60 dias. 2 - Se a falência vier a ser declarada em consequência da prática de qualquer dos factos descritos no número anterior, o devedor é punido com pena de prisão até 1 ano ou com pena de multa até 120 dias. 3 - É correspondentemente aplicável o disposto no n° 5 do artigo anterior. (Redacção da Lei n° 65/98, de 2 de Setembro).

[352] *Artigo 229°. Favorecimento de credores:* 1 - O devedor que, conhecendo a sua situação de insolvência ou prevendo a sua iminência e com intenção de favorecer certos credores em prejuízo de outros, solver dívidas ainda não vencidas ou as solver de maneira diferente do pagamento em dinheiro ou valores usuais, ou der garantias para suas dívidas a que não era obrigado, é punido: a) Com pena de prisão até 2 anos ou com pena de multa até 240 dias, se vier a ser declarada a falência; b) Com pena de prisão até um ano ou com pena de multa até 120 dias, se vier a ser reconhecida judicialmente a insolvência. 2 - É correspondentemente aplicável o disposto no n° 5 do artigo 227°. (Redacção da Lei n° 65/98, de 2 de Setembro).

[353] *Artigo 235°. Administração danosa:* 1 - Quem, infringindo intencionalmente normas de controlo ou regras económicas de uma gestão racional, provocar dano patrimonial importante em unidade económica do sector público ou cooperativo é punido com pena de prisão até 5 anos ou com pena de multa até 600 dias. 2 - A punição não tem lugar se o dano se verificar contra a expectativa fundada do agente.

consumidores y varios tipos de falsificación de moneda y de pesas y medidas[354].

2. Algunas leyes especiales. Remisión

Ello no ocurre así en la legislación penal especial, donde la responsabilidad de las personas jurídicas constituye la norma general, y al estilo del modelo alemán se establecen penas de multa, como en el caso de la Ley de Criminalidad Informática[355].

El artículo 3.1 de esta Ley establece que "las personas jurídicas, sociedades y meras asociaciones de hecho son penalmente responsables por los delitos previstos en la ley, cuando son cometidos en nombre propio, y en interés colectivo, por sus órganos o representantes"

La imputación de la responsabilidad de la persona jurídica por los hechos practicados por los miembros de sus órganos sociales o representantes tendrá lugar siempre que el agente individual haya actuado en el desempeño de sus funciones o por causa de ellas, incluso extralimitándose del objeto social de la persona jurídica en un régimen análogo al de la responsabilidad civil, inclusive delictual, de la sociedad comercial por actos ilícitos de quien legalmente la represente, previsto en el artículo 6, núm. 5, del Código de Sociedades Comerciales de Portugal, régimen éste similar al explicado por nosotros al desarrollar el principio germánico de la *prokura* ya que la responsabilidad está ligada a la función por un nexo instrumental[356]; en este sentido, es materia de responsabilidad del mandante por los actos del mandatario, que es el régimen de referencia de la responsabilidad civil de la sociedad comercial por los actos de los titulares de los órganos societarios[357].

Ahora bien, si se trata de un hecho cometido por un dependiente, entonces la imputación de la responsabilidad de la persona jurídica se hace ahora, tan sólo en la estricta medida en que el hecho practicado quepa en la definición del objeto del propio contrato de trabajo subordinado; por eso, los poderes de representación del dependiente nunca ultrapasarán el campo definido por ese objeto o por las órdenes e instrucciones del empresario en un régimen análogo al de responsabilidad civil de la persona jurídica por actos ilícitos del trabajador subordinado; sobre el tema recaído, con la observación de que

---

[354] LOPES ROCHA, Manuel António; *Ciclo de estudos de direito penal económico*, INA-Instituto Nacional de Administração, Lisboa, 1993, página 179.

[355] Lei da criminalidade informática nº 109/91 del 17 de agosto de 1991.

[356] Vid punto en este mismo Capítulo.

[357] ANTUNES VARELA, José de Matos; *Das Obrigações em geral*. Vol. I. 7.ª ed., Almedina, Coimbra, 1991, páginas 637 y 638.

los poderes de representación de los trabajadores tienen un ámbito estrictamente limitado por el objeto del propio contrato, como también reflejáramos[358], constituye la doctrina del *ultra vires*[359]

Podemos encontrar, además de ésta, una extensa lista de leyes especiales, entre las cuales parecería asomarse la figura de la responsabilidad penal de las personas jurídicas con el sentido y alcance apuntado. Uno de estos verdaderos catálogos de normas fue elaborado por Mário CORRÊA AREZ[360] que en realidad comprende hipótesis legales de mera responsabilidad penal de los representantes o empleados de las personas jurídicas, más que verdaderos ejemplos de responsabilidad penal de estas últimas[361].

Más riguroso es, referente al mismo tema, el análisis de leyes especiales hecho por João CASTRO E SOUSA[362]. A cuyas obras nos remitimos en mérito a la profundidad de sus trabajos y a las variantes, no ajenas a cierta complejidad que puede generar la traducción de términos técnicos del idioma.

3. El estado actual de la discusión dogmática

En cuanto a la discusión dogmática, Paulo DE SOUSA MENDES, autor a quien seguimos en estas líneas afirma que no ha faltado quien, desde un primer momento, ha querido comprender el pragmatismo que el legislador portugués ha mostrado en esta materia y para ello ha tolerado la la aceptación de lo que este autor llama "desvíos" del principio de la responsabilidad individual en el dominio del derecho penal secundario (legislación penal especial), en atención a las necesidades excepcionales de prevención y persecución de ciertas categorías de delitos. Esto es, por lo demás una nota característica de la Escuela de Coimbra, consecuente con su pensamiento genéricamente abierto a los argumentos de política criminal de utilidad social[363].

Efectivamente, si buceamos dentro del pensamiento de los catedráticos y dogmáticos de dicha corriente, vemos que esa aceptación empezó a ser declarada tempranamente a comienzos de la década del

---

[358] Vid punto en este mismo Capítulo.

[359] BRITO CORREIA, Luís; *Os administradores de sociedades anónimas*. Almedina, Coimbra, 1993, página 550.

[360] CORRÊA AREZ Mário; "Da responsabilidade penal das pessoas colectivas". *Scientia Iuridica: Revista Trimestral Portuguesa e Brasileira*. Año XI. Núm. 60, 1962, páginas 510 a 517.

[361] Cfr. J. LOBO MOUTINHO; H. SALINAS MONTEIRO, ídem., página 315, número 23.

[362] CASTRO E SOUSA, João; *As pessoas colectivas em face do direito criminal e do chamado 'direito de mera ordenação social'*. Coimbra Editora, Coimbra, 1985, páginas 163-180 y páginas 219-225.

[363] DE SOUSA MENDES, Paulo; *A responsabilidade criminal das pessoas colectivas e equiparadas na âmbito da criminalidade informática em Portugal*, Paulo de Sousa Mendes, Fundación de Ciencia y Tecnología, Lisboa, 2002, páginas 5 y 6.

1940 por BELEZA DOS SANTOS, quien afirmara que "sólo se explican alteraciones de este principio de responsabilidad individual cuando, en casos muy excepcionales, es imposible o muy difícil determinar la responsabilidad individual, y todavía es indispensable para la defensa del ordenamiento jurídico sancionar, aunque aquella responsabilidad no se agote. Son casos en que la justicia se sacrifica en beneficio de la utilidad y que por eso mismo deben ser excepcionalísimos y plenamente justificados, por el peligro que ciertos intereses fundamentales de la comunidad correrían con la aplicación del principio de responsabilidad individual"[364].

Posteriormente, Eduardo CORREIA defendió la misma tesis sosteniendo que debe comprenderse en todo caso que en ciertas hipótesis el principio de responsabilidad individual sea sacrificado. En ocasiones es muy difícil, si no imposible, determinar la responsabilidad individual y es necesario defender el ordenamiento jurídico, aunque aquella responsabilidad no se agote[365].

Actualmente, FIGUEIREDO DIAS parte de la misma orientación, pero sugiriendo una adaptación dogmática de la responsabilidad penal de los entes colectivos a las exigencias de política criminal: "Si, en materia político-criminal, se concluye por la alta conveniencia o imperiosa necesidad de responsabilizar a las personas jurídicas en derecho penal secundario, no veo entonces razón dogmática en principio de impedir que ellas se consideren agentes posibles de los tipos de ilícito respectivos. La tesis contraria sólo resultaría plausible en una ontología y una automatización inadmisibles del concepto de acción, olvidando que a este concepto pueden ser hechas, por el tipo de ilícito, exigencias normativas que lo configuren con cierta unidad de sentido social. Y tampoco me parece impensable ver a las personas jurídicas como posibles destinatarias del juicio de reproche en que la culpa se traduce"[366].

Muchos otros autores, no necesariamente representantes de la mencionada Escuela de Coimbra, abogan por la responsabilidad penal de las personas jurídicas entre los que se encuentra Germano MARQUES

---

[364] BELEZA DOS SANTOS, José: "Dúvidas de processo e de direito criminal a que dá lugar o decreto núm. 29034". *Revista de Legislação e de Jurisprudência*. Año 73. Núm. 2682 (28 de diciembre de 1940), páginas 273 a 275, y número 2683 del 11 de enero de 1941, página 292.

[365] CORREIA, Eduardo: *Direito Criminal (Lições ao Curso do IV Año Jurídico coordinadas por Francisco Pereira Coelho e Manuel Rosado Coutinho)*. Volumen I, Atlântida, Coimbra, 1949, página 223.

[366] DE FIGUEIREDO DIAS, Jorge: "Para uma dogmática do direito penal secundário". En: *Direito penal económico e europeu*. Vol. I *(Problemas gerais)*. Coimbra: Coimbra Editora, 1998, (págs. 35-74) página 68 [inicialmente publicado en *Revista de Legislação e de Jurisprudência*. Año 116 (1983-1984), página 263 y siguientes, y año 117 (1984-1985), página 7 y siguientes.

DA Silva[367]. Inclusive el propio Figueiredo Dias comenzó a manifestarse claramente a favor de la consagración legal de la responsabilidad de las personas jurídicas con relación a un cierto número de hechos punibles incluidos en el propio Código Penal. En palabras del propio autor: "La responsabilidad penal de las personas jurídicas está, pues, consagrada entre nosotros, lo que constituye uno de los rasgos distintivos del derecho penal secundario con respecto al derecho penal clásico[368].

Dicho esto, cree el autor que es pertinente cuestionarse si con relación a este último continúa valiendo la regla *societas delinquere non potest* ya que, vinculados a muchos comportamientos cualificados como crímenes, integrantes del llamado derecho penal de justicia, valen en su integridad los argumentos suprarreferidos para justificar la punición penal de las personas jurídicas en el derecho penal secundario (*direito penal secundario*) que es lo mismo que los alemanes denominan *Nebenstrafrecht*. Además de las leyes especiales que viéramos supra[369], solo a guisa de ejemplo señala Figueiredo Dias delitos de la perte especial del Código portugués tales como: la infracción de determinadas medidas de seguridad (*crimes como a infracção de regras de seguran*ça, artículo 152.4 CP[370]), el tráfico de personas (*tráfico de pessoa*s, artículo 159 CP[371]), la vulneración de la intimidad mediante la informática (*devassa por meio de informátic*a, artículo 193 CP), la falsificación de documentos (*falsificação de documento*s, artículos 256-258 CP), la infracción de determinadas normas en materia de construcción (*infracção de regras de construçã*o, artículo 277 CP), el tráfico de influencias (*tráfico de influênci*a, artículo 335 CP) y, de manera particular, los delitos contra el medio ambiente (*crimes contra o ambient*e, artículos 278-280 CP). Estos son, entre muchos delitos en los que no es posible la responsabilidad de un ente colectivo, por más que valen aquí plenamente las ya referidas

---

[367] Marques da Silva, Germano; *Direito penal português: Parte geral.* Vol. I (*Introdução e teoria da lei penal*), São Paulo: Verbo, Lisboa, 1997, págs. 84-86 y págs. 303-304; *Direito penal português: Parte geral.* Vol. II (Teoria do crime). Lisboa; São Paulo: Verbo, Libsoa, 1998, páginas 265-267; *Direito penal português - Parte geral.* Vol. III (Teoria das penas e das medidas de segurança); São Paulo: Verbo, Lisboa, 1999, páginas 83 a 84 y páginas 91 a 93.

[368] De Figueiredo Dias, Jorge; *Textos de direito penal: Doutrina geral do crime* (Lições ao 3º ano da Faculdade de Direito da Universidade de Coimbra, elaboradas con la colaboración de Nuno Brandão). Coimbra: s. ed., 2001, páginas 25 y 26.

[369] Vid, punto en este mismo Capítulo.

[370] *Artigo 152º. Maus tratos e infracção de regras de segurança:* .... 4 - Se dos factos previstos nos números anteriores resultar: a) Ofensa à integridade física grave, o agente é punido com pena de prisão de 2 a 8 anos; b) A morte, o agente é punido com pena de prisão de 3 a 10 anos. (Redacção da Lei nº 65/98, de 2 de Setembro).

[371] *Artigo 159º. Escravidão:* Quem: a) Reduzir outra pessoa ao estado ou à condição de escravo; ou b) Alienar, ceder ou adquirir pessoa ou dela se apossar com a intenção de a manter na situação prevista na alínea anterior; é punido com pena de prisão de 5 a 15 anos.

necesidades de política criminal, y pueden aún aducirse las objeciones hechas a los argumentos dogmáticos que defienden la exclusividad de la responsabilidad individual[372].

Entre los doctrinarios que manifiestan su oposición a la responsabilidad penal de las personas jurídicas, considerando únicamente la doctrina relativa al Código Penal de 1982, cabría empezar citando a CAVALEIRO DE FERREIRA, quien afirma que "si la culpa es presupuesto de la responsabilidad penal, y si la culpa es voluntad consciente y libre de la que sólo el hombre es capaz, la responsabilidad penal es necesariamente responsabilidad personal. Incomprensiblemente, pues, el artículo 11, que declara que 'sólo' las personas singulares (las personas en sentido ontológico) son susceptibles de responsabilidad penal, admite excepciones, ya que lo será salvo disposición en contrario"[373].

También se encuentra OLIVEIRA ASCENSÃO quien discrepa acerca de la responsabilidad penal de las personas jurídicas, aunque algunas veces dé la impresión de conformarse con el derecho penal existente en Portugal cuando por ejemplo afirma que considerar que la persona jurídica como agente del crimen, es en general, una figura equivocada y dispensable, recurrir a ella se encuentra justificado en cuanto es un instrumento al que hay que acudir para evitar ciertos grados de impunidad[374].

Como vemos, en Portugal, la problemática de la responsabilidad penal de las personas jurídicas no se encuentra resuelta y conviven en doctrina epígonos de posiciones favorables y adversas y, sea como fuere existen únicamente al igual que en Alemania sanciones administrativas aplicables tanto a personas colectivas como aquellas que no tengan personalidad jurídica pese a la previsión del Código Penal lusitano respecto de la posibilidad de hacerlo con sanciones penales en un futuro encerrada en la expresión "salvo disposición en contrario" contenida en el articulo 11 de su Código Penal.

Ello lo sostiene así TIEDEMANN quien afirma que el Código Penal portugués "incluye una cláusula dirigida al futuro legislador[375]". Ninguna de las reformas introducidas al ordenamiento criminal ha dado, hasta la fecha, pretexto alguno para la introducción de la

---

372 DE FIGUEIREDO DIAS, Jorge; *op. cit.*, páginas 25 y 26.

373 CAVALEIRO DE FERREIRA, Manuel: *Lições de direito penal: Parte geral*, vol. I (*A lei penal e a teoria do crime no Código Pena de 1982* - Año lectivo 1987-1988 en la Facultad de Ciencias Humanas de la UCP). 3.ª ed. Lisboa; São Paulo: Verbo, 1988, páginas 191 y 192.

374 DE OLIVEIRA ASCENSÃO, José; "Branqueamento de capitais: reacção criminal". En: *Estudos de direito bancário*. Coimbra; Coimbra Editora, 1999, (págs. 337-358) página 357.

375 TIEDEMANN, Klaus; *Lecciones de Derecho penal económico* (comunitario, español, alemán). Barcelona: PPU, 1993, página 232.

responsabilidad de las personas jurídicas en el seno del Código, pero para DE SOUSA MENDES ello no resulta extraño porque esa cláusula dirigida al futuro legislador no podría ser interpretada como una obligación de introducir la responsabilidad de las personas jurídicas con relación a cualquier delito[376].

III. Países germanos

A. Alemania

1. La empresa en Alemania

El corazón y el alma de la economía industrial alemana son las empresas *Mittelstand* y no las grandes corporaciones. Las *Mitellstand* no se definen tanto por el número de obreros ni el monto de su facturación, sino porque se trata de sociedades de personas. Una compañía alemana puede tener miles de empleados y un patrimonio de millones de euros, pero pertenece al *Mittelstand* si su tradición se basa en la ética del trabajo, la eficacia, está comprometida con la calidad total y tiene un amplio espíritu de solidaridad voluntaria. La identidad de las *Mittelstand* se diferencia de las grandes corporaciones americanas, porque se basa en una comunidad formada por el dueño y sus empleados *(Mitbestimmung)*[377].

Las empresas *Mittelstand* de mayor tamaño se organizan de muy diversa manera, pero siempre están bajo el control privado. Algunas son sociedades en comandita simple *(Kommanditgessellschaft-KG)*, las menos, sociedades en comandita por acciones *(Kommanditgessellschaft auf Aktien-KgaA)*, otras se estructuran como sociedades de responsabilidad limitada *(Gessellschaft mit beschränkter Haftung-GmbH)* y aún las que funcionan como sociedades anónimas *(Aktiengessellschaft- AG)* frecuentemente no aparecen entre las que hacen oferta pública de sus acciones.

La empresa *Mittelstand* es el corazón de las ciudades alemanas y ofrece un buen porvenir a la localidad en que funcionan y a la que abonan el *Gewerbesteuer*, impuesto local aparte del gravamen ordinario a las ganancias. En conjunto producen el 56 % de todos los artículos

---

[376] DE SOUSA MENDES, Paulo, *op. cit.*, página 9.

[377] La cogestión se aplica a todas las grandes sociedades (definidas según la cantidad de empleados, los activos o el volumen de sus ventas) y consiste en admitir a representantes electos de los empleados en el directorio de supervisión *(Aufsichsrat)* distinto del directorio de gestión *(Vorstand)*. El *Arbeitsdirektor* allí designado es responsable de los asuntos relacionados con los empleados. La industria del carbón y del acero está sometida a sus propias reglas de cogestión ya que los empleados y gerentes tienen que ponerse de acuerdo sobre el candidato. En las otras industrias los directivos son libres de utilizar sus propios mecanismos de elección.

fabricados en el país, dan empleo al 78 % de la fuerza laboral y sus exportaciones representan el 67 % del total de las exportaciones alemanas. Al obrero se lo llama *Mittarbeiter* (colaborador) y a los trabajadores extranjeros *Gestarbeiter* (huéspedes).

Uno de los rasgos mas notorios del mundo empresarial alemán es su carácter muy estructurado y formal ya que la propensión alemana a la organización va mas allá del sistema jurídico y toca a la esencia misma del capitalismo teutón, en donde impera el orden basado principalmente en una filosofía que aborrece toda perturbación del equilibrio. Esto también se refleja en la legislación ya que los códigos de comercio, civil, laboral, las leyes que rigen el funcionamiento de las empresas e innumerables normativas jurídicas establecen lo que el empresario puede o no pude hacer[378].

Por ello no es de extrañar que la ley de sociedades por acciones de la República Federal de Alemania[379] *(AktienG)* dedique varios a legislar una serie muy detallada de ilícitos societarios, bajo el título de "Normas penales y sanciones pecuniarias. Disposiciones penales" *(Straf und Bußgeldvorschriften. Schlußvorschriften)*[380]. Esta normativa, debidamente complementada con la contenida en el Código Civil, permite una adecuada sanción de los delitos empresariales en el país germano.

---

[378] GLOUCHEVITCH, Philip; *Juggenrnaut. La empresa alemana: porque está transformando Europa y el mundo.* Editorial Andrés Bello, Santiago de Chile, 1994, *passim*

[379] Cuando Napoleón derriba al Sacro Imperio Romano Germánico (herido de muerte desde la Conclusión de Ratisbona de 1803) derrotando a Federico Guillermo III de Prusia en Jena y Auerstadt (1806), comprende que los múltiples principados alemanes no pueden sobrevivir aislados y, para organizar la *Mitteleuropa*, crea, bajo su protectorado, la Confederación del Rhin (1806-1813), excluída Prusia. A la caída de Napoleón (una vez que su derrota en Waterloo –1815- y su destierro a Santa Elena dieran fin al "Imperio de los cien días"), se establece la Confederación Germánica (1815-1866), integrada por treinta y ocho estados soberanos donde se cuentan un Imperio (Austria) y cinco reinos (Prusia, Baviera, Wurtemberg, Sajonia y Hannover). El II Reich alemán se organiza en 1871 como un Estado federal, formado por veinticinco estados federados bajo hegemonía prusiana. El Consejo federal, o Bundesrat, estaba presidido por el rey de Prusia, que llevaba el título de emperador de Alemania y designaba al canciller del Reich. Tras la Primera Guerra Mundial, se funda la República de Weimar de 1919, federal, parlamentaria y democrática, aunque los Länder retenían facultades limitadas. Bajo el III Reich, la Ley de Plenos Poderes del 24 de marzo de 1933, que en los hechos derogó la Constitución de Weimar, otorgó la potestad legislativa al Gobierno del Reich, es decir, al Führer, que designaba al gobernador o jefe *(Gauleiter)* en cada uno de los distritos. La organización del Reich fue asimilándose *(Gleichschaltung)* a la organización centralizada y uniforme del Partido Nacional Socialista Obrero Alemán. Tras la Segunda Guerra Mundial, la República Federal Alemana se configuró en 1949, como su nombre lo indica, bajo un sistema federativo. La República Democrática Alemana, en cambio, como "Estado socialista de la nación alemana", se configuró bajo un sistema unitario. El 3 de octubre de 1989, tras la caída del Muro de Berlín, los dos estados alemanes se unificaron bajo el nombre, legislación e instituciones de la República Federal de Alemania, como un Estado federal. Prusia Oriental (Capital Könisberg), Silesia (Capital Breslau –que resistió hasta el final de la guerra-) y la parte oriental de Pomerania (Capital Stettin), bajo administración ruso-polaca y polaca respectivamente no forman parte del Estado unificado. El ingreso de Polonia a la Unión Europea fijó como límites entre ambas naciones la frontera provisional de 1945, de los ríos Oder-Neiße, cuyos territorios orientales fueron alemanes desde mas de 700 años atrás.

[380] AktienGesetz del 28 de octubre de 1994.

2. Ilícitos societarios en la legislación comercial

En el primero de los ordenamientos mencionados en el punto anterior como dijimos, se incriminan en los parágrafos 399 al 408 los siguientes "tipos penales societarios": a) la falsedad de datos, particularmente para conseguir la suscripción de acciones[381], b) las descripciones inexactas o falsedades en los documentos de información societaria[382]; c) la infracción a las obligaciones en el caso de pérdida de capital o insolvencia[383]; d) la declaración falsa o falsificación de

---

[381] *§ 399 AktienG. Falsche Angaben:* (1) Mit Freiheitsstrafe bis zu drei Jahren oder mit Geldstrafe wird bestraft, wer 1. als Gründer oder als Mitglied des Vorstands oder des Aufsichtsrats zum Zweck der Eintragung der Gesellschaft über die Übernahme der Aktien, die Einzahlung auf Aktien, die Verwendung eingezahlter Beträge, den Ausgabebetrag der Aktien, über Sondervorteile, Gründungsaufwand, Sacheinlagen und Sachübernahmen und Sicherungen für nicht voll einbezahlte Geldeinlagen, 2. als Gründer oder als Mitglied des Vorstands oder des Aufsichtsrats im Gründungsbericht, im Nachgründungsbericht oder im Prüfungsbericht, 3. in der öffentlichen Ankündigung nach §47 Nr. 3, 4. als Mitglied des Vorstands oder des Aufsichtsrats zum Zweck der Eintragung einer Erhöhung des Grundkapitals (§§182 bis 206) über die Einbringung des bisherigen, die Zeichnung oder Einbringung des neuen Kapitals, den Ausgabebetrag der Aktien, die Ausgabe der Bezugsaktien oder über Sacheinlagen, 5. als Abwickler zum Zweck der Eintragung der Fortsetzung der Gesellschaft in dem nach §274 Abs. 3 zu führenden Nachweis oder 6. als Mitglied des Vorstands in der nach §37 Abs. 2 Satz 1 oder §81 Abs. 3 Satz 1 abzugebenden Versicherung oder als Abwickler in der nach §266 Abs. 3 Satz 1 abzugebenden Versicherung falsche Angaben macht oder erhebliche Umstände verschweigt. (2) Ebenso wird bestraft, wer als Mitglied des Vorstands oder des Aufsichtsrats zum Zweck der Eintragung einer Erhöhung des Grundkapitals die in §210 Abs. 1 Satz 2 vorgeschriebene Erklärung der Wahrheit zuwider abgibt.

[382] *§ 400 AktienG. Unrichtige Darstellung*: (1) Mit Freiheitsstrafe bis zu drei Jahren oder mit Geldstrafe wird bestraft, wer als Mitglied des Vorstands oder des Aufsichtsrats oder als Abwickler 1. die Verhältnisse der Gesellschaft einschließlich ihrer Beziehungen zu verbundenen Unternehmen in Darstellungen oder Übersichten über den Vermögensstand, in Vorträgen oder Auskünften in der Hauptversammlung unrichtig wiedergibt oder verschleiert, wenn die Tat nicht in §331 Nr. 1 des Handelsgesetzbuchs mit Strafe bedroht ist, oder 2. in Aufklärungen oder Nachweisen, die nach den Vorschriften dieses Gesetzes einem Prüfer der Gesellschaft oder eines verbundenen Unternehmens zu geben sind, falsche Angaben macht oder die Verhältnisse der Gesellschaft unrichtig wiedergibt oder verschleiert, wenn die Tat nicht in §331 Nr.4 des Handelsgesetzbuchs mit Strafe bedroht ist. (2) Ebenso wird bestraft, wer als Gründer oder Aktionär in Aufklärungen oder Nachweisen, die nach den Vorschriften dieses Gesetzes einem Gründungsprüfer oder sonstigen Prüfer zu geben sind, falsche Angaben macht oder erhebliche Umstände verschweigt.

[383] *§ 401 AktienG. Pflichtverletzung bei Verlust, Überschuldung oder Zahlungsunfähigkeit.* (1) Mit Freiheitsstrafe bis zu drei Jahren oder mit Geldstrafe wird bestraft, wer es 1. als Mitglied des Vorstands entgegen §92 Abs. 1 unterläßt, bei einem Verlust in Höhe der Hälfte des Grundkapitals die Hauptversammlung einzuberufen und ihr dies anzuzeigen, oder 2. als Mitglied des Vorstands entgegen §92 Abs. 2 oder als Abwickler entgegen §268 Abs. 2 Satz 1 unterläßt, bei Zahlungsunfähigkeit oder Überschuldung die Eröffnung des Konkursverfahrens oder des gerichtlichen Vergleichsverfahrens zu beantragen. (2) Handelt der Täter fahrlässig, so ist die Strafe Freiheitsstrafe bis zu einem Jahr oder Geldstrafe.

certificados de depósitos[384]; e) las infracciones al deber de información[385]; f) las infracciones al deber de secreto[386]; g) una serie de irregularidades relacionadas con la emisión de acciones, el voto fraudulento, etcétera[387].

---

[384] *§ 402 AktienG. Falsche Ausstellung oder Verfälschung von Hinterlegungsbeschei-nigungen:* (1) Wer über die Hinterlegung von Aktien oder Zwischenscheinen Bescheini-gungen, die zum Nachweis des Stimmrechts in einer Hauptversammlung oder in einer gesonderten Versammlung dienen sollen, falsch ausstellt oder verfälscht, wird mit Freiheitsstrafe bis zu drei Jahren oder mit Geldstrafe bestraft, wenn die Tat nicht in anderen Vorschriften über Urkundenstraftaten mit schwererer Strafe bedroht ist.(2) Ebenso wird bestraft, wer von einer falschen oder verfälschten Bescheinigung der in Absatz 1 bezeichneten Art zur Ausübung des Stimmrechts Gebrauch macht.(3) Der Versuch ist strafbar.

[385] *§ 403 AktienG. Verletzung der Berichtspflicht.:* (1) Mit Freiheitsstrafe bis zu drei Jahren oder mit Geldstrafe wird bestraft, wer als Prüfer oder als Gehilfe eines Prüfers über das Ergebnis der Prüfung falsch berichtet oder erhebliche Umstände im Bericht verschweigt. (2) Handelt der Täter gegen Entgelt oder in der Absicht, sich oder einen anderen zu bereichern oder einen anderen zu schädigen, so ist die Strafe Freiheitsstrafe bis zu fünf Jahren oder Geldstrafe.

[386] *§ 404 AktienG. Verletzung der Geheimhaltungspflicht:* (1) Mit Freiheitsstrafe bis zu einem Jahr oder mit Geldstrafe wird bestraft, wer ein Geheimnis der Gesellschaft, namentlich ein Betriebs- oder Geschäftsgeheimnis, das ihm in seiner Eigenschaft als 1. Mitglied des Vorstands oder des Aufsichtsrats oder Abwickler, 2. Prüfer oder Gehilfe eines Prüfers bekanntgeworden ist, unbefugt offenbart; im Falle der Nummer 2 jedoch nur, wenn die Tat nicht in §333 des Handelsgesetzbuchs mit Strafe bedroht ist.(2) Handelt der Täter gegen Entgelt oder in der Absicht, sich oder einen anderen zu bereichern oder einen anderen zu schädigen, so ist die Strafe Freiheitsstrafe bis zu zwei Jahren oder Geldstrafe. Ebenso wird bestraft, wer ein Geheimnis der in Absatz 1 bezeichneten Art, namentlich ein Betriebs- oder Geschäftsgeheimnis, das ihm unter den Voraussetzungen des Absatzes 1 bekanntgeworden ist, unbefugt verwertet. (3) Die Tat wird nur auf Antrag der Gesellschaft verfolgt. Hat ein Mitglied des Vorstands oder ein Abwickler die Tat begangen, so ist der Aufsichtsrat, hat ein Mitglied des Aufsichtsrats die Tat begangen, so sind der Vorstand oder die Abwickler antragsberechtigt.

[387] *§ 405 AktienG. Ordnungswidrigkeiten:* (1) Ordnungswidrig handelt, wer als Mitglied des Vorstands oder des Aufsichtsrats oder als Abwickler: 1. Namensaktien ausgibt, in denen der Betrag der Teilleistung nicht angegeben ist, oder Inhaberaktien ausgibt, bevor auf sie der Nennbetrag oder der höhere Ausgabebetrag voll geleistet ist, 2. Aktien oder Zwischenscheine ausgibt, bevor die Gesellschaft oder im Fall einer Kapitalerhöhung die Durchführung der Erhöhung des Grundkapitals oder im Fall einer bedingten Kapitalerhöhung oder einer Kapitalerhöhung aus Gesellschaftsmitteln der Beschluß über die bedingte Kapitalerhöhung oder die Kapitalerhöhung aus Gesellschaftsmitteln eingetragen ist, 3. Aktien oder Zwischenscheine ausgibt, die auf einen geringeren als den nach §8 zulässigen Mindestnennbetrag lauten, oder 4. a) entgegen §71 Abs. 1 Nr. 1 bis 4 oder Abs. 2 eigene Aktien der Gesellschaft erwirbt oder, in Verbindung mit §71e Abs. 1, als Pfand nimmt, b) zu veräußernde eigene Aktien (§71c Abs. 1 und 2) nicht anbietet oder c) die zur Vorbereitung der Beschlußfassung über die Einziehung eigener Aktien (§71c Abs. 3) erforderlichen Maßnahmen nicht trifft. (2) Ordnungswidrig handelt auch, wer als Aktionär oder als Vertreter eines Aktionärs die nach §129 in das Verzeichnis aufzunehmenden Angaben nicht oder nicht richtig macht. (3) Ordnungswidrig handelt ferner, wer 1. Aktien eines anderen, zu dessen Vertretung er nicht befugt ist, ohne dessen Einwilligung zur Ausübung von Rechten in der Hauptversammlung oder in einer gesonderten Versammlung benutzt, 2. zur Ausübung von Rechten in der Hauptversammlung oder in einer gesonderten Versammlung Aktien eines anderen benutzt, die er sich zu diesem Zweck durch Gewähren oder Versprechen besonderer Vorteile verschafft hat, 3. Aktien zu dem in Nummer 2 bezeichneten Zweck gegen Gewähren oder Versprechen besonderer Vorteile einem anderen überläßt, 4. Aktien eines anderen, für die er oder der von ihm Vertretene das Stimmrecht nach §135 nicht ausüben darf, zur Ausübung des Stimmrechts benutzt, 5. Aktien, für die er oder der von ihm Vertretene das Stimmrecht nach §20 Abs. 7, §21 Abs. 4, §§71b, 71 d Satz 4, §134 Abs. 1, §§135, 136, 142 Abs. 1 Satz 2, §285 Abs. 1 nicht ausüben darf, einem anderen zum Zweck der Ausübung des Stimmrechts überläßt oder solche ihm überlassene Aktien zur Ausübung des Stimmrechts benutzt, 6. besondere Vorteile als Gegenleistung dafür fordert, sich versprechen läßt oder annimmt, daß er bei einer Abstimmung in der Hauptversammlung oder in einer gesonderten Versammlung nicht oder in einem bestimmten Sinne stimme oder 7. besondere Vorteile als Gegenleistung dafür anbietet, verspricht oder gewährt, daß jemand bei einer Abstimmung in der Hauptversammlung oder in einer gesonderten Versammlung nicht oder in einem bestimmten Sinne stimme. (4) Die Ordnungswidrigkeit kann mit einer Geldbuße bis zu fünfzigtausend Deutsche Mark

A su vez, el parágrafo 407 sanciona toda una serie de infracciones menores con pena de corrección disciplinaria[388].

El primero de los parágrafos mencionados de la Ley de sociedades por acciones, el 399, no solo se refiere genéricamente a la falsedad o falseamiento en el suministro de datos o información de la sociedad ya que también considera separadamente distintos supuestos mediante los cuales se puede incurrir en el falseamiento de datos societarios. Su primer apartado establece una pena privativa de la libertad de hasta 3 años o bien en su caso una multa a quien: 1) como fundador o miembro del directorio o del consejo de vigilancia, con la finalidad de registrar la sociedad en relación con la toma de posesión de acciones, la integración de acciones, la aplicación de importes suscritos, los importes de emisión de las acciones; 2) como fundador o miembro del directorio o del consejo de vigilancia respecto del informe de constitución, informe posterior o en auditorias, 3) en sociedades que efectúen oferta pública de sus acciones, 4) como miembro del directorio o del consejo de vigilancia con la finalidad de inscribir un aumento de capital mediante aportes al existente, suscripción o aportes al nuevo capital, importes de emisión de las acciones, emisión de acciones preferidas o mediante aportes en especie, efectúe declaraciones falsas u oculte circunstancias relevantes[389].

Como vemos, responsabiliza con penas considerablemente severas el comportamiento ilícito tanto de los fundadores, miembros del directorio y del consejo de vigilancia. Para la adecuación al tipo se requiere que el infractor efectivamente detente la representación específica para lo cual debe haber sido nombrado de acuerdo con la ley y a los estatutos, aunque al igual que en la legislación contravencional, la doctrina critica este presupuesto de adecuación típica propugnando

---

geahndet werden. *§ 408 AktienG. Strafbarkeit persönlich haftender Gesellschafter einer Kommanditgesellschaft auf Aktien.* Die §§399 bis 407 gelten sinngemäß für die Kommanditgesellschaft auf Aktien. Soweit sie Vorstandsmitglieder betreffen, gelten sie bei der Kommanditgesellschaft auf Aktien für die persönlich haftenden Gesellschafter.

[388] *§ 407 AktienG. Zwangsgelder:* (1) Vorstandsmitglieder oder Abwickler, die §52 Abs. 2 Satz 2 und 3, §71c, §73 Abs. 3 Satz 2, §§80, 90, 104 Abs. 1, §111 Abs. 2, §145, §§170, 171 Abs. 3, §§175, 179a Abs.2 Satz 1 und 2, 214 Abs. 1, §246 Abs. 4, §259 Abs. 5, §268 Abs. 4, §270 Abs. 1, §273 Abs. 2, §§293 f, 293 g Abs. 1, §306 Abs. 6, §312 Abs. 1, §313 Abs. 1, §314 Abs.1 nicht befolgen, sind hierzu vom Registergericht durch Festsetzung von Zwangsgeld anzuhalten; §14 des andelsgesetzbuchs bleibt unberührt. Das einzelne Zwangsgeld darf den Betrag von fünftausend Euros nicht bersteigen. (2) Die Anmeldungen zum Handelsregister nach den §§36, 45, 52, 181 Abs. 1, §§184, 188, 195, 210, 223, 237 Abs. 4, §§274, 294 Abs. 1, §319 Abs. 3, werden durch Festsetzung von Zwangsgeld nicht erzwungen. Für die Einreichung der der Zahl der Zweigniederlassungen entsprechenden Stückzahl der Anmeldungen verbleibt es bei §14 des Handelsgesetzbuchs.

[389] HEREDIA, Florencia: "Ilícitos societarios. Tendencias en el derecho comparado y situación en la República Argentina", en *Revista del Derecho Comercial y de las Obligaciones*, Año 1997, número 113, Buenos Aires, 1997.

que la misma sea extensible al administrador de hecho, en tanto real y efectivamente represente a la sociedad[390].

3. La legislación contravencional

En materia penal[391], en Alemania no se acepta la responsabilidad criminal de las personas jurídicas ya que la vigencia y reconocimiento del principio de culpabilidad opera como un límite constitucional[392]. El Tribunal Federal Constitucional (BverfG) así lo ha afirmado desde 1966 sentenciando que el principio de culpabilidad tiene rango constitucional[393] y que sus consecuencias también son aplicables a la responsabilidad sancionatoria de las personas jurídicas[394].

Sin embargo, ello no impide que haya un reconocimiento de la responsabilidad de las personas jurídicas en materia de infracciones administrativas. En el mismo fallo citado se decidió que "también la pena de multa se impone al culpable, según el derecho vigente, para la expiación del ilícito y que la aplicación de los principios jurídicos penales no está básicamente excluida cuando el sujeto jurídico es una persona jurídica"[395]. Como producto de ello, tanto en la Ley de contravenciones o infracciones administrativas como en la Ley de criminalidad económica se reconoce la responsabilidad de las personas jurídicas siempre que la acción haya sido efectuada por órgano con poderes de representación, miembro de dirección o como socio de una sociedad comercial y que por medio de ese delito o acción la persona jurídica se hubiese debido enriquecer, siendo necesario un hecho de conexión llevado a cabo por una persona física o por un órgano de la persona

---

[390] Vid infra en este mismo Capítulo.

[391] Como consecuencia del proceso de reunificación de Alemania, el derecho penal de la antigua República Democrática Alemana (*Deutsche Demokratische Republick –DDR*) ha sido derogado, entrando en vigencia en su lugar (en virtud del Tratado de Unificación del 31 de agosto de 1990) la legislación de la ex República Federal de Alemania (*Bundesrepublick Deutschland- BRD*). De allí que las referencias que se hacen en el texto aluden al Código Penal (StGB) (en vigencia desde el 1 de enero de 1975 y con las sucesivas reformas producidas), y a la Ley de Infracciones Administrativas (OWIG), en vigencia desde 1968 (con las modificaciones introducidas en 1986), ambos de la ex República Federal. cfr. JESCHECK Hans Heinrich, *Tratado de derecho penal. Parte general*, Editorial Comares, Granada, 1993.

[392] Cfr. JESCHECK, Hans Heinrich; *Tratado de derecho penal. Parte general*, Granada, Editorial Comares, Granada (España) 1993, página 204. Igual criterio, JACKOBS, Günter Jakobs; *Derecho penal. Parte General. Fundamentos y teoría de la imputación*, Marcial Pons, Madrid, 1997, página 182 y ACHENBACH, Hans "Sanciones con las que se puede castigar a las empresas y a las personas que actúan en su nombre en el Derecho Alemán", publicado en J.M. SILVA SÁNCHEZ (Edición española) - B. SCHÜNEMANN- J. De FIGUEIREDO DIAS (coordinadores), *"Fundamentos de un sistema europeo del Derecho Penal"*, José María Bosch Editor, Barcelona 1995, página 390.

[393] El parágrafo 19.3 de la Constitución alemana dice que "los derechos fundamentales rigen también para las personas jurídicas nacionales".

[394] BverfGE 20, página 323.

[395] BverfGE 20, página 333.

jurídica y que por medio del delito o contravención la persona jurídica o asociación se haya enriquecido o se hubiese debido enriquecer.

Efectivamente, existen normas en materia de responsabilidad penal de la sociedad y sus directivos contenidas en Ley de contravenciones al orden o infracciones administrativas (*Ordnungswidrigkeitengesetz–OwiG*)[396] que recoge en el parágrafo 30 introducido en su redacción modificada por la 2. WiKG (*Zweites Gesetz zur Bekämpfung der Wirtschaftkriminalitä*t)[397], la responsabilidad directa de las personas jurídicas, aunque la sanción que se impone es de multa (*Geldbuße*) como desarrollaremos mas adelante.

Es decir que en Alemania la responsabilidad de las sociedades responde al modelo legislativo del derecho penal administrativo mediante un sistema estructurado a modo de parte general en el OwiG que incluye mecanismos sancionatorios que van por fuera del derecho criminal y se encuentran dentro del derecho contravencional[398]. Los principios sentados en este ordenamiento constituyen los presupuestos que rigen la responsabilidad contravencional de las personas colectivas por los hechos de sus agentes, ya sea que éstos estén previstos como delitos o faltas de cualquier naturaleza abarcando desde las infracciones de tránsito hasta las complejas figuras de prácticas y maniobras monopólicas. Se trata pues, de un esquema cerrado y complejo ya que también, como veremos *infra*[399], la omisión de vigilancia que hubiese impedido la trasgresión hace surgir la falta del órgano a cargo de la custodia y administración del patrimonio (130, OwiG). En el caso de resultar una falta del órgano, obrando en esa calidad, se somete a la persona jurídica a las sanciones del 30, OwiG, pues, el órgano cometió una falta allí prevista. Las sanciones de que son pasibles las sociedades son consecuencias principales de carácter sancionador a la empresa como tal y son accesorias de infracciones[400].

a. La sanción de multa

Esta accesoriedad ha permitido a los tribunales y a la doctrina afirmar que las multas impuestas a las sociedades no trasgreden la regla constitucional del *"non bis in idem"*. La fundamentación jurídica ha atravesado largas discusiones hasta lograr la aceptación prácticamente

---

[396] La Parte General de la Legislación Contravencional fue sancionada el 24 de mayo de 1968.

[397] La segunda ley de criminalidad económica fue sancionada en 1986

[398] ACHENBACH, Hans; *op. cit.* página 390. En el mismo sentido Cfr. JESCHECK, Hans Heinrich; *op. cit.*, página 205.

[399] Vid infra punto en este mismo Capítulo.

[400] MALAMUD GOTI, Jaime; *Persona jurídica y penalidad,* Editorial Depalma, Buenos Aires, 1981, páginas 10 y siguientes.

unánime de que goza hoy en día. Se ha opuesto a ella el enraizado principio de culpabilidad y la personalidad de la pena, propios del derecho penal liberal especialmente en Alemania. Estas cuestiones han obligado a los juristas a reflexionar sobre las diferencias existentes entre la multa-pena *(Geldstrafe)* y la *"Geldbuße"*[401], y como correlatos necesarios, entre derecho penal propiamente dicho y derecho penal administrativo la constitucionalidad de la *"Geldbuße"* impuesta a sociedades ha sido plenamente aceptada por la jurisprudencia del Tribunal Supremo *(Bundesgerichthof)* y también por la doctrina. Desde el punto de vista de la necesidad de la *"Geldbuße"*, se ha visto que ésta se hace patente ante la imposibilidad, de encontrar a los autores personales y directos y lograr un resarcimiento, ya que en ocasiones, la división del trabajo y las fuentes de peligro que entrañan los grandes negocios obligan a desplazar el poder de policía del Estado "desde afuera" de la empresa, por el estado directamente, "hacia adentro" de ella, obligando a los órganos de las sociedades mediante la punición de omisiones, a mantener el debido control sobre la actividad de los subalternos[402].

Esta imposición que puede determinar la sanción con una multa administrativa *(Geldbuße)* a las agrupaciones, no solamente por contravenciones, sino también por crímenes y delitos cometidos por los dirigentes en interés de la agrupación lleva un nombre diferente a la multa criminal *(Geldstrafe)*, porque persigue fines a la vez preventivos y retributivos sin expresar no obstante un reproche ético o moral[403]. La imposición de la *Geldbuße* exige además como hecho vinculante un delito

---

[401] La *"Geldbuße"* ha sido diferenciada siempre de la *"Geldstrafe"* o multa penal. La primera corresponde al ámbito de derecho contravencional, la segunda a la esfera del derecho penal propiamente dicho y se encuentra establecida en el StGB donde la multa es la sanción ambulatoria central del sistema vigente en Alemania. Se encuentra estructurada por el sistema de días -multa y el principio del ingreso y en algunos Länder se admite el pago a plazos de la misma *(Laufzeitgeldstrafe)* y se hace jugar el principio de pérdida patrimonial *(Einbusseprinzip)*. Cfr. DÖLLING, Dieter; *Die Weiterentwicklung der Sanktionen ohne Freiheitsentzug im deutsches Strafrecht*, publicado en Zeitschrift für die gesamte Strafrechtwissenschaft, 104 (1992), Heft. 2, páginas 259 a 289. Traducido por José Hurtado Pozo y Aldo Figueroa Navarro y CESANO, José Daniel, Editorial; *La multa como sanción del Derecho Penal común: realidades y perspectivas*, Editorial Alveroni, Córdoba, 1995 páginas 195 a 203.

[402] MALAMUD GOTI, Jaime; *op. cit.*, páginas 10 y ss.

[403] En la doctrina alemana, una refutación a este argumento de la teoría sustancialista, fue realizado por Heinz MATTES quien expresa que "el pensamiento de la falta de colaboración ética de las denominadas contravenciones al orden también ha sufrido el embate de su crítica. El Estado, arguye, puede únicamente colocar bajo pena *"Geldbuße"* aquellas acciones que moralmente - es decir, de acuerdo con las convicciones éticas fundamentales que rigen en una sociedad de derecho - son desvaloradas. Los mandatos y prohibiciones legales obligan en el derecho de las contravenciones al orden sólo si poseen un valor final reconocido éticamente; en caso contrario se trataría de una desnuda coacción carente de fuerza obligatoria. Toda figura delictiva, sea del derecho penal, sea de las contravenciones al orden, debe estar basada en la ética. Con ello no se afirma que cualquier disposición del Estado, por el hecho de su promulgación, sea éticamente buena. Esto toca otro problema, a saber, la frontera del poder de imposición jurídica estatal en general y, en particular, en el ámbito jurídico-penal" cit. por CESANO, José Daniel; op. cit, página 11.

o una contravención cometidos por una persona física plenamente imputable[404]. TIEDEMANN la caracteriza de la misma forma que las multas impuestas a las empresas según el derecho comunitario[405] (sobre todo en materia de competencia y en el mercado del carbón y del acero) ya que, en el contexto de ese derecho, la Corte de Justicia de la Comunidad Europea reconoce, igualmente, la finalidad retributiva de estas sanciones, señalando, al mismo tiempo, que "no tienen carácter penal" (así, el artículo 15. 4 del Reglamento n° 17/62 sobre la competencia)[406].

b. Análisis del parágrafo 30 OwiG

En numerosos supuestos la ley obliga a seguir el proceso solo contra la sociedad, dejando a un lado a la persona del infractor por razones "de hecho" (*tatsachlich*). El fundamento de esta tesitura se encuentra en el principio de oportunidad consagrado también en el referido parágrafo 30 del citado ordenamiento, norma que establece que cuando por razones de hecho no se pueda perseguir o castigar al agente individual por su obrar, reputado principal, "se podrá imponer la pena o sanción administrativa, o cuando, en virtud de razones procesales, no se pueda llevar adelante la acción y así lo decida la autoridad administrativa, el tribunal, o ambos de común acuerdo"[407].

---

[404] ACHENBACH, Hans, op. cit., páginas 391 a 393 cit. por CESANO, José Daniel; op. cit, página 12.

[405] El concepto de sanción similar al de la *Geldbuße* alemana ha sido instituído de manera mas o menos parecida en otras legislaciones recibiendo diferentes nombres, así se la denomina *"coima"* en Portugal, *"bodeansvar"*, en Dinamarca y *"företagsbot"* en Suecia.

[406] TIEDEMANN, Klaus; "Responsabilidad penal de la persona jurídica" en *Anuario de Derecho Penal*, Número 1996, Universitas Friburgensis, Friburgo, Suiza, 1996, página 45.

[407] § 30: *Geldbuße gegen juristische Personen und Personenvereinigungen*: (1) Hat jemand : 1. als vertretungsberechtigtes Organ einer juristischen Person oder als Mitglied eines solchen Organs, 2. als Vorstand eines nicht rechtsfähigen Vereins oder als Mitglied eines solchen Vorstandes, 3. als vertretungsberechtigter Gesellschafter einer Personenhandelsgesellschaft oder 4. als Generalbevollmächtigter oder in leitender Stellung als Prokurist oder Handlungsbevollmächtigter einer juristischen Person oder einer in Nummer 2 oder 3 genannten Personenvereinigung eine Straftat oder Ordnungswidrigkeit begangen, durch die Pflichten, welche die juristische Person oder die Personenvereinigung treffen, verletzt worden sind oder die juristische Person oder die Personenvereinigung bereichert worden ist oder werden sollte, so kann gegen diese eine Geldbuße festgesetzt werden. (2) Die Geldbuße beträgt : 1. im Falle einer vorsätzlichen Straftat bis zu fünfhunderttausend Euro, 2. im Falle einer fahrlässigen Straftat bis zu zweihundertfünfzigtausend Euro. Im Falle einer Ordnungswidrigkeit bestimmt sich das Höchstmaß der Geldbuße nach dem für die Ordnungswidrigkeit angedrohten Höchstmaß der Geldbuße. Satz 2 gilt auch im Falle einer Tat, die gleichzeitig Straftat und Ordnungswidrigkeit ist, wenn das für die Ordnungswidrigkeit angedrohte Höchstmaß der Geldbuße das Höchstmaß nach Satz 1 übersteigt. (3) § 17 Abs. 4 und § 18 gelten entsprechend. (4) Wird wegen der Straftat oder Ordnungswidrigkeit ein Straf- oder Bußgeldverfahren nicht eingeleitet oder wird es eingestellt oder wird von Strafe abgesehen, so kann die Geldbuße selbständig festgesetzt werden. Durch Gesetz kann bestimmt werden, daß die Geldbuße auch in weiteren Fällen selbständig festgesetzt werden kann. Die selbständige Festsetzung einer Geldbuße gegen die juristische Person oder Personenvereinigung ist jedoch ausgeschlossen, wenn die Straftat oder Ordnungswidrigkeit aus rechtlichen Gründen nicht verfolgt werden kann; § 33 Abs. 1 Satz 2 bleibt

En cuanto al círculo de autores que han cometido el hecho que sirve de referencia para imponer la multa a la persona jurídica el mismo se encuentra, de acuerdo con el derecho vigente, limitado generalmente a los órganos que están autorizados para la representación; esto es: a los miembros de tales órganos y a las personas que han sido facultadas para representar al ente ideal. Es decir que dicho círculo está circunscripto a los niveles más altos de la dirección. No se prevé en modo alguno una responsabilidad sustitutoria[408].

La doctrina alemana ha criticado esta limitación del círculo de autores que pueden realizar el hecho que solo contemplaba a un órgano o a un miembro de dirección de la persona jurídica, entendiendo que sería necesaria la ampliación a los que "de cualquier otra manera sean responsables de la dirección de la empresa"[409].

En relación con el contenido de acto, para aplicar esta norma se admite, en general, que es suficiente que el órgano o uno o más de sus miembros obren dentro del marco de los negocios de la empresa (actividad "*intra vires*") y que sea competente para ejecutarlo u ordenarlo. No se exige que el acto no sea notoriamente extraño al objeto de la sociedad ya que el objeto social no está vinculado en Alemania con la capacidad sino con la imputabilidad del acto en tanto que, ejecutado por el representante con *Prokura* obliga siempre a la persona jurídica toda vez que el problema interno es ajeno al tercero[410] bastando que el hecho que sirve de conexión haya vulnerado deberes que incumben a la persona jurídica o asociación o bien haya producido o perseguido el enriquecimiento de la empresa para poder serle reprochado al agente.

El mismo parágrafo 30 también establece en el párrafo 4 una norma procesal, según la cual "si por el delito o contravención no se invoca procedimiento penal o administrativo o se suspende la imposición de la pena, la multa administrativa se podrá imponer independientemente". Si dicha multa se aplica, el párrafo 5, dispone además que en tal caso no tendrá lugar el comiso de las ventajas patrimoniales obtenidas mediante el hecho punible o la contravención que se prevén en los 73 StGB (Código Penal) o 29 OwiG[411].

---

unberührt. (5) Die Festsetzung einer Geldbuße gegen die juristische Person oder Personenvereinigung schließt es aus, gegen sie wegen derselben Tat den Verfall nach den §§ 73 oder 73a des Strafgesetzbuches oder nach § 29a anzuordnen.

[408] ACHENBACH, Hans; *op. cit.*, página 392.

[409] SCHÜNEMANN, Bernd; BOUJONG, Karl y otros citados por BACIGALUPO, Silvina; *op. cit.*, página 338, nota 83.

[410] El principio de la *"prokura"* tiene su origen en el derecho germánico por oposición a la doctrina del *"ultra vires"* según la cual el objeto social limitaba la capacidad de la sociedad excluyendo de ella los actos notoriamente extraños al mismo. Esta última doctrina imperó en el derecho anglosajón hasta principios de la década de 1980.

[411] BACIGALUPO, Silvina; op. cit., página 337.

Es decir que, según el procedimiento que se siga en la imposición de la *Geldbuße*, debe distinguirse entre: a) la llamada multa asociacional acumulativa, que se impone en un proceso único al autor del hecho que sirve de referencia y a la asociación de personas (parágrafo 30. I OwiG) y b) la denominada multa asociacional aislada que, de conformidad al párrafo IV del parágrafo 30 de la OwiG, se impondrá en un proceso independiente a la empresa, siempre que no se haya incoado un proceso penal o un proceso contravencional contra el autor del hecho vinculante o, aún cuando se lo incoara, si el tribunal hubiese suspendido la imposición de la pena.

c. Análisis del parágrafo 130 Owig

Otro artículo del ordenamiento contravencional (OwiG), el 130 establece una regla de alcance general al determinar que el de una empresa será responsable por los delitos llevados a cabo por las personas que actúan por la misma, en tanto hubiese omitido adoptar las medidas de vigilancia o control necesarias para evitarlas[412].

El § 130 OWiG ha venido a establecer así, para el derecho alemán, un deber de vigilancia, con arreglo al cual "el que como titular de un establecimiento o de una empresa omita dolosa o imprudentemente las medidas de vigilancia que se exigen para impedir en el establecimiento o en la empresa las contravenciones contra los deberes que corresponden al titular como tal, y cuya lesión esté amenazada con pena o con multa, comete un ilícito administrativo si se comete una contravención tal que habría podido ser evitada por medio de la pertinente vigilancia. A las medidas de vigilancia exigidas pertenecen también la dirección, la elección cuidadosa y la supervisión de los vigilantes".

Se trata, en definitiva, una norma administrativa que consiste, en primer lugar, en la ejecución de una conducta que constituye delito o

---

[412] *Vierter Abschnitt: Verletzung der Aufsichtspflicht in Betrieben und Unternehmen. § 130:* (1) Wer als Inhaber eines Betriebes oder Unternehmens vorsätzlich oder fahrlässig die Aufsichtsmaßnahmen unterläßt, die erforderlich sind, um in dem Betrieb oder Unternehmen Zuwiderhandlungen gegen Pflichten zu verhindern, die den Inhaber als solchen treffen und deren Verletzung mit Strafe oder Geldbuße bedroht ist, handelt ordnungswidrig, wenn eine solche Zuwiderhandlung begangen wird, die durch gehörige Aufsicht verhindert oder wesentlich erschwert worden wäre. Zu den erforderlichen Aufsichtsmaßnahmen gehören auch die Bestellung, sorgfältige Auswahl und Überwachung von Aufsichtspersonen. (2) Betrieb oder Unternehmen im Sinne des Absatzes 1 ist auch das öffentliche Unternehmen. (3) Die Ordnungswidrigkeit kann, wenn die Pflichtverletzung mit Strafe bedroht ist, mit einer Geldbuße bis zu fünfhunderttausend Euro geahndet werden. Ist die Pflichtverletzung mit Geldbuße bedroht, so bestimmt sich das Höchstmaß der Geldbuße wegen der Aufsichtspflichtverletzung nach dem für die Pflichtverletzung angedrohten Höchstmaß der Geldbuße. Satz 2 gilt auch im Falle einer Pflichtverletzung, die gleichzeitig mit Strafe und Geldbuße bedroht ist, wenn das für die Pflichtverletzung angedrohte Höchstmaß der Geldbuße das Höchstmaß nach Satz 1 übersteigt.

infracción administrativa que ha sido realizada en el seno de una empresa por un operario de la misma, y que es contraria a los deberes que incumben al titular de la empresa como tal; en segundo lugar, el titular tiene que haber omitido, a título de dolo o negligencia, las medidas de control necesarias para impedir la infracción; y, en tercer lugar, tiene que acreditarse que la conducta antijurídica del operario habría podido ser evitada mediante la puesta en marcha de las medidas de control adecuadas. La imputación de esta responsabilidad (por infracción a los deberes de vigilancia) se verifica con independencia de la responsabilidad en la que pueda incurrir el órgano de dirección a título de comisión por omisión por el hecho ejecutado materialmente por el subordinado[413].

La doctrina germana ha formulado fuertes críticas contra esta regulación, tanto desde una perspectiva dogmática cuanto político-criminal. Se le objeta vulnerar el principio de determinación al no establecer cuáles son las medidas de vigilancia cuya inobservancia genera responsabilidad, afirmándose que constituye una condición objetiva de sanción, es decir el equivalente administrativo de las condiciones objetivas de punibilidad[414] y que tiene que fracasar necesariamente ante la moderna división del trabajo y la descentralización en la empresa, "ya que los órganos de control instituidos por el propio personal directivo no están ya comprendidos en dicho precepto, por lo que con una organización en regla de la sección interna de revisión y control del establecimiento es prácticamente imposible llegar hasta la cúspide de la empresa, sin que a su vez se pueda responsabilizar a los órganos específicos de control"[415].

4. La legislación penal

Cabe poner de resalto que en Alemania se recoge la figura del actuar en nombre de otro (*Handeln für einen anderen*) tanto en el parágrafo 14 del Código Penal (*StGB*) como en el parágrafo 9 Ordenamiento Contravencional (*OwiG*)[416]. Esta figura es utilizada para alcanzar al

---

[413] SCHÜNEMANN, Bernd; *Cuestiones básicas de dogmática jurídico-penal y de política-criminal acerca de criminalidad de empresa*. Traducido por Bruckner y Lascuraín, Editorial ADPCP, (1988-II), páginas. 547 y ss. y ACHENBACH, Hans; *op. cit.*, páginas 386 y ss., entre otros.

[414] ACHENBACH, Hans; *op. cit.*, páginas 387 y 388.

[415] SCHÜNEMANN, Bernd; op. cit, página 548.

[416] El texto del *StGB § 14* y del *§ 9 OwiG* es idéntico: (1) Handelt jemand: 1. als vertretungsberechtigtes Organ einer juristischen Person oder als Mitglied eines solchen Organs, 2. als vertretungsberechtigter Gesellschafter einer rechtsfähigen Personengesellschaft oder 3. als gesetzlicher Vertreter eines anderen,so ist ein Gesetz, nach dem besondere persönliche Eigenschaften, Verhältnisse oder Umstände (besondere persönliche Merkmale) die Strafbarkeit begründen, auch auf den Vertreter anzuwenden, wenn diese Merkmale zwar nicht bei ihm, aber bei dem Vertretenen vorliegen. (2) Ist jemand von dem

sujeto individual y resolver así problemas puntuales dado que se recurre a esta figura para evitar la impunidad del ilícito y poder reprocharle a la persona individual la conducta realizada.

Es importante dejar en claro, sin embargo, como una preocupación puesta de manifiesto por el común de los autores, que el apartado 1 del parágrafo 14 del StGB, en modo alguno establece una excepción al principio general de la irresponsabilidad penal de las personas ideales. En efecto, dicho texto consagra una solución para el que, en el marco de los delitos especiales, actúa en representación de la persona jurídica. El parágrafo 14 dispone, en su apartado primero, que: "El agente puede actuar: 1) como órgano legalmente representativo de una persona jurídica o como miembro de dicho órgano; 2) en carácter de representante legítimo de sociedades comerciales, y 3) en su condición de representante legal de otra persona. En todos estos casos, la ley que funde la punibilidad en cualidades, circunstancias o relaciones personales especiales (especiales características personales), se aplicará incluso al representante, aun cuando tales características no se den en su persona sino en la del representado[417].

MAURACH sostiene que el precepto contenido en el parágrafo 14 *StGB* "no funda la posibilidad de un delito corporativo. Aquí se trata, en realidad, de un caso de 'calidad fingida de autor'; al autor natural no calificado de un delito especial le son atribuidas, bajo determinados presupuestos, calificaciones que debe reunir la asociación representada por él. Con ello simplemente se extiende el círculo de los autores naturales idóneos, pero la amenaza penal no afecta a la asociación como tal"[418].

Ciertamente si bien no es una formula ideada para suplir la responsabilidad penal de las personas jurídicas, sino para solucionar problemas de tipicidad o autoría; en la práctica, los dogmáticos alemanes se valen de ella para resolver cuestiones político-criminales donde

---

Inhaber eines Betriebs oder einem sonst dazu Befugten 1. beauftragt, den Betrieb ganz oder zum Teil zu leiten, oder 2. ausdrücklich beauftragt, in eigener Verantwortung Aufgaben wahrzunehmen,die dem Inhaber des Betriebs obliegen,und handelt er auf Grund dieses Auftrags, so ist ein Gesetz, nach dem besondere persönliche Merkmale die Strafbarkeit begründen, auch auf den Beauftragten anzuwenden, wenn diese Merkmale zwar nicht bei ihm, aber bei dem Inhaber des Betriebs vorliegen. Dem Betrieb im Sinne des Satzes 1 steht das Unternehmen gleich. Handelt jemand auf Grund eines entsprechenden Auftrags für eine Stelle, die Aufgaben der öffentlichen Verwaltung wahrnimmt, so ist Satz 1 sinngemäß anzuwenden. (3) Die Absätze 1 und 2 sind auch dann anzuwenden, wenn die Rechtshandlung, welche die Vertretungsbefugnis oder das Auftragsverhältnis begründen sollte, unwirksam ist.

[417] "Código Penal alemán", con prólogo de Ricardo LEVENE (h), traducido por Eugenio R. ZAFFARONI y Ernst Jürgen RIEGGER, en *Revista Argentina de Ciencias Penales* n° 4, septiembre-diciembre 1976, Editorial Plus Ultra, Buenos Aires, 1976, página 25 y ESPÍNOLA, Julio César; *Código Penal alemán. Parte general*, Depalma, Buenos Aires, 1976.

[418] MAURACH, Reinhart, GÖSSEL, Karl Heinz, ZIPF, Heinz; *Derecho penal. Parte general*, vol. I Astrea, Buenos Aires, 1995, páginas 238 y 239.

aparece la empresa involucrada en ilícitos. Ello por cuanto que el "actuar en lugar de otro" es una cláusula de transferencia por la cual se pueden imputar delitos especiales propios a sujetos que son *"extranei"*, pero que en la realidad están en una situación de dominio. Dada esa situación se los considera autores -hay una transferencia de los elementos objetivos de la autoría- como si revistieran las características del *"intranei"* [419].

A su vez la búsqueda a la solución de estos problemas de criminalidad de la empresa ha llevado a los autores alemanes a idear otras categorías dogmáticas para imputar conductas delictivas por vías que podrían denominarse derivadas o indirectas, sin vulnerar con ello el ya señalado principio constitucional de culpabilidad. Estas modalidades son las también llamadas autoría mediata y omisión impropia.

La autoría mediata consiste en atribuir a alguien un efecto si, conforme a las circunstancias del caso, ha logrado que otro ejecute el hecho mientras que el primero domina la situación. Sería el supuesto de los funcionarios más altos de una empresa, que podrían ser responsabilizados por un resultado, cuando éste fuera provocado por quien aparecería como un instrumento de la voluntad del primero. En este caso el autor instiga o motiva al ejecutor, controla el acontecimiento, y obra sobre quien padece una ignorancia casi total[420].

Es oportuno señalar que esta figura el directivo u órgano de dirección responsable debe tener clara conciencia del curso causal desencadenado y debe saber como se obtienen las metas propuestas, establecidas previamente por él. Esta figura no es aplicable cuando el agente resulta a su vez responsable directo en alguna medida del hecho que se le imputa.

La omisión impropia, en tanto, implica responsabilizar a alguien por la producción de un resultado al no intervenir en un curso causal, cuando las circunstancias lo hubieran requerido, también es denominada comisión por omisión cuya cláusula esta expresada en el parágrafo 13 del Código Penal Alemán (*StGB*)[421]. La omisión impropia también tiene sus limitaciones en cuanto deben concurrir dos elementos esenciales: a) la existencia de un deber de actuar basado en leyes,

---

[419] GRACIA MARTÍN, Luis *El actuar en lugar de otro en Derecho Penal*, Zaragoza, 1985, páginas 83 y ss. y SILVA SÁNCHEZ, Jesús *El actuar en lugar de otro en el Código Penal Español*, Instituto Peruano de Ciencias Criminales, Lima, 2000, citado por YACOBUCCI, Guillermo Jorge, en *"La responsabilidad al interno de la empresa. La delegación de funciones"*, Conferencia pronunciada en el "III Corso Internazionale di formazione in Diritto Penale, IPSOA, Italia, 2002

[420] MALAMUD GOTI, Jaime R.; *Politica Criminal de la Empresa. Cuestiones. Alternativas*, Hammurabi, Buenos Aires, 1983. Cap. IV *passim*

[421] § *13 del StGB*: "1. El que omite un resultado que pertenece al tipo de una ley penal, será punible según esta ley sólo si tenía que responder jurídicamente de que el resultado no se produjera y la omisión corresponde a la realización del tipo por un hacer. 2. La pena puede ser atenuada conforme a lo dispuesto en el § 49, párrafo 1".

contratos o hechos precedentes y b) que el omitente sepa como se desarrollan los hechos y que se encuentre en posición real y física de modificar el curso de los mismos. Las construcciones jurídicas como la autoría mediata y la omisión impropia resultan como se ha explicado remedios limitados a casos contados[422].

Así las cosas, en la actualidad se prefiere recurrir a la teoría de la imputación objetiva para imputar un resultado a un comportamiento omisivo, de suerte que además de la posición de garante que ostenta el autor, el riesgo creado tiene que haberse realizado efectivamente en el resultado. De esta manera, MIR PUIG afirma que este juicio cabe afirmarlo en caso se compruebe ex post que el resultado se habría evitado (al menos con práctica seguridad) mediante la intervención omitida[423].

Del mismo modo, se ha sostenido que la imputación objetiva del resultado en los delitos omisivos debe corresponderse, previa comprobación de identidad valorativa en términos normativos entre comportamiento omitido y comportamiento comisivo típico, con un incremento del riesgo. De esta manera, SCHÜNEMANN, ha propuesto el reemplazo de la causalidad hipotética por una fórmula en función a la cual, si el resultado se produce mediante una actuación para una empresa ajustada a las instrucciones o con un objeto peligroso del patrimonio de la misma, se aplicará también el § 13.1 StGB 66 (o bien el § 8.1 OWiG 67)[424] a los sujetos autorizados para dictar aquellas instrucciones, siempre que los debidos controles hubieran dificultado considerablemente el hecho[425].

En doctrina se manejan dos clasificaciones de tipos de lo injusto omisivos. Por un lado, la omisión pura y la comisión por omisión, siendo los primeros los equivalentes a los tipos de lo injusto comisivos de resultado, esto es, aquellos cuya estructura típica exige que la acción vaya seguida de la causación de un resultado separable de ésta espacial y temporalmente[426]. Por otro lado, los tipos de lo injusto omisivos propios e impropios; dependiendo de si la ley los prevé expresamente (propios) o si se derivan -vía interpretación- de un tipo de lo injusto

---

[422] MALAMUD GOTI, Jaime R.; *op. cit.* idem

[423] MEINI MÉNDEZ, Iván Fabio; "Responsabilidad penal de los órganos de dirección de la empresa por comportamientos omisivos. El deber de garante del empresario frente a los hechos cometidos por sus subordinados", en *Revista Derecho*, N° 52, diciembre 1998/abril 1999, Fondo Editorial de la Pontificia Universidad Católica del Perú, Lima, 1999, páginas 883 a 914.

[424] El § 8.1 de la Ley de Contravenciones Administrativas Alemana (*OWiG*) es similar al § 13.1 *StBG*, con la salvedad de que se refiere a «precepto que sancione con multa» y a la «comisión de un ilícito administrativo «en vez de ley penal y punibilidad, respectivamente.

[425] MEINI MÉNDEZ, Iván Fabio; *op. cit*, idem.

[426] MIR PUIG, Santiago; *Derecho penal. Parte general*, 5a ed., PPU, Barcelona, 1998, 9/28 y 9/29; BACIGALUPO, Enrique; *Principios de Derecho penal. Parte General*. 3a ed., *Akal Jure,* Madrid, 1994, pp. 257 y 258).

regulado por la ley en forma comisiva (impropios). Aunque también se han formulado otras clasificaciones sin perjuicio de las anteriores. Así, ROXIN habla de "omitir por comisión"; cuando propone las "omisiones de gravedad intermedia", que serían omisiones puras generales estructuras sobre consideraciones de solidaridad en aras de la protección de bienes jurídicos individuales[427].

La equiparación que un sector de la doctrina suele hacer entre los tipos de lo injusto omisivos puros y de omisión propia, por un lado, y de omisión impropia y comisión por omisión, por otro, no resulta del todo certera en la medida en que los criterios de clasificación son distintos, aunque lo cierto es que la mayoría de las veces la omisión pura estará prevista expresamente por la ley y será, en consecuencia, también omisión propia, mientras que por lo general la comisión por omisión no estará prevista por la ley, pero nada obsta para que siempre sea así.

B. Suiza

El estado de situación dogmático y legislativo respecto de la responsabilidad penal de las personas jurídicas en el sistema normativo de la nación helvética puede esquematizarse en cuatro niveles: a) la negación de dicha responsabilidad a partir de los establecido en los artículos 172[428] y 326[429] del Código Penal federal de la Confederación

---

[427] ROXIN, Klaus; «En el límite entre comisión y omisión», *Problemas básicos del Derecho penal*. Trad. Luzón Peña, Reus, Madrid, 1976, páginas 226 y siguientes.

[428] *Artículo 172: 4. Allgemeine Bestimmungen.* Anwendung auf juristische Personen und Gesellschaften Handelt jemand als Organ oder als Mitglied eines Organs einer juristischen Person, als Mitarbeiter einer juristischen Person oder einer Gesellschaft, dem eine vergleichbare selbständige Entscheidungsbefugnis in seinem Tätigkeitsbereich zukommt, oder ohne Organ, Mitglied eines Organs oder Mitarbeiter zu sein, als tatsächlicher Leiter einer juristischen Person oder Gesellschaft, so ist eine in diesem Titel aufgeführte Strafbestimmung, nach welcher besondere persönliche Merkmale die Strafbarkeit begründen oder erhöhen, auch auf die genannten Personen anzuwenden, wenn diese Merkmale nicht bei ihnen persönlich, sondern bei der juristischen Person oder der Gesellschaft vorliegen. *Artículo 172bis* Verbindung von Freiheitsstrafe mit Busse Ist in diesem Titel ausschliesslich Freiheitsstrafe angedroht, so kann der Richter diese in jedem Falle mit Busse verbinden. *Artículo 172ter* Geringfügige Vermögensdelikte Richtet sich die Tat nur auf einen geringen Vermögenswert oder auf einen geringen Schaden, so wird der Täter, auf Antrag, mit Haft oder mit Busse bestraft. 2 Diese Vorschrift gilt nicht bei qualifiziertem Diebstahl (Artículo 139 Ziff. 2 und 3), bei Raub und Erpressung.

[429] *Artículo 326: Anwendung auf juristische Personen, Handelsgesellschaften und Einzelfirmen* 1. im Falle der Artikel 323–325 Handelt jemand als Organ oder als Mitglied eines Organs einer juristischen Person, als Mitarbeiter einer juristischen Person oder einer Gesellschaft, dem eine vergleichbare selbständige Entscheidungsbefugnis in seinem Tätigkeitsbereich zukommt, oder ohne Organ, Mitglied eines Organs oder Mitarbeiter zu sein, als tatsächlicher Leiter einer juristischen Person oder Gesellschaft, so sind die Artikel 323–325, nach welchen besondere persönliche Merkmale die Strafbarkeit begründen oder erhöhen, auch auf die genannten Personen anzuwenden, wenn diese Merkmale nicht bei ihnen persönlich, sondern bei der juristischen Person oder der Gesellschaft vorliegen. *Artículo 326bis* 2. im Falle von Artikel 325bis 1 Werden die im Artikel 325bis unter Strafe gestellten Handlungen beim Besorgen der Angelegenheiten einer juristischen Person, Kollektiv- oder Kommanditgesellschaft oder Einzelfirma oder sonst in Ausübung geschäftlicher oder dienstlicher Verrichtungen für einen anderen begangen, so finden die Strafbestimmungen auf diejenigen natürlichen Personen Anwendung, die diese Handlungen

Suiza (Schweizerisches Strafgesetzbuch)[430], b) la ratificación del principio *societas delinquere non potest* en el derecho penal administrativo federal; c) la inclusión de la responsabilidad penal de los entes colectivos en la Ley federal de Bancos; y, d) la propuesta, formulada en el anteproyecto de parte general, de inserción en el Código Penal de la responsabilidad de las personas jurídicas[431].

1. El Código Penal

Los artículos 172 y 326 del Código Penal se refieren al problema creado por la comisión de una infracción contra el patrimonio en el marco de la gestión de una persona moral o de una sociedad (sin personalidad jurídica). La cuestión que se plantea, en tal situación, es de saber si la agrupación puede ser directamente perseguida y condenada penalmente. De acuerdo con la opinión dominante, en los artículos citados se responde negativamente, designando expresamente las personas físicas que sólo pueden ser sancionadas. El principio *societas delinquere non potest* es así reconocido, y por tanto no se instituye ninguna presunción de culpabilidad en contra de las personas jurídicas.

La responsabilidad solidaria de las agrupaciones ha sido estatuida en algunas leyes complementarias. Estas disposiciones suponen la derogación de lo dispuesto en las disposiciones de la parte general del Código; derogación autorizada por el artículo 333 del mismo código. Así, por ejemplo, el artículo 134, inciso 4, del Decreto federal sobre el impuesto federal reconoce la responsabilidad de la empresa en materia de delitos fiscales. La responsabilidad solidaria también es admitida en

---

begangen haben. 2 Der Geschäftsherr oder Arbeitgeber, Auftraggeber oder Vertretene, der von der Widerhandlung Kenntnis hat oder nachträglich Kenntnis erhält und, obgleich es ihm möglich wäre, es unterlässt, sie abzuwenden oder ihre Wirkungen aufzuheben, untersteht der gleichen Strafandrohung wie der Täter. 3 Ist der Geschäftsherr oder Arbeitgeber, Auftraggeber oder Vertretene eine juristische Person, Kollektiv- oder Kommanditgesellschaft, Einzelfirma oder Personengesamtheit ohne Rechtspersönlichkeit, so findet Absatz 2 auf die schuldigen Organe, Organmitglieder, geschäftsführenden Gesellschafter, tatsächlich leitenden Personen oder Liquidatoren Anwendung. *Artículo 326ter* Übertretung firmenrechtlicher Bestimmungen Wer für ein im Handelsregister eingetragenes Unternehmen eine Bezeichnung verwendet, die mit der im Handelsregister eingetragenen nicht übereinstimmt und die irreführen kann, wer für ein im Handelsregister nicht eingetragenes Unternehmen eine irreführende Bezeichnung verwendet, wer für ein im Handelsregister eingetragenes oder nicht eingetragenes Unternehmen ohne Bewilligung eine nationale, territoriale oder regionale Bezeichnung verwendet, wer für ein im Handelsregister nicht eingetragenes ausländisches Unternehmen den Eindruck erweckt, der Sitz des Unternehmens oder eine Geschäftsniederlassung befinde sich in der Schweiz, wird mit Haft oder mit Busse bestraft. *Artículo 326quater* Unwahre Auskunft durch eine Personalvorsorgeeinrichtung Wer als Organ einer Personal-vorsorgeeinrichtung gesetzlich verpflichtet ist, Begünstigten oder Aufsichtsbehörden Auskunft zu erteilen und keine oder eine unwahre Auskunft erteilt, wird mit Haft oder mit Busse bestraft.

[430] Sancionado el 21 de diciembre de 1937.

[431] DU PUIT, José; "La responsabilidad penal de las personas jurídicas en Suiza", en *Anuario de Derecho Penal*, Número 1996, Universitas Friburgensis, Friburgo, Suiza, 1996, página 71.

la ley federal sobre agentes de comercio (artículos 13 a 15) y en la ley federal referente a los productos alimenticios (artículo 56, inciso 1)[432].

2. El Derecho Penal administrativo

En la ley federal concerniente al derecho penal administrativo, se parte del principio general de la no responsabilidad penal de las personas jurídicas. Sin embargo, se establece una excepción al preverse, en su artículo 7, una forma de responsabilidad. Según esta disposición, se castigará a la empresa en lugar del autor de la infracción "cuando la multa imponible no exceda cinco mil francos y que la investigación comportaría necesariamente la aplicación de medidas coercitivas desproporcionadas con la pena en que incurrirían las personas mencionadas en el artículo 6"[433].

3. La legislación especial

El cuestionamiento del principio *societas delinquere non potest* tuvo lugar durante el proceso de revisión de la Ley federal relativa a la Banca. En 1982, la Comisión federal de Bancos se planteó la cuestión si los principios generales del Código Penal y del derecho penal administrativo, aplicables a la Ley federal de Bancos (artículo 51bis), se oponían a la introducción de "una sanción administrativa comparable a la multa aplicada en caso de contravenciones " para reprimir la entidad bancaria responsable de actos ilícitos. Al respecto, es de señalar que la Convención relativa a las obligaciones de cuidado de la Banca ya preveía una sanción de la misma índole aplicable a las personas morales en caso de sustracción de impuestos federales[434].

El Tribunal Federal de justicia entendió, en primer lugar, que los "actos ilícitos", fundamento de la sanción, eran equivalentes cualitativamente a las infracciones penales y, en segundo lugar, que la multa no tenía la finalidad de confiscar el beneficio obtenido mediante el acto ilícito, sino más bien de restablecer el orden público perturbado. De esta manera, podemos concluir que la nueva Ley federal de Bancos no contiene una norma de responsabilidad penal de las personas jurídicas, sino que una vez mas estamos frente a responsabilidad casi penal limitada a muy pocas materias sobre la base de un "derecho de medidas de carácter peculiar"[435].

---

[432] Ibidem
[433] Ibidem
[434] Ibidem
[435] TIEDEMANN, Klaus; *op. cit.* páginas 60 y siguientes.

4. El anteproyecto de Codigo Penal[436]

Sobre la base de la propuesta hecha por SCHULTZ en su anteproyecto de parte general, la Comisión revisora planteó el reconocimiento de la responsabilidad penal de las personas jurídicas. "cuando, como consecuencia de carencias de organización, la violación de un deber jurídico reprimido penalmente no puede ser imputado a una persona determinada"[437]. Sin embargo, se ha decidido disociar esta cuestión de la revisión en curso y de someterla a un examen más profundo[438].

5. Jurisprudencia respecto a la responsabilidad de las personas jurídicas

Según la jurisprudencia, el principio *societas delinquere non potest* constituye una regla general no escrita. Pues, una disposición que

---

[436] El mérito de haber promovido un movimiento renovador corresponde al Prof. Hans SCHULTZ (Universidad de Berna), quien presentó en 1985 a la Oficina Federal de Justicia (OFJ) el Anteproyecto que se le había encargado redactar. En el mismo espíritu de innovación y de ampliación de las sanciones, una Comisión de Expertos, dirigida por el Prof. Franz RICKLIN (Universidad de Fribourg) revisó dicho Anteproyecto, siendo luego publicado y sometido a un amplio proceso de consulta en 1993.

[437] Anteproyecto suizo de 1991, página 51, Título Sexto: Responsabilidad de la empresa. *Artículo 100 quater. Condiciones:* Si un acto reprimido como crimen o delito es cometido por quien obra en calidad de órgano, de miembro de un órgano o de director de una persona jurídica, de una sociedad o de una empresa individual (empresa) o por quien sin tener esas calidades, dirige de hecho la empresa o ejerce en su seno un poder de decisión independiente, la empresa será reprimida con las sanciones previstas en el presente título.De la misma manera se procederá cuando no sea posible establecer cual, de las personas indicadas, ha cometido la infracción, o cuando, a causa de deficiencias en la organización, la violación de un deber jurídico reprimido penalmente no puede ser imputada a una persona determinada La represión de las personas físicas es reservada. *Artículo 100 quinquies. Sanciones:* Las sanciones aplicables a una empresa son :a. El sometimiento a una obligación financiera de hasta diez millones de francos en caso de crimen o cinco millones de francos en caso de delito; b. La prohibición de ejercer una actividad determinada por una duración de uno a cinco años, o a título definitivo, bajo amenaza de sanciones previstas en los incisos a o c ; c. La disolución de la empresa; 2. La prohibición de ejercer una actividad determinada y la disolución de la empresa pueden ser suspendidas durante un plazo de prueba de dos a cinco años. El juez podrá imponer a la empresa, durante el plazo de prueba, reglas de conducta destinadas a favorecer la reparación del daño o a prevenir la reiteración de infracciones de la misma naturaleza.
El juez podrá imponer la ejecución si, durante el plazo de prueba, la empresa no respeta las reglas de conducta impuestas, o si se le imputa la comisión de una nueva infracción. 3. En todo caso, el juez puede colocar la empresa, por una duración máximo de cinco años, total o parcialmente, bajo la vigilancia de una autoridad o de una persona designada por él. *Artículo 100 sexies. Determinación e individualización de la sanción:* El juez escoge la sanción y fija la medida de acuerdo a la gravedad del acto y al riesgo de reiteración de las infracciones de las que la empresa es responsable. El puede acumular las sanciones.

[438] Sobre la discusión en Suiza ver (a favor): GRAVEN / JUNOD, *Societas delinquere non potest?* (1988), página 351; SCHULTZ, Hans; *Bericht und Vorentwurf zur Revision des Allgemeinen Teils und des Dritten Buches* "Einführung und Anwendung des Gesetzes" des Schweizerischen Strafgesetzbuches (1987), páginas 112 y ss.; STRATENWERTH, p. 295 y siguientes, citados por HEINE, Günter; "La responsabilidad penal de las empresas: evolucion internacional y consecuencias nacionales", en *Anuario de Derecho Penal,* Número 1996, Universitas Friburgensis, Friburgo, Suiza, 1996, páginas 6 a 19.

estableciera lo contrario contradeciría el principio de culpabilidad y el de la proporcionalidad de las penas[439].

Los jueces federales recurren a los tres argumentos tradicionales: Si bien las personas naturales pueden adquirir todos los derechos y asumir todas las obligaciones que no sean inseparables a la condición natural de la persona física (artículo 53 del Código Civil), no pueden - por definición - actuar; por tanto, sólo pueden cometer un acto relevante para el derecho penal por intermedio de sus órganos (artículo 54 Código Civil). Las personas jurídicas no son capaces de actuar conforme al derecho penal. La persona moral no puede comportarse culpablemente, debido a que por su propia naturaleza no poseen las capacidades síquicas constitutivas de la imputabilidad y, en consecuencia, de la culpabilidad (capacidad de comprender el carácter ilícito del acto y capacidad de determinarse según esta apreciación)[440]

La pena se basa, según el artículo 63 del Código Penal, en la culpabilidad del autor y busca la expiación y la prevención. De modo que la pena sólo se dirige a las personas físicas, únicas capaces de pensar, querer y sentir. Este no es el caso de las personas jurídicas. Permaneciendo en el contexto del razonamiento del Tribunal Federal y considerando la legislación vigente, se puede objetar que resulta un tanto contradictorio reconocer, en derecho civil y administrativo, a la persona jurídica como un actor real de la vida económica y jurídica y no admitirlo en derecho penal. Es de recordar que también es poco comprensible que el Tribunal Federal reconozca a la persona jurídica como víctima de los delitos contra el honor y negar su calidad de autor de delitos. En buena cuenta, el Tribunal Federal reconoce implícitamente la capacidad de actuar de las personas morales[441].

En el ámbito del derecho penal administrativo, resulta también poco claro que el Tribunal Federal admita que la persona jurídica percibe a la sanción administrativa como castigo o disuasiva y, al mismo tiempo, lo niegue con relación a la pena[442].

Por último, señalemos que los legisladores cantonales como comunales no están sometidos al principio *societas delinquere non potest*. Así, el Tribunal Federal ha declarado lícita la condena impuesta a una persona jurídica en base de la Ley sobre sentencias municipales del Cantón de Vaud. Ley que prevé, en su artículo 9, inciso 2, que ciertas contravenciones son "cometidas independientemente de todo factor subjetivo, de modo que resulta perfectamente posible que sean

---

[439] DU PUIT, José; *op. cit.*, página 72.
[440] ATF 85 IV 100/JdT 1959 IV 157.
[441] DU PUIT, José; *op.cit.*, página 71
[442] Ibidem

cometidas por las personas morales"[443]. Según los jueces federales, el derecho cantonal puede adoptar reglas generales que se alejen de las establecidas en el derecho penal federal, en particular en lo referente a la responsabilidad penal de las personas morales[444].

C. Austria

El aforismo *societas delinquere non potest* predominó, hasta hace pocos años, plenamente en el derecho penal austriaco. Sin embargo, en los últimos tiempos, debido a la fuerte influencia que los ordenamientos jurídicos ejercían sobre las empresas, el legislador estableció, en Austria sanciones específicas para las organizaciones en un sistema auxiliar como lo es el derecho penal administrativo (§ 9 inciso 7). Así, mediante la introducción de las figuras no penales de la responsabilidad solidaria indirecta se buscó respetar, de manera dudosa, el principio de culpabilidad penal[445].

Inclusive, fueron más allá y en el Código Penal en 1982 y 1987, al lado de la regulación del decomiso de la empresa (§ 20 C.P.), se incluyó la posibilidad de confiscar sus utilidades (§ 20a C.P.). El legislador austríaco era, sin embargo, en palabras de HEINE, consciente que pisaba terreno minado. Por esto, caracterizó sin más a la sanción aplicable a las organizaciones como una "disposición de tipo especial" y fijó el límite superior de la sanción en un máximo bastante alto (un millón de chelines).

Frente a esta situación, el legislador y los tribunales han reaccionado en los últimos años. En este sentido, buscan adaptar los criterios generales de imputación del Derecho penal individual a los infractores administrativos de nuevo signo, como son las sociedades y sus representantes, pero ciertamente mediante una disminución de los requisitos de imputación. Es de mencionar, por ejemplo, los procesos *Erdal-Lederspray* (1990) y *Holzschutzmittel* (1995) que tuvieron gran resonancia en Austria[446].

Sobre la base del principio de responsabilidad general y de la competencia global de la dirección de la empresa, se tendieron puentes hacia el Derecho penal para permitir se identifiquen a los "verdaderos"

---

[443] ATF 101 Ia 110.

[444] DU PUIT, José; *op.cit.*, página 72

[445] HEINE, Günter; "La responsabilidad penal de las empresas: evolucion internacional y consecuencias nacionales", en *Anuario de Derecho Penal*, Número 1996, Universitas Friburgensis, Friburgo, Suiza, 1996, páginas 6 a 19.

[446] BGHSt 37, p. 106 y ss.; LG Frankfurt 25.5.1993; en este sentido cf.: SCHULZ, en ZUR (1994), p. 26 y ss.; BGH NJW (1995), p. 2932; KIENAPFEL, *Grundriß des österreichischen Strafrechts. Allgemeiner Teil* (1994), n. 30; KUHLEN, *Umweltstrafrecht in Deutschland und Osterreich* (1994), passim p. 242.

responsables. Además, se impondrían únicamente penas privativas de libertad condicionalmente, las penas de multa se pagarían con la caja chica de la empresa y el riesgo que correría la empresa se limitaría a perder el beneficio obtenido mediante un hecho ilícito penal[447]. Y esto, únicamente, si se obtiene un beneficio de un millón de chelines.

El nivel de responsabilidad ampliado en las empresas que da la posibilidad al Ministerio Público de indagar sobre la empresa durante la instrucción ha encontrado no poca oposición en la doctrina empero tiene entre sus sostenedores a dos prestigiosos autores de la dogmática del país centro-europeo, KIENAPFEL[448] y HELM[449].

Este último señala que "en el ámbito de la producción generante de sustancias dañosas siempre se encuentra un responsable en los niveles jerárquicos superiores de la empresa". Esta constatación se hace posible en base a los sistemas unitarios de autoría *(Einheitstätersystems)* y mediante una concepción funcional de los delitos de pura desobediencia *(Rechtspflichtdelikten):* destinatario (y por ello autor) de la instrucción administrativa correspondiente es "todo aquél que tiene que ver con el funcionamiento de la instalación"[450].

Además, es un garante de control "aquél que realiza una actividad en el ámbito de la producción ocasionante de sustancias dañosas o influye en la conducta de emisión" [451]. Se convierte así la concepción de la existencia de un autor individual al interior de la empresa, al que de acuerdo a los principios tradicionales dificilmente se le puede imputar la responsabilidad, en una empresa comprendida como autora, en la cual cualquier persona es responsable por un acto o una omisión.

Desde la perspectiva alemana se cuestiona que se pierda la función limitadora del derecho: no resulta claro cómo se puede garantizar una limitación adecuada de la responsabilidad. En especial queda sin contestar, cómo sucede hasta ahora con la denominada responsabilidad del conductor del negocio *(Geschäftsherrenhaftung)*[452], los principios una posición de garante general de control y de vigilancia. Ciertamente es necesario un perfeccionamiento de la teoría jurídica en el ámbito de la responsabilidad individual en la empresa. El sondear sus límites es igualmente una de las nuevas tareas[453]

---

[447] HEINE, Günter, *op.cit.,* páginas 6 a 19.

[448] KIENAPFEL, *Grundriß des österreichischen Strafrechts. Besonderer Teil I* (1990), § 80 n. 22a; del mismo: en JBl 1990, página 467.

[449] HELM, en JBl 1991, página 699.

[450] Idem, página 698.

[451] Idem, página 699.

[452] cf. VEST, Klaus, *Schweiz. Zeitschrift für Strafrecht,* volúmen 105, 1988, páginas 288 y siguientes; HEINE, Günter, *Verantwortlichkeit von Unternehmen,* páginas 108 y siguientes.

[453] Cfr.en este sentido: SCHÜNEMANN, Bern, *Unternehmenskriminalität und Strafrecht,* 1979, página 148

Cuando la responsabilidad de la organización es fundamentada en una responsabilidad personal intermedia al igual que en el derecho de infracciones de orden alemán ya visto el Derecho penal administrativo austríaco la prevé en el § 9 inc. 7 o en el § 20a del Código Penal. Sin embargo, la sanción contenida no se trata de las tradicionales medidas de seguridad, sino de unas medidas de "carácter específico", como por ejemplo la sustracción de las utilidades lo que permite equilibrar nuevamente los criterios de responsabilidad. Para completar el plexo sancionatorio se recurre, además, y con gran preferencia jurisprudencial, a los mecanismos clásicos del derecho de policía, como por ejemplo las obligaciones de seguridad de la empresa o los mecanismos de compensación del derecho civil, a través de la indemnización por daños. En el marco de tales procesos de "*bargaining*", se puede incluso obtener la reorganización de la empresa; por ejemplo, mediante inversiones adicionales en programas de seguridad. En contrapartida, el proceso penal quedará archivado[454].

Finalmente se diferencia del derecho de infracciones de orden alemán, el antiguo modelo de la *Haftung* prevista en el Código Penal administrativo de Austria ya que ésta se limita a imponer al ente la mera garantía por el pago de la sanción pecuniaria que eventualmente se le estableciera a la persona física vinculada con la jurídica a quien se intentó beneficiar con la infracción.

En general, toda reducción de las posiciones clásicas fortalece en Austria la tendencia hacia la pena de las empresas que no se encuentra establecida como tal. Y en los últimos años, las posiciones clásicas sostenedoras del principio *societas delinquere non potes* se han venido debilitando poco a poco como consecuencia de los nuevos programas de política criminal.

IV. Países del Benelux

A. Bélgica

Bélgica se encuentra incluido dentro del grupo de países que excluyen toda posibilidad sancionatoria de carácter penal de las personas jurídicas admitiendo la responsabilidad de las mismas por infracciones administrativas pese a existir igualmente proyectos de ley

---

[454] HEINE, Günter, *op.cit.*, páginas 6 a 19 y HEINE, Günter, en *ZUR*, 1995, páginas 69 y siguientes.

que encaminan la direccion legislativa en sentido contrario como por ejemplo en Flandes desde 1991.

Dentro del pensamiento dogmático autorizada doctrina sostiene que si la extensión de la responsabilidad civil de las personas jurídicas se habría desarrollado en varios puntos de la legislación, esta responsabilidad fue calificada de civil únicamente por el cuidado de respetar, "de manera puramente formal", el principio según el cual la pena no se aplica sino a las personas físicas y, so pretexto de asegurar el pago de multas, se concluye que ellas -que pagan la multa- son las que efectivamente sufren la pena[455].

La cuestión es de antigua data y arrancaba desde el Código Penal de 1867, que en el título sobre delitos contra la seguridad exterior del Estado afirmaba que "las sociedades son civilmente responsables de las condenas a multas pronunciadas contra sus órganos o dependientes"[456]. Esta aceptacion de la responsabilidad solidadria, a todas luces no bastó para que se desarrollara una jurisprudencia tendiente a la pun ición pnela de los entes de personalidad ideal.

Sin embargo, existen en el ordenamiento jurídico belga excepciones a esta regla. Dentro de estas leyes que mencionan a la persona jurídica como sujeto pasible de recibir sanciones, encontramos el *"arrete-loi"* del 29 de junio de 1946 relativo a la intervención injustificada de intermediarios en la distribución de productos y mercancías, en el articulo primero menciona a los destinatarios de la norma refiriéndose a "toda persona física o moral"[457].

En la Ley de Accidentes de Trabajo establece que la infracción cometida por una persona moral será sancionada mediante la persecución de la persona física que haya actuado por la persona moral. Esta disposición y otras en materia de leyes sociales se encuentran desde los años setenta dentro de las previsiones de sanciones administraticas a las perosnas juridicas.

Las multas pronunciadas contra los dirigentes de la agrupación pueden ser impuestas de manera acumulativa o subsidiaria. Esto se aprecia en el Código Penal belga que en su artículo 40 legisla la pena de multa acompañada de una pena subsidiaria privativa de la libertad.

En cuanto a la Jurisprudencia de la *Court de Cassation*, ha admitido en sus sentencias que una persona jurídica puede cometer una infracción, que no es posible aplicarle sanciones, solo a la persona física

---

[455] LUGONES, Narciso J. ; *"Programa para el estudio del delito ambiental: la esquematizacion de sus lugares comunes"*, en Jurisprudencia Argentina, 1998-IV, Buenos Aires, 1998, página 991.
[456] Ibídem
[457] Cfr. BACIGALUPO, Silvina; *Responsabilidad Penal de las Personas Jurídicas,* Editorial Bosch, Barcelona, 1998.

por medio del cual ha obrado la persona jurídica, o a la que incumbía una obligación legal por cuenta de ésta y haya omitido hacerla.

Esto ha operado en el derecho belga, según LUGONES, una interesante la mutación del principio *societas delinquere non potest*, a *potest sed puniri non potest*, principio sentado por la *Court de Cassation*, que sufrió una sacudida legal, cuando por, esta vía se admitió, en 1971 y 1983, que las sociedades podrían ser citadas ante las juridictions répresives[458].

En materias novedosas aparecieron responsabilidades también nuevas: en materia ambiental se menciona a las "empresas" (*enterprises*). También colectividades son admitidas como víctimas. En algunos casos, para acortar las complejas cuestiones en torno a la culpa del dependiente y la de la empresa ya que una no dispensa de la otra se debe identificar a la persona física que se hará cargo de cumplir con ciertas medidas de seguridad y prevención en el dominio de la energía nuclear (ley de 1956). Los designados como tales por las personas jurídicas cumplirán tal rol, que se impondrá al juez[459].

B. Holanda

En el articulo 51 de su Código Penal[460] admite expresamente la posibilidad de responsabilizar penalmente a las personas juridicas en tanto sostiene que los delitos pueden ser cometidos por personas físicas o jurídicas y, cuando sea cometido por las segundas, pueden ser sancionadas la empresa o la persona que haya realizado el delito y también la que haya favorecido la comisión de este o ambos a la vez[461].

Tanto la doctrina como la jurisprudencia aceptan como criterio de imputación, que la acción se extienda dentro del contexto social como una acción propia de la persona jurídica, por ejemplo la sentencia del Tribunal de la Haya admitió la autoria de una persona jurídica además porque la acción beneficiaba indiscutiblemente a la misma, con la salvedad establecida en cuanto a que no todo acto de los directivos y dependientes de la persona jurídica, le es imputable a ella, sino que hay que probar que el hecho ilícito se haya ejecutado en " el contexto social como una acción de la persona jurídica"[462].

---

[458] LUGONES, Narciso J.; *op. cit.* página 991.

[459] Ibidem.

[460] Texto según la reforma de 1976 introducido por ley del 23 de junio de 1976.

[461] *Artículo 51:* 1. Los delitos pueden ser cometidos por personas físicas o por personas jurídicas. 2. En el caso de un delito cometido por una persona jurídica, pueden ser perseguidas y sancionadas: 1) la empresa, o 2) la persona que haya realizado el delito, así como la persona que haya favorecido la comisión del mismo, o 3) cualquiera de los sujetos a la vez.

[462] Sentencia 707 del 12 de febrero de 1988.

De la misma forma TIEDEMANN encuentra que el derecho holandés declara como decisiva la autoridad de una persona para tomar decisiones y determinar el curso de los acontecimientos; es decir que la *"some influence"* es considerada suficiente en los Países Bajos para atribuír responsabilidad a una persona jurídica[463]

Está claro entonces que en Holanda se conciben las sanciones a las organizaciones como respuesta a un injusto criminal propiamente dicho. La noción de culpabilidad, en su fundamento, no es en este caso, de índole ética, sino más bien normativo - social. A su vez también la base del concepto dogmático de autoría es normativa (o funcional). Este responde a la cuestión sobre si es autor sólo quien ejecuta el hecho, o si por pertenecer activa o pasivamente a una "esfera de responsabilidad" también puede ser "autor" quien no actúa materialmente e, incluso, una persona jurídica.

Esta noción de autoría es utilizada, actualmente en los Países Bajos, de modo implícito en tipos delictivos en los que la víctima es el consumidor. Así, "productor" de alimentos adulterados no es quien utiliza la máquina como la materia prima para fabricarlos, sino quien actúa en el tráfico como comerciante, sea persona física o jurídica; no "capta" clientes con actos engañosos, quien redacta los avisos publicitarios, los exhibe en escaparates o los difunde en la prensa y televisión, sino el titular de la empresa que origina la publicidad[464].

En cuanto a las personas físicas, una o varias que hayan actuado en la esfera de las personas jurídica, el artículo 51 prevé la imputación penal en la medida que hayan tenido la dirección de la acción prohibida, es decir un rol determinante en la realización del hecho punible[465].

C. Luxemburgo

Luxemburgo conoce la responsabilidad penal de las personas jurídicas soloamente a título de excepción, por ejemplo, en materia fiscal. Asimismo, acepta la responsabilidad solidaria, con fines de indemnización por daños y perjuicios bajo la forma de responsabilidad civil subsidiaria para las personas jurídicas.

---

[463] TIEDEMANN, Klaus; "Responsabilidad penal de las personas juridicas" en *Anuario de Derecho Penal,* Número 1996, Universitas Friburgensis, Friburgo, Suiza, 1996, página 60.

[464] TIEDEMANN, Klaus; *Parte General del Derecho penal economico*, página 18.

[465] Para el análisis de dicho texto legal cfr. BACIGALUPO, Silvina; op. cit., páginas 322 a 325.

V. Países escandinavos

A. Dinamarca

En Dinamarca, como en otros países en que se admite el principio de culpabilidad se ha previsto, en leyes complementarias al Código Penal, la plena responsabilidad penal de las personas jurídicas aunque se plantea la pregunta si, superando la solución germana del sistema de contravenciones, la introducción de una verdadera responsabilidad penal de las personas jurídicas no es dogmáticamente defendible, constitucionalmente legítima, plena de sentido y hasta necesaria desde la perspectiva de la política criminal[466].

La sanción no es considerada de índole penal, aun cuando puede ser varias veces más severa que la multa penal. De esto resultan dos cuestiones diferentes, primero deben enfrentarse dificultades infranqueables relacionadas con el principio penal de culpabilidad y segundo que los problemas deben ser resueltos de manera específica y no general por eso en Dinamarca se ha establecido, en general desde 1980, la responsabilidad penal plena de las personas jurídicas en mas de doscientas normas especiales[467].

Estas leyes particulares que consagran tal responsabilidad son en general normas reguladoras de la vida de los negocios, la producción agrícola, el medio ambiente y los medios de comunicación. La multa contra personas jurídicas estructurada al estilo de la *geldbusse* recibe en Dinamarca el nombre de *"bodeansvar"*.

B. Suecia

En el sistema legal de Suecia se admite el principio de culpabilidad no obstante lo cual, ha ido cambiado gradualmente la orientación del principio *societas delinquere non potest* y establecido, en la segunda mitad de los años ochenta, sanciones penales específicas para las empresas consideradas especialmente peligrosas.

En este país escandinavo, se presenta como un cuasi derecho penal, por ejemplo, en las leyes ambientales tratan de establecer la responsabilidad de las empresas sobre la base de un "derecho de medidas de seguridad peculiar" imponiendo una sanción de multa correccional denominada *"företagsbot"*.

---

[466] TIEDEMANN, Klaus; "Responsabilidad penal de las personas juridicas" en *Anuario de Derecho Penal*, Número 1996, Universitas Friburgensis, Friburgo, Suiza, 1996, páginas 60 y siguientes.
[467] HEINE, Günter, *op.cit.*, páginas 6 a 19.

C. Noruega y Finlandia

Noruega ha incorporado la posibilidad de castigar penalmente a las personas jurídicas en la parte general de su digesto penal desde 1992, en tanto en Finlandia también se conciben las sanciones penales a las organizaciones con personalidad jurídica como respuesta a un injusto criminal propiamente dicho. Esta responsabilidad general para las personas jurídicas fue introducida en el Código Penal en 1995. En este ordenamiento, la noción de culpabilidad, en su fundamento, no es de índole ética, sino más bien normativo – social[468] por lo cual se admite la plena responsabilidad de este tipo de sujetos de derecho. Inclusive un proyecto de ley de reformas al Código Penal finlandés apunta, igualmente, a las personas físicas *"with decision-making power» y a la omisión de control por la agrupación"*[469].

VI. Otros países

A. Grecia

Lejos de aceptar la responsabilidad penal de las personas jurìdicas, Grecia, un país con fuerte pensamiento dogmático penal es. junto con España y sus "consecuencias accesorias" ya vistas, uno de los pocos países europeos en el cual no se admite que sea necesario recurrir a medidas punitivas contra las agrupaciones, al menos en un sentido amplio del término.

En el pais helénico está previsto imponer tanto a las personas jurìdicas como a los autores materiales dentro de ellas, penas administrativas, pronunciadas y ejecutadas por las autoridades administrativas. Estas sanciones estan reguladas completamente según el régimen del derecho administrativo.

Tampoco es aceptada en Grecia la responsabilidad solidaria de la persona jurídica con fines de indemnización por daños y perjuicios, en consecuencia, tal garantía de la ejecución de la multa pronunciada contra los autores físicos no es receptada ni por la doctrina ni por la jurisprudencia griegas[470].

---

[468] Ibidem

[469] TIEDEMANN, Klaus; op. cit, página 60.

[470] Según se ha visto tal clase de garantía de la ejecución de la multa pronunciada contra los autores físicos no es aceptada, entre otros, en Alemania, Grecia, Países Bajos, y si lo es en Portugal (se conserva la responsabilidad civil, junto a la responsabilidad penal y a la responsabilidad cuasi penal de las agrupaciones con regulación legal específica, aunque muy discutido en doctrina), Bélgica, Luxemburgo y España. Debemos sumar al primer grupo, cuyos ordenamientos jurídicos reconocen el carácter

B. Países de Europa del Este

En los países donde regía el sistema jurídico socialista, que constituía otra familia de derecho hostil al reconocimiento de la responsabilidad penal de las agrupaciones se busca, ante el fracaso del socialismo, un acercamiento a los ordenamientos jurídicos occidentales.

Ello ha llevado a que en Rusia hacia finales de la década de 1990 se incorporasen, en materia fiscal, aduanera y de la competencia ciertas sanciones de multa a las personas juridicas sin que la multa pronunciada contra éstas trascienda a los autores físicos.

En Polonia se presenta como un cuasi derecho penal, por ejemplo, en las leyes ambientales[471]. Existe actualmente un proyecto de reformas al Código Penal en tratamiento frente al ingreso del país a la Comunidad Europea en el sentido de adaptarse a las Recomendaciones del Consejo de Europa (Comité de Ministros) de 1988. Idéntico temperamento está siendo adoptado en los países de Europa del Este que se encuentran en igual situación como Lituania y Hungría, además de Islandia por razones de índole politico criminal.

En Yugoslavia, la introducción de la responsabilidad penal de las personas jurídicas se puede comprender, desde la perspectiva europea, como una pequeña concesión al espíritu de la época en los años setenta, que hoy solamente se encuentra vigente en Serbia y Montenegro.

VII. Comunidad Europea

A lo largo de varios Congresos Internacionales (Bucarest en 1929, Roma en 1953 y Budapest en 1978), juristas europeos venían manifestando opiniones favorables a la idea de responsabilizar a las empresas. Esta posición, en cuanto al Derecho de la Comunidad Europea, ha sido acentuada de tal manera que las multas (por infracciones al derecho de carteles) sólo pueden dictarse contra las empresas, pero no contra las personas naturales que actúan en su favor o en nombre de ellas.

En el contexto de este derecho, la Corte de Justicia de la Comunidad Europea reconoce, igualmente, la finalidad retributiva de estas sanciones, señalando, al mismo tiempo, que "no tienen carácter penal",

---

personal y retributivo de la multa, a Inglaterra, Irlanda, Rusia, Japón y Australia Cfr. TIEDEMANN, Klaus, op. cit. página 61.

[471] HEINE, Günter, *op.cit.*, páginas 6 a 19.

así, por ejemplo, el artículo 15 inciso 4 del reglamento n° 17/62 sobre la competencia[472].

Ya en 1977, el Comité de Ministros del Consejo de Europa adoptó la Resolución n° 28 sobre la contribución de la legislación penal a la protección del medio ambiente. Entre sus recomendaciones a los Estados miembros figuraba el reexamen de los principios de responsabilidad penal con miras, en particular, a la posible introducción en ciertos casos de la responsabilidad de las personas jurídicas, públicas o privadas y el examen de la oportunidad de incriminar actos y omisiones que por culpa o negligencia exponen la vida o la salud de los seres humanos o bienes de un valor substancial, a un peligro potencial.

Mediante las Recomendaciones sobre la criminalidad económica n° 12 de 1981 y n° 18 de 1988 el Comité de Ministros del Consejo de Europa tiende a encaminarse al aseguramiento de una responsabilidad integral de las empresas.

A partir de principios de 1996, la Comisión de Bruselas ha fomentado la introducción en las legislaciones nacionales de la Unión Europea la responsabilidad criminal de las personas jurídicas en materia de fraude contra los ingresos y egresos de las Comunidades[473].

Actualmente, en el marco del Consejo de Europa, se encuentra en proceso de revisión un proyecto que debe presentarse para la Convención para la protección penal del medio ambiente que prevé la responsabilidad penal de las personas jurídicas como resultado de las propuestas del Capítulo anterior de dicha Convención en 1996.

---

[472] TIEDEMANN, Klaus; op. cit, página 60 ya expuesto en el punto III.A.3.a de este mismo Capítulo.
[473] Ver en este sentido los ya tratados artículos 306 y 309 del Código Penal español.

CONCLUSIÓN

La nueva era histórica que impulsa la cultura de occidente exige grandes cambios en el perfil del derecho. El surgimiento en ciernes de un estado mundial en etapa hobessiana, altamente internacionalizado que, respondiendo a la dinámica del proceso de globalización, está desarrollando fenómenos de integración, de mundialización de normas y tribunales, hace que el tratamiento penal de la responsabilidad de las formas jurídicas de la empresa no pueda quedar al margen del debate jurídico de la actualidad.

Dentro de este marco se presenta el problema que ha encontrado hasta ahora en el conceptualismo de la dogmática germana grandes dificultades -superadas en Inglaterra, Estados Unidos y Francia-, deteniendo de ese modo la elaboración de una norma positiva acorde con las necesidades derivadas de la realidad social, dimensión vital del derecho

En este caso, la exterioridad del fenómeno jurídico suele desviar su estudio hasta el punto de ignorar la subjetividad de sus raíces en la conciencia de los hombres. No obstante, sobre todo en periodos críticos como el actual de la llamada postmodernidad, cuando la crisis llega al punto de creerse que no habrá mas cambios ni crisis y los avances de la Economía y de la utilidad ponen en cuestión la existencia misma del derecho, la consideración de sus valores específicos resulta significativa

Los valores jurídicos forman un complejo que culmina en los requerimientos de la justicia y todos los valores a nuestro alcance han de contribuir a la realización del valor humanidad (el deber cabal de nuestro ser) que en alguna medida es inherente a cada hombre por disvalioso que sea en sus otros aspectos.

Las soluciones propuestas para imputar penalmente a las personas jurídicas intentan buscar la solución a partir del derecho infraccional, el cual evitaría los obstáculos que presentan las categorías dogmáticas de la acción y la culpabilidad penal o, contrariamente, rebajando las exigencias del principio de culpabilidad con relación a las personas jurídicas o fundándolo en una responsabilidad orientada en categorías intermedias, lo cual está lejos de resolver el problema por las consecuencias imprácticas que presenta.

Desde puntos de vista cercanos al mantenimiento de la configuración dominante y tradicional de las categorías del delito y de la pena, pero presentando las mismas trabas que los anteriores se ha propuesto la elaboración de nuevos conceptos de acción y de culpabilidad exclusivamente válidos para las personas jurídicas. En esta línea, se han aplicado los principios inspiradores y las reglas generales de la coautoría y de la autoría mediata para afirmar la existencia de capacidad de acción de las personas jurídicas y, por otro lado, aplicando los principios inspiradores y las reglas generales de los delitos impropios de omisión, se ha afirmado la capacidad de culpabilidad propia de las personas jurídicas orientada en categorías sociales y jurídicas[474].

Por otro lado, se propone establecer un nuevo criterio de legitimación para, sin alterar los principios sobre los que se base el sistema de imputación del Derecho penal individual, fundamentar la aplicación de una sanción a las personas jurídicas sin la existencia de culpabilidad[475]. Por último, se ha presentado la propuesta de un sistema de responsabilidad penal específico para las personas jurídicas fundado sobre principios de imputación elaborados a partir de las características específicas de este tipo de entidades[476].

El trialismo, para el cual el derecho es un conjunto de repartos de potencia e impotencia, descriptos e integrados por normas y valorados – repartos y normas- por la justicia[477] nos propone la consideración de las tres dimensiones que integran el mundo jurídico a fin de estudiar un problema y obtener la respuesta jurídica mas adecuada para su solución.

En este sentido, los aspectos criminológicos y penológicos, se vinculan con la parte de la realidad social que integra una dimensión del mundo jurídico cuyo análisis debe realizarse con carácter previo a fin de considerar luego la solución normólogica mas ajustada y valorar su aspecto dikelógico, que son las otras dimensiones del derecho

---

[474] TIEDEMANN, Klaus; *Lecciones ... cit, passim*

[475] SCHÜNEMANN, Bernd; *Cuestiones básicas ... cit. passim.*

[476] HEINE, Günter; "La responsabilidad ..." cit., passim.

[477] Puede verse, GOLDSCHMIDT, Werner; *Introducción filosófica al derecho*, Depalma, Buenos Aires, 1987; CIURO CALDANI, Miguel Angel; *Derecho y Política*, Depalma, Buenos Aires, 1976; *Estudios de Filosofía Jurídica y Filosofía Política*, FIJ, Rosario, 1982/4; *La conjetura en el funcionamiento de las normas. Metodología Jurídica*, FIJ, Rosario, 2000; *Perspectivas Jurídicas*, FIJ, Rosario, 1985 y BIDART CAMPOS, Germán; *Filosofía del Derecho Constitucional*, Ediar, Buenos Aires, 1968.

I. Dimensión sociológica

Sin duda la experiencia de los últimos tiempos nos demuestra que los moldes clásicos del derecho penal son insuficientes para contener dentro de las exigencias regulativas la criminalidad de la empresa. Estos moldes del derecho penal liberal elaborados al inicio de la modernidad desde la misma vertiente filosófica que alimentó la revolución francesa han cedido en la postmodernidad a instancias del cambio cultural que produjo la llegada de una nueva "era" histórica.

Por ende, siendo muy distinta la realidad social contemporánea otras son necesariamente las conclusiones a que llega la ciencia penal al analizar estos fenómenos, como también otros han de ser los criterios de la política criminal. Los delitos cometidos desde el seno de la empresa son el resultado de la realidad que muestra la fuerza expansiva de las sociedades dentro del capitalismo.

Esta no se puede reconducir de forma puntual a una única decisión personal, por lo tanto, el resultado no se puede determinar en función de los principios de imputación penal al infractor singular. En esos casos el derecho penal individual ha agotado todas sus posibilidades[478] y los elementos de responsabilidad del derecho criminal clásico resultan disfuncionales[479].

Al despegarse de la realidad social el sistema pierde racionalidad ya que las normatividades se tornan inexactas porque su cumplimiento no se produce. Es el momento de adecuar la norma, de realizar un reparto, que sea fiel, adecuado y exacto porque además ese alejamiento de la realidad social disminuye las posibilidades de realización de los valores, incluyendo la justicia.

II. Dimensión normológica

Desde el punto de vista normológico existen dos posibilidades: estatuir un Derecho penal específico de las personas jurídicas o bien reformular las categorías dogmáticas tradicionales. Si bien cualquiera de las dos situaciones permitirá que el Derecho penal responda a los conflictos sociales que se le presentan de cara a la postmodernidad, preferimos la primera ya que se puede adaptar, en la medida de lo racionalmente posible, a las nuevas situaciones que presenta el mundo jurídico.

---

[478] HEINE, Günter; *Die strafrechtliche Vernnutunwidrlichkeit von Unternemen*, Baden-Baden, 1995, p. 307.
[479] BACIGALUPO, Silvina; *op. cit.*, p. 363.

Cada época y cada cultura construyen los conceptos jurídicos con diferentes criterios de apertura o reducción, ya que los mismos deben ser funcionales al hilo de la finalidad objetiva de los acontecimientos. En este sentido es menester tener siempre presente que los conceptos jurídicos son finalistas o teológicos y por consiguiente su insensata generalidad no es susceptible de una contestación razonable.

Por eso preferimos la formación de un derecho penal especifico para las personas jurídicas. La tarea de adecuación dogmática de las categorías tradicionales de la teoría del delito ha transitado, hasta ahora, caminos basados en la comparación o en la pretensión de igualación de las personas jurídicas con las personas físicas tratando de asimilar lo imposible para adaptar un régimen de responsabilidad pensado para la persona individual a la persona colectiva.

Es evidente que la persona jurídica no posee capacidad propia de acción sino a través de sus representantes como tampoco posee derechos electorales, ni ciudadanía ni relaciones personales de familia. Los conceptos son siempre productos ideales de las normas y materializaciones de estas, sirven para incorporar sentidos a la realidad en su función de integración sustancial y relacional

La finalidad que persigue la institución de una norma que contemple la responsabilidad penal específica de las personas jurídicas es, en primer lugar, impedir los beneficios o ventajas que pueda obtener por la comisión de un delito, en segundo lugar, fomentar que los órganos directivos de las mismas impidan dentro del ámbito de la empresa la comisión de infracciones, la vulneración de deberes del empresario o el enriquecimiento por medio de la comisión de ilícitos y finalmente el restablecimiento de la vigencia que la norma vulnera, de acuerdo a los puntos de partida metodológicos en que toda la dogmática penal coincide.

III. Dimensión dikelógica

La justicia jerarquiza el requerimiento de fidelidad del ordenamiento normativo como expresión de la auténtica voluntad de la comunidad respecto del orden de repartos deseado.

La exigencia social de protección de intereses de la comunidad por razones de justicia que llevaron a excluir la responsabilidad penal colectiva por primera vez en la historia del derecho occidental mediante la formulación del axioma *societas delinquere non potest* son las mismas que ahora ochocientos años después obligan a su sanción. Actualmente las personas jurídicas se encuentran en situación más favorable que el delincuente individual al no ser consideradas como sujetos posibles del derecho penal. Realizar la síntesis histórica, en términos hegelianos, es dikelógicamente valioso para impedir ese resultado político-criminal no deseado.

A pesar de ello, como muestra de la necesidad axiológica de su sanción, no se duda en establecer severas penas administrativas contra las personas jurídicas sin la garantía que exige la aplicación de un proceso sea penal o contravencional en un estado de derecho. En busca del equilibrio necesario en todo sistema es valioso también que la aplicación de sanciones a las personas jurídicas tenga lugar revistiendo las debidas garantías constitucionales.

La justicia como categoría pantónoma referida en el derecho a la totalidad de las adjudicaciones pasadas presentes y futuras; a las consecuencias, al complejo personal real y temporal debe ser siempre necesariamente fraccionada para su aplicación.

Para evitar que, ante la imposibilidad de imputación de un hecho, nadie sufra ninguna consecuencia perjudicial por violar el orden jurídico y perjudicar a terceros, quedando el hecho delictivo impune por falta de determinación de un autor individual concreto, el juez o el legislador fraccionan esa entidad extendida y juzgan solo un fragmento de ella.

Este fraccionamiento de los complejos (real y personal) se realiza siempre por la imposibilidad propia que presenta de la pantonmia de la justicia y es perfectamente posible "expandirla hacia fuera" para el caso de las personas jurídicas con el objeto de satisfacer, también en este caso, las exigencias de justicia adaptadas a la realidad y comprensión finita de los hombres.

Solo la realización del valor justicia puede lograr que se satisfaga en la mayor medida posible el despliegue jurídico de la convivencia actual donde la utilidad tiende a avasallar a los demás valores arrogándose su material estimativo.

La presencia de la postmodernidad signada por las diversidades de superficie y un abrumador predominio de le economía en un despliegue de enorme desarrollo capitalista, con sujetos y razón débiles que generan un clima de difusión en la sociedad, no significa que el derecho no intente encauzar sus valores en busca de la realización de justicia para satisfacer el valor humanidad.

IV. Horizonte del planteo de unidad de lo jurídico

A través de la consideración del derecho como una unidad se favorece el despliegue de sus distintas ramas. Desde esta perspectiva el derecho penal no puede aislarse de otras ramas jurídicas tanto de derecho público como privado.

El derecho penal internacional, el comunitario europeo y el penal administrativo de tipo infraccional en todas sus ramas consagran la responsabilidad de las personas jurídicas. Lo propio acontece con el derecho civil, comercial y laboral que sustentan la responsabilidad en sus diversos ámbitos por delitos civiles con fundamentos que son validos para esta otra rama del mundo jurídico.

La ciencia jurídica no está compuesta de islas, sino que es una región integrada, única forma en que puede vincularse con otras de un vasto continente[480]. Desde esa perspectiva amplia pueden apreciarse las relaciones del derecho -como política jurídica- con otras ramas como la política económica, social, comercial. Unicamente por esa vía el derecho, muestra sus relaciones con el resto de la convivencia considerada en su conjunto como cultura y puede darle sentido jurídico a todas las otras dimensiones convivenciales y satisfacer el valor humanidad como el deber ser cabal de nuestro ser y el valor supremo a nuestro alcance[481].

---

[480] BOBBIO, Norberto; *Contribución a la Teoría del derecho* (R), Torres, Valencia, 1980, p. 134
[481] CIURO CALDANI, Miguel Angel; *La conjetura cit.*; p. 82.

BIBLIOGRAFÍA CITADA

ABOSO, Gustavo Eduardo y ABRALDES, Sandro Fabio; *Responsabilidad de las personas jurídicas en el derecho penal*, Editorial B de F, Buenos Aires, 2000.

ACHENBACH, Hans; "Sanciones con las que se puede castigar a las empresas y a las personas que actúan en su nombre en el Derecho Alemán", en J.M. SILVA SÁNCHEZ, B. SCHÜNEMANN y J. De FIGUEIREDO DIAS (coordinadores), *Fundamentos de un sistema europeo del Derecho Penal*, José María Bosch Editor, Barcelona 1995.

AFTALIÓN, Enrique R.; *"Acerca de la responsabilidad penal de las personas jurídicas"*, La Ley, Tomo 37.

ALESSANDRI, *Reati d'imprese e modelli sanzionatori*, Milano, 1984 citado por PALIERO.

ALIMENA, Bernardino; *Principios de Derecho penal*, Madrid, 1912.

ANTUNES VARELA, José de Matos; *Das Obrigações em geral*. Vol. I. 7.ª ed., Almedina, Coimbra, 1991.

BACIGALUPO, Enrique; *Principios de Derecho penal. Parte General*. 3a ed., Akal Jure, Madrid, 1994.

- "Responsabilidad penal de órganos, directivos y representantes de una persona jurídica (el actuar en nombre de otro)", en *Comentarios a la legislación penal*, Madrid, 1994.

BACIGALUPO, Silvina; *"La responsabilidad penal de las personas jurídicas"*, Bosch, Barcelona, 1998.

BAIGUN, David; *La responsabilidad penal de las personas jurídicas (Ensayo de un nuevo modelo teórico)"*, Editorial Depalma, Buenos Aires, 2000.

- "La responsabilidad penal de las personas jurídicas: polémica conocida pero no resuelta" en Autores varios, *La responsabilidad, libro homenaje al Profesor Doctor Isidoro H. Goldenberg*, Abeledo Perrot, Buenos Aires, 1995.

- "Naturaleza de la acción institucional en el sistema de la doble imputación. Responsabilidad penal de las personas jurídicas" en Autores varios, *De las penas, libro homenaje al Profesor Isidoro De Benedetti*, Depalma, Buenos Aires, 1997.

- "La tipicidad en el sistema de la responsabilidad de las personas jurídicas, denominado doble imputación" en *Cuadernos del Departamento de Derecho Penal y Criminología*, Nueva Serie, N°1, 1995, Edición homenaje a Ricardo C. Nuñez, Marcos Lerner Editora, Córdoba, 1995.

- "La persona jurídica frente al Derecho Penal" en Autores varios, *Derechos y Garantías en el Siglo XXI*, Rubinzal -Culzoni Editores, Santa Fé, 1999.

BAJO FERNÁNDEZ, M.; *Derecho Penal Económico aplicado a la actividad empresarial*, Civitas, Madrid, 1978.

BAJO FERNÁNDEZ, M., SUAREZ GONZALEZ, C. y PEREZ MANZANO M.; *Manual de derecho Penal (Parte Especial)*, Civitas, Madrid, 1993.

BAUMANN; Jürgen; *Derecho penal. Fundamentos y sistema. Introducción a la sistemática sobre la base de casos*, Depalma, Buenos Aires, 1981

BELEZA DOS SANTOS, José; "Dúvidas de processo e de direito criminal a que dá lugar o decreto núm. 29034" en *Revista de Legislação e de Jurisprudência*. Número 2682 del 28 de diciembre de 1940, y número 2683 del 11 de enero de 1941.

BIDART CAMPOS, Germán; *Filosofía del Derecho Constitucional*, Ediar, Buenos Aires, 1968.

BINDING, Karl; *Grundriss des deutschen Strafrechts*, Leipzig, 1913.

BORDA, Guillermo, *Manual de Derecho Civil,* Parte General, Abeledo Perrot, Buenos Aires, 1980.

BRICOLA, Il costo del principio «societas delinquere non potest» nell'attuale dimensione del fenomeno societario, *in* Rivista italiana de diritto e procedura penale 1970, página 1011.

BRITO CORREIA, Luís; *Os administradores de sociedades anónimas*. Almedina, Coimbra, 1993, página 550.

CABALLERO, José Severo; "La responsabilidad penal de los directores y administradores y la llamada responsabilidad penal de las sociedades anónimas y otras personas colectivas", *Cuadernos de los Institutos, N° 120*, Dirección General de Publicaciones, 1973.

CARRARA, Francesco; *Programma del corso di Diritto criminale*, Firenze, 1925.

CASTRO E SOUSA, João; *As pessoas colectivas em face do direito criminal e do chamado 'direito de mera ordenação social'*. Coimbra Editora, Coimbra, 1985.

CAVALEIRO DE FERREIRA, Manuel: *Lições de direito penal: Parte geral*, vol. I (*A lei penal e a teoria do crime no Código Pena de 1982* - Año lectivo 1987-1988 en la Facultad de Ciencias Humanas de la UCP). 3.ª ed. Lisboa; São Paulo: Verbo, 1988.

CEREZO MIR, José; *Derecho Penal-Parte General*, Madrid, 1994, páginas 298 y 315,

CESANO, José Daniel; *En torno a la denominada responsabilidad penal de la persona jurídica*. Alveroni Ediciones, Córdoba, 1998.

- Problemas de responsabilidad penal de la empresa, *Anuario de Derecho Penal de la Universidad de Friburgo*, Friburgo, Suiza.

CICALA, Sulla responsabilità delle persone giuridiche dal punto di vista interno, *in Rassegna penale*, citado por PALIERO.

CIURO CALDANI, Miguel Angel; *Derecho y Política*, Depalma, Buenos Aires, 1976.

- *Estudios de Filosofía Jurídica y Filosofía Política*, Fundación para las Investigaciones Jurídicas, Rosario, 1982/4

CORDOBA RODA, *Comentarios al Código Penal I*, Barcelona, España, 1962.

CORREIA, Eduardo: *Direito Criminal (Lições ao Curso do IV Año Jurídico coordinadas por Francisco Pereira Coelho e Manuel Rosado Coutinho)*. Volumen I, Atlântida, Coimbra, 1949.

CORRÊA AREZ, Mário (1962). "Da responsabilidade penal das pessoas colectivas". *Scientia Iuridica: Revista Trimestral Portuguesa e Brasileira*. Año XI. Núm. 60, 1962.

CREUS, Carlos; Derecho penal. Parte general, Astrea, Buenos Aires 1988.

CHICHIZOLA, Mario; *"La responsabilidad penal de las personas de existencia ideal"*; La Ley, Tomo 109, página 694.

DE FIGUEIREDO DIAS, Jorge: "Para uma dogmática do direito penal secundário". En *Direito penal económico e europeu*. Vol. I (*Problemas gerais*). Coimbra Editora, Coimbra, 1998.

- *Textos de direito penal: Doutrina geral do crime* (Lições ao 3º ano da Faculdade de Direito da Universidade de Coimbra, elaboradas con la colaboración de Nuno Brandão), s. ed., Coimbra, 2001.

DE LA RÚA, Jorge; *Los delitos contra la confianza en los negocios*, Universidad Central de Venezuela, Caracas, 1980, cit. por CESANO, Daniel.

DE MARSICO, *La difesa sociale contro le nuove forme di delitto collettivo*, Studi di Diritto Penale, Napoli, 1930.

DE OLIVEIRA ASCENSÃO, José; "Branqueamento de capitais: reacção criminal". En: *Estudos de direito bancário*. Coimbra Editora, Coimbra; 1999.

DE SOUSA MENDES, Paulo; *A responsabilidade criminal das pessoas colectivas e equiparadas na ámbito da criminalidade informática em Portugal*, Paulo de Sousa Mendes, Fundación de Ciencia y Tecnología, Lisboa, 2002.

DESPORTES, Fréderic y LE GUNEHEC, Francis: "Las penas aplicables a las personas juridicas" *en Anuario de Derecho Penal*, Número 1997-1998, Universitas Friburgensis, Friburgo, Suiza, 1998.

DU PUIT, José; "La responsabilidad penal de las personas jurídicas en Suiza", en *Anuario de Derecho Penal*, Número 1996, Universitas Friburgensis, Friburgo, Suiza, 1996.

EDWARDS, Carlos Enrique; *"Régimen penal tributario"*, Editorial Astrea, Buenos Aires, 1991.

ESPÍNOLA, Julio César; *Código Penal alemán. Parte general*, Depalma, Buenos Aires, 1976.

FABRIS, Cristian; Boletín de la Asociación Argentina de Estudios Fiscales, Buenos Aires, julio de 1997.

FERRI, Enrico; *Principii di Diritto criminale*, Torino, 1928.

FIORAVANTI, *Statuti penali dell'attività televisiva*, Milano 1985.

FLORIÁN, Eugenio; *Parte general del Derecho penal*, La Habana, 1929.

FONTÁN BALESTRA, Carlos; *Tratado de derecho penal (parte general)*, Abeledo Perrot, Buenos Aires, 1995.

- *Reformas al Código Penal*, Abeledo Perrot, Buenos Aires, 1963.

GARCÍA, Luis y LLERENA, Patricia; *Criminalidad de empresa (responsabilidad penal de los directivos de sociedades comerciales y de entidades financieras)*, Ad-Hoc, Buenos Aires 1990.

GLOUCHEVITCH, Philip; *Juggenrnaut. La empresa alemana: porque está transformando Europa y el mundo*. Editorial Andrés Bello, Santiago de Chile, 1994.

GOLDSCHMIDT, Werner; *Introducción filosófica al derecho*, Depalma, Buenos Aires, 1987.

GOMEZ, Eusebio; *Tratado de Derecho penal, Tomo I*, Buenos Aires, 1939.

GONZALEZ, Nemesio; "Responsabilidad penal de las personas jurídicas". *Revista del Derecho Comercial y de las Obligaciones*, Año 1968, Volúmen I, páginas 681 a 716, Depalma, Buenos Aires, 1968.

GRACIA MARTÍN, Luis; *El actuar en lugar de otro en Derecho Penal*, Prensas Universitarias de Zaragoza, Zaragoza, 1985.

- (coordinador) y otros, *Las consecuencias jurídicas del delito en el Nuevo Código Penal Español*, Tirant lo blanch, Valencia, 1996.

- "La cuestión de la responsabilidad penal de las propias personas jurídicas", *Revista peruana de Ciencias Penales*, n° 4, julio-diciembre 1994, Lima, 1994.

GUINARTE CABANA, G. en Vives Antón, T. (coord.), Comentarios al Código Penal de 1995, volumen I, Valencia, 1995.

HEINE, Günter; "La responsabilidad penal de las empresas: evolucion internacional y consecuencias nacionales", en *Anuario de Derecho Penal*, Número 1996, Universitas Friburgensis, Friburgo, Suiza, 1996.

HEREDIA, Florencia: "Ilícitos societarios. Tendencias en el derecho comparado y situación en la República Argentina", en *Revista del Derecho Comercial y de las Obligaciones*, Año 1997, número 113, Buenos Aires, 1997.

HIRSCH, Hans Joachim; "La cuestión de la de la responsabilidad penal de las asociaciones de personas", *Anuario de Derecho Penal y Ciencias Penales*, 1993, páginas 1099 a 1124. La versión original está en alemán en Rheinisch-Westfälische Akademie der Wissenschaften, Düsseldorf, 1993.

- *"Strafrechtliche Verantwortlichkeit von Unternehmen"*, ZStW, Fet, 1995.

JACKOBS, Günter; *Derecho penal. Parte General. Fundamentos y teoría de la imputación*, Marcial Pons, Madrid, 1997.

- *"Estudios de Derecho Penal"*, Editorial Civitas, Madrid, 1997.

JESCHECK, Hans Heinrich; *Tratado de derecho penal. Parte general*, Granada, Editorial Comares, Granada, 1993.

JIMÉNEZ DE ASUA, Luis; *"La cuestión de la responsabilidad penal de las personas jurídicas"*, La Ley, Tomo 48.

KIENAPFEL, *Grundriss des österreichischen Strafrechts. Besonderer Teil I* (1990), § 80 n. 22ª en JBI 1990, página 467.

-*Grundriss des österreichischen Strafrechts. Allgemeiner Teil*, 1994.

KUHLEN, *Umweltstrafrecht in Deutschland und Osterreich*. Viena, 1994.

LAJE ANAYA, Justo; *Comentarios al Código Penal. Parte general*, vol. I, Depalma, Buenos Aires, 1985.

LAPLAZA, Francisco; *El delito de genocidio o genticidio*, Buenos Aires, 1953 citado por FONTAN BALESTRA.

LUGONES, Narciso J.; *"Conclusiones inductivas sobre la responsabilidad penal de las personas jurídicas en la legislación penal especial argentina"*, Jurisprudencia Argentina, 2002, III, página 968.

- *"Programa para el estudio del delito ambiental: la esquematizacion de sus lugares comunes"*, en Jurisprudencia Argentina, 1998-IV, Buenos Aires, 1998, página 991.

LLAMBIAS, Jorge Joaquín; *Tratado de Derecho Civil*, Parte General, Tomo II, Editorial Perrot, Buenos Aires, 1980.

LLANEZA, Luis; *"Comentario de la ley penal tributaria y previsional"*, Editorial Centro Norte, Buenos Aires, 1992.

MALAMUD GOTI, Jaime; *Persona jurídica y penalidad*, Editorial Depalma, Buenos Aires, 1981.

- *Politica Criminal de la Empresa. Cuestiones. Alternativas*, Hammurabi, Buenos Aires, 1983.

MANZANARES SAMANIEGO, J.L. y CREMADES, J.; *Comentarios al Nuevo Código Penal*, Madrid, 1996.

MANZINI, Vicenzo; *Tratado de Derecho penal* , Buenos Aires, 1948.

MARINUCCI, Giorgio y DOLCINI, Emilio; *"Corso di Diritto Penale"*, seconda edizione, Milano, 1999.

MARQUES DA SILVA, Germano; *Direito penal português: Parte geral.* Vol. I *(Introdução e teoria da lei pena*l), São Paulo: Verbo, Lisboa, 1997.

- *Direito penal português: Parte geral.* Vol. II (Teoria do crime). Lisboa; São Paulo: Verbo, Libsoa, 1998.

- *Direito penal português - Parte geral.* Vol. III (Teoria das penas e das medidas de segurança); São Paulo: Verbo, Lisboa, 1999.

MAURACH, Reinhart, GÖSSEL, Karl Heinz, ZIPF, Heinz; *Derecho penal. Parte general*, vol. I Astrea, Buenos Aires, 1995.

MEINI MÉNDEZ, Iván Fabio; "Responsabilidad penal de los órganos de dirección de la empresa por comportamientos omisivos. El deber de garante del empresario frente a los hechos cometidos por sus subordinados", en *Revista Derecho*, N° 52, diciembre1998/abril 1999, Fondo Editorial de la Pontificia Universidad Católica del Perú, Lima, 1999.

MEZGER, Edmund; *Tratado de Derecho penal,* Tomo II, Madrid, 1949.

MIR PUIG, Santiago; *Derecho penal. Parte genera*l, 5a ed., PPU, Barcelona, 1998.

MONCAYO, N.J.; *Delitos cambiarios y responsabilidad penal de las personas jurídicas.* Depalma, Buenos Aires, 1985.

MUÑOZ CONDE, Francisco y GARCÍA ARÁN, Mercedes; *Derecho penal. Parte general,* Tirant lo Blanch, Valencia, 1993.

NINO, Carlos; *Los límites de la responsabilidad penal. Una teoría liberal del delito*, Astrea, Buenos Aires, 1980.

NÚÑEZ, Ricardo C.; *Derecho penal argentino,* Tomo I, Parte General, Editorial Bibliográfica Argentina, Buenos Aires, 1959.

- "Las disposiciones generales del Código Penal", Buenos Aires, 1988.

PALIERO, Carlo Enrico; "Problemas y perspectivas de la responsabilidad penal de la persona jurídica en el derecho italiano" en *Anuario de Derecho Penal*, Número 1996, Universitas Friburgensis, Friburgo, Suiza, 1996,

PALIERO, Carlo Enrico y TRAVI, *La sanzione amministrativa*, Milano 1983.

PECORELLA, Societas delinquere non postest, *in* Rivista giuridica lavorale, 1977, IV, página 357.

PEREIRA TORRES, Jorge; *"Problemas Jurídicos vinculados con la autoria y la Prueba de la Intervención Penal en los Delitos Fiscales"*, Revista Criterios Tributarios n° 120/121.

PEREZ ARROYO, M.R., "Las consecuencias jurídicas del delito en el Derecho Penal peruano", *Derecho y Sociedad*, n° 11, enero-junio, Lima, 1996.

PÉREZ BARBERÁ, Gabriel, *"Actuar por otro y delito económico"*, Foro de Córdoba, Año VII - N° 32, 1996, página 278.

PESSINA, Enrique; *Elementos de Derecho penal*, Madrid, 1936.

PRADEL, Jean: "La responsabilidad de la persona moral", en *Anuario de Derecho Penal*, Número 1996, Universitas Friburgensis, Friburgo, Suiza, 1996.

RODRIGUEZ ESTEVEZ, Juan María; *El derecho penal en la actividad económica*, Editorial Abaco de Rodolfo Depalma, Buenos Aires, 2000.

RODRÍGUEZ MOURULLO Gonzalo; *Derecho penal*. Parte general, Editorial Civitas, Madrid, 1978.

ROSEMBUJ, Tulio; *"La Responsabilidad Tributaria por Sucesión en la Empresa. El art. 72 de la Ley General Tributaria"* , Revista La Ley, Año VI Número 133, Barcelona, julio de 1996.

ROXIN, Klaus; *Derecho penal*, Parte General, Tomo I, Editorial Civitas, Madrid, 1997.

- "En el límite entre comisión y omisión", en *Problemas básicos del Derecho penal*. Traducción de Diego LUZON PEÑA. Reus, Madrid, 1976.

- "Franz von Liszt y la concepción político criminal del Proyecto Alternativo", en *Problemas básicos del Derecho Penal*, traducción de Diego LUZON PEÑA, Reus, Madrid, 1976, citado por ZUGALDÍA ESPINAR.

SALVAT, Raymundo; *Tratado de derecho civil argentino*, Tomo I, Tipográfica Editora Argentina, Buenos Aires, 1958.

SCHULTZ, Hans; *Bericht und Vorentwurf zur Revision des Allgemeinen Teils und des Dritten Buches* "Einführung und Anwendung des Gesetzes" des Schweizerischen Strafgesetzbuches (1987), citado por HEINE

SCHÜNEMANN, Bernd; *Cuestiones básicas de dogmática jurídico-penal y de política-criminal acerca de criminalidad de empresa*. Traducido por Bruckner y Lascuraín, en Doctrina Penal, Tomo 41, 1988.

-*Unternehmenskriminalität und Strafrecht,* 1979

SILVA SÁNCHEZ, Jesús *El actuar en lugar de otro en el Código Penal Español*, Instituto Peruano de Ciencias Criminales, Lima, 2000,

SILVA SANCHEZ, J.M.; "Responsabilidad penal de las empresas y de sus órganos en el Derecho español", en SILVA SANCHEZ, J.M., SCHÜNEMANN, B. y DE FIGUEREDO DIAS, J. (Coords.); *Fundamentos de un sistema europeo de derecho penal*, cits. en BACIGALUPO, Silvina.

SOLER, Sebastián; *Acción y causalidad*, La Ley, Tomo 22, Sección Doctrina, página 4.

- *Derecho penal argentino*, Tomo I, 5ª ed. actualizada por Guillermo J. FIERRO, Tipográfica Editora Argentina, Buenos Aires, 1989.

SOLER, FROHLICH y ANDRADE; "*Regimen Penal Tributario*", Buenos Aires, 2000.

SPOLANSKY, Norberto Eduardo, *"Culpabilidad, la responsabilidad solidaria de las sociedades anónimas y la de sus directivos en el régimen penal cambiario* La Ley, 1978-D.

TIEDEMANN, Klaus; *Lecciones de Derecho penal económico (comunitario, español y alemán)*. PPU, Barcelona, 1993.

- "Responsabilidad penal de la persona jurídica" en *Anuario de Derecho Penal*, Número 1996, Universitas Friburgensis, Friburgo, Suiza, 1996.

VASCO MOGORRÓN, Maria del Carmen; "Responsabilidad penal de las personas jurídicas", *Revista Jurídica de la Comunidad de Madrid*, número 12, Enero-Abril de 2002.

VEST, Klaus, *Schweiz. Zeitschrift für Strafrecht*, volúmen 105, 1988, página 288.

VIVES Antón y COBO DEL ROSAL; *Derecho penal*. Parte general, Tirant lo Blanch, Valencia, 1991.

von SAVIGNY, Frederich Karl; *Sistema de Derecho romano actual*, Madrid, 1867.

YACOBUCCI, Guillermo Jorge, en *"La responsabilidad al interno de la empresa. La delegación de funciones"*, Conferencia pronunciada en el "III Corso Internazionale di formazione in Diritto Penale, IPSOA, Italia, 2002.

ZAFFARONI, Eugenio Raúl; Tratado de derecho penal, Tomo III, Ediar, Buenos Aires, 1983.

ZUGALDÍA ESPINAR, José Miguel; "Las consecuencias accesorias aplicables como penas a las personas jurídicas en el Código Penal español" *en Anuario de Derecho Penal*, Número 1997-1998, Universitas Friburgensis, Friburgo, Suiza, 1998.

JURISPRUDENCIA CITADA

-Corte Suprema de Justicia de la Nación
C.S. Fallos, Tomo 184, página 162
C.S. Fallos, Tomo 184, página 417
C.S. Fallos, Tomo 200, página 419
C.S. Fallos, Tomo 201, página 59
C.S. Fallos, Tomo 201, página 378
C.S. Fallos, Tomo 201, página 428
C.S. Fallos, Tomo 203, página 216
C.S. Fallos, Tomo 205, página 173
C.S. Fallos, Tomo 216, página 397
C.S. Fallos, Tomo 243, página 201
C.S. Fallos, Tomo 246, página 87
C.S. Fallos, Tomo 246, página 357
C.S. Fallos, Tomo 247, página 419
C.S. Fallos, Tomo 248, página 85
C.S. Fallos, Tomo 249, página 9
C.S. Fallos, Tomo 249, página 999
C.S. Fallos, Tomo 314, página 775
La Ley, Tomo 40, página 454.
La Ley, Tomo 115, página 127.
La Ley, Tomo 109, página 684, con nota de Enrique R. AFTALIÓN.
La Ley, Tomo 128, página 978.
La Ley, 1978-A, página 431, fallo n° 775.453.
C.S.J.N., Sentencia del 30/11/76

-Camara Federal de Apelaciones en lo Criminal y Correccional
CFederal de General Roca (Río Negro), 28/2/1992.
CFederal de La Plata, Sala II, 10/2/1998.
CFederal de San Martín, Sala I, 27/06/1995.
CFederal de San Martín, Sala I, 30/12/1997.

-Cámara Nacional de Apelaciones en lo Penal Económico
CNPenal Económico, Sala A, 25/10/1996.
CNPenal Económico, Sala B, 15/5/1998.
CNPenal Económico, Sala III, 16/11/2001.
RDCO, año 1997, página 669.

Juzgado Federal N° 1 de Córdoba, Expediente n° 5945, 15/6/1993

-Tribunales Extranjeros
BverfGE 20, página 323 (Alemania)
BverfGE 20, página 333 (Alemania)
BGHSt 37, página 106 (Austria)
BGH NJW 1995, página 2932 (Austria)
TS España, 9/2/1972, Repertorio Jurídico Aranzadi, página 876 (Esp.)
CCrim. 21 de diciembre de 1949, D. 1950, 434 (Francia)
CCrim. 30 de octubre de 1995, B.C., n. 336 (Francia)
Tribunal de La Haya, Sentencia 707 del 12 de febrero de 1988 (Holanda)
ATF 85 IV 100 (Suiza)
ATF 101 Ia 110 (Suiza)
JdT 1959 IV 157 (Suiza)

Compuesto, armado y diseñado por *Perspectivas Jurídicas* en el mes de septiembre de 2005. Impreso y encuadernado por encargo en Talleres Gráficos de la Ciudad Autónoma de Buenos Aires.